长白文库

丛书主编 郑毅

东夏史料

赵鸣岐 王慎荣 汇编

吉林文史出版社

图书在版编目（CIP）数据

东夏史料 / 赵鸣岐, 王慎荣汇编. -- 长春 : 吉林文史出版社, 2022.9
（长白文库）
ISBN 978-7-5472-8956-3

Ⅰ. ①东… Ⅱ. ①赵… ②王… Ⅲ. ①中国历史－史料－金代 Ⅳ. ①K246.406

中国版本图书馆CIP数据核字(2022)第178975号

东夏史料
DONGXIA SHILIAO
出 品 人: 张　强
汇　　编: 赵鸣岐　王慎荣
丛书主编: 郑　毅
副 主 编: 李少鹏
责任编辑: 吴　枫　戚　晔　吕　莹
装帧设计: 尤　蕾
封面设计: 王　哲
出版发行: 吉林文史出版社有限责任公司
电　　话: 0431-81629369
地　　址: 长春市福祉大路出版集团A座
邮　　编: 130117
网　　址: www.jlws.com.cn
印　　刷: 吉林省优视印务有限公司
开　　本: 170mm×240mm　1/16
印　　张: 11.5
字　　数: 200千字
版　　次: 2022年9月第1版　2022年9月第1次印刷
书　　号: ISBN 978-7-5472-8956-3
定　　价: 138.00元

“长白文库”编委会

“长白文库”总序

中华优秀传统文化是中华民族的“根”和“魂”，习近平总书记高度重视中华优秀传统文化，并将其作为治国理政的重要思想文化资源。“不忘本来才能开辟未来，善于继承才能更好创新。”“优秀传统文化是一个国家、一个民族传承和发展的根本，如果丢掉了，就割断了精神命脉。”中华优秀传统文化具有多样性和地域性等特征，东北地域文化是多元一体的中华文化中的重要组成部分。吉林省地处东北地区中部，是中华民族世代生存融合的重要地区，素有“白山松水”之美誉，肃慎、扶余、东胡、高句丽、契丹、女真、汉族、满族、蒙古族等诸多族群自古繁衍生息于此，创造出多种极具地域特征的绚烂多姿的地方文化。为了“弘扬地方文化，开发乡邦文献”，自20世纪80年代起，原吉林师范学院李澍田先生积极响应陈云同志倡导古籍整理的号召，应东北地区方志编修之急，服务于东北地方史研究的热潮，遍访国内百余家图书馆寻书求籍，审慎筛选具有代表性的著述文典300余种，编撰校订出版以“长白丛书”（以下简称“丛书”）为名的大型东北地方文献丛书，迄今已近40载。历经李澍田先生、刁书仁和郑毅两位教授三任丛书主编，数十位古籍所前辈和同人青灯黄卷、兀兀穷年，诸多省内外专家学者的鼎力支持，“丛书”迄今已共计整理出版了110部5000余万字。“丛书”以“长白”为名，“在清代中叶以来，吉林省疆域迭有变迁，而长白山钟灵毓秀，巍然耸立，为吉林名山，从历史上看，不咸山于《山海经·大荒北经》中也有明确记录，把长白山当作吉林的象征，这是合情合理的。”（“长白丛书”初版陈连庆先生序）

1983年吉林师范学院古籍研究所（室）成立，作为吉林省古籍整理与研究协作组常设机构和丛书的编务机构，李澍田先生出任所长。全国高校古籍整理工作委员会、吉林省教委和省财政厅都给予了该项目一定的支持。李澍田先生是“丛书”的创始人，他的学术生涯就是“丛书”的创业史。“丛书”能够在国内外学界有如此大的影响力，与李澍田先生的敬业精神和艰辛努力是分不开的。“丛书”创办之始，李澍田先生“邀集吉、长各地的中青年同志，乃至吉林的一些老同志，群策群力，分工合作”（初版陈序），寻访底本，夙兴夜寐逐字校勘，联络印刷单位、寻找合作方，因经常有生僻古字，先生不得不亲自到车间与排版工人拼字铸模；吉林文史出版社于永玉先生作为“丛书”的第一任责编，殚精竭虑地付出了很多努力，为“丛书”的完成出版作出了突出贡献；原古籍所衣兴国等诸位前辈同人在辅助李澍田先生编印“丛书”的过程中，一道解决了遇到的诸多问题、排除了诸多困难，是“丛书”草创时期的重要参与者。“丛书”自20世纪80年代出版发行以来，经历了铅字排版印刷、激光照排印刷、数字化出版等多个时期，“丛书”本身也称得上是改革开放以来中国印刷史的见证。由于“丛书”不同卷册在出版发行的不同历史时期，投入的人力、财力受当时的条件所限，每一种图书的质量都不同程度留有遗憾，且印数多则千册、少则数百册，历经数十年的流布与交换，有些图书可谓一册难求。

1994年，李澍田先生年逾花甲，功成身退，由刁书仁教授继任“丛书”主编。刁书仁教授“萧规曹随”，延续了“丛书”的出版生命，在经费拮据、古籍整理热潮消退、社会关注度降低的情况下，多方呼吁，破解困局，使得“丛书”得以继续出版，文化品牌得以保存，其功不可没。1999年原吉林师范学院、吉林医学院、吉林林学院和吉林电气化高等专科学校合并组建为北华大学，首任校长于庚蒲教授力主保留古籍所作为北华大学处级建制科研单位，使得“丛书”的学术研究成果得以延续保存。依托北华大学古籍所发展形成的专门史学科被学校确定为四个重点建设学科之一，在东北边疆史地研究、东北民族史研究方面形成了北华大学的特色与优势。

2002年，刁书仁教授调至扬州大学工作，笔者当时正担任北华大学图书馆馆长，在北华大学的委托和古籍所同人的希冀下，本人兼任古籍所所长、“丛书”主编。在北华大学的鼎力支持下，为了适应新时期形势的发展，出于拓展古籍研究所研究领域、繁荣学术文化、有利于学术交流以及人才培养工作的实际需要，原古籍研究所改建为东亚历史与文献研究中心，在保持原古籍整理与研究的学术专长的同时，中心将学术研究的视野和交流渠道拓展至东亚地域范围。同时，为努力保持“丛书”的出版规模，我们以出文献精品、重学术研究成果为工作方针，确保“丛书”学术研究成果的传承与延续。

在全方位、深层次挖掘和研究的基础上，整套“丛书”整理与研究成果斐然。“丛书”分为文献整理与东亚文化研究两大系列，内容包括史料、方志、档案、人物、诗词、满学、农学、边疆、民俗、金石、地理、专题论集12个子系列。“丛书”问世后得到学术界和出版界的好评，“丛书”初集中的《吉林通志》于1987年荣获全国古籍出版奖，三集中的《东三省政略》于1992年获国家新闻出版总署全国古籍整理图书奖，是当年全国地方文献中唯一获奖的图书。同年，在吉林省第二届社会科学成果评奖中，全套丛书获优秀成果二等奖，并被国家新闻出版总署列为“八五”计划重点图书。1995 年《中国东北通史》获吉林省第三届社会科学优秀成果二等奖。2005 年,《同文汇考中朝史料》获北方十五省（市、区）哲学社会科学优秀图书奖。

“丛书”的出版在社会各界引起很大反响，与当时广东出现的以岭南文献为主的《岭南丛书》并称国内两大地方文献丛书，有“北有长白，南有岭南”之誉。吉林大学金景芳教授认为“编辑‘长白丛书’的贡献很大，从‘辽海丛书’到‘长白丛书’都证明东北并非没有文化”。著名明史学者、东北师范大学李洵教授认为：“《长白丛书》把现在已经很难得的东西整理出来，说明东北文化有很高的水准，所以丛书的意义不只在于出了几本书，更在于开发了东北的文化，这是很有意义的，现在不能再说东北没有文化了。”美国学者杜赞奇认为“以往有关东北方面的材料,利用日文资料很多。而现在中文的‘长白丛书’则很有利于提高中国东北史的研究”（在“长白丛书”出版十周年纪念会上的发言）。中国社会科学院边疆史地研究中心主任厉声研究员认为:“‘长白丛书’已经成为一个品牌,与西北研究同列全国之首。”（1999 年 12 月在“长白丛书”工作规划会议上的发言）目前,“长白丛书”已被收藏于日本、俄罗斯、美国、德国、英国、加拿大、澳大利亚、韩国及东南亚各国多所学府和研究机构，并深受海内外史学研究者的关注。

为了更好地传承和弘扬优秀地域文化，再现“丛书”在“面向吉林，服务桑梓”方面的传统与特色，2010 年前后，我与时任吉林文史出版社社长的徐潜先生就曾多次动议启动出版《长白丛书精品集》，并做了相应的前期准备工作，后因出版资助经费落实有困难而一再拖延。2020 年，以十年前的动议与前期工作为基础，在吉林省省级文化发展专项资金的资助下，北华大学东亚历史与文献研究中心与吉林文史出版社共同议定以《长白丛书》为文献基础，从“丛书”已出版的图书中优选数十种具有代表性的文献图书和研究著述合编为“长白文库”加以出版。

“长白文库”是在新的历史发展时期对“长白丛书”的一种文化传承和创新，“长白丛书”仍将以推出地方文化精华和学术研究精品为目标，延续东北地域文化的文脉。

“长白文库”以“长白丛书”刊印 40 年来广受社会各界关注的地方文化图书为入选标准，第一期选择约 30 部反映吉林地域传统文化精华的图书，充分展现白山松水孕育的地域传统文化之风貌，为当代传统文化传承提供丰厚的文化滋养，是一件功在当代、利在千秋的文化盛举。

盛世兴文，文以载道。保存和延续优秀传统文化的文脉，是人文社会科学研究者的社会责任和学术使命，"长白丛书"在创立之时，就得到省内外多所高校诸多学界前辈的关注和提携，"开发乡邦文献，弘扬地方文化"成为20世纪80年代一批志同道合的老一辈学者的共同奋斗目标，没有他们当初的默默耕耘和艰辛努力，就没有今天"长白丛书"这样一个存续40年的地方文化品牌的荣耀。"独行快，众行远"，这次在组建"长白文库"编委会的过程中，受邀的各位学者都表达了对这项工作的肯定和支持，慨然应允出任编委会委员，并对"长白文库"的编辑工作提出了诸多真知灼见，这是学界同道对"丛书"多年情感的流露，也是对即将问世的"长白文库"的期许。

感谢原吉林师范学院、现北华大学40年来对"丛书"的投入与支持，感谢吉林文史出版社历届领导的精诚合作，感谢学界同人对"丛书"的关心与帮助！

郑　毅

谨序于北华大学东亚历史与文献研究中心

2020年7月1日

“长白丛书”序

吉林师范学院李澍田同志，悉心钻研历史，关心乡邦文献，于教学之余，搜罗有关吉林的书刊，上自古代，下迄辛亥，编为“长白丛书”，征序于予，辞不获命。爰缀予所知者书于简端曰：

昔孔子有言：“夏礼吾能言之，杞不足征也。殷礼，吾能言之，宋不足征也。文献不足故也，足，则吾能征之矣。”说者以为:“文，典籍也。献，贤也。”这是因为文献对于历史研究相辅相成，缺乏必要的文献，历史研究便无从措手。古代文献，如十三经、二十四史之属，久已风行海内外，家传户诵，不虞其失坠，而近代文献往往不易保存。清代学者章学诚对此曾大声疾呼，唤起人们的注意，于其名著《文史通义》中曾详言之。然而，保存文献并不如想象那么容易。贵远贱近，习俗移人，不以为意，随手散弃者有之。保管不善，毁于水火，遭老鼠批判者有之。而最大损失仍与政治原因有关。自清朝末叶以来，吉林困厄极矣，强邻环伺，国土日蹙，先有日、俄帝国主义战争，继有军阀割据，九一八事变后，又有敌伪十四年统治，国土沦陷，生民憔悴。在政权更迭之际，人民或不免于屠刀，图书文物更随时有遭毁弃和掠夺的命运。时至今日，清代文书档案几如凤毛麟角，九一八事变以前书刊也极为罕见。大抵有关抨击时政者最先毁弃，有关时事者则几无孑遗。欲求民国以来一份完整无缺的地方报纸已不可能，遑论其他。

中华人民共和国成立以来，百废俱兴，文教事业空前发展。而中经十年内乱，公私图书蒙受极大损失，断简残篇难以拾缀。吉林市旧家藏书，“文革”期间遭到洗劫，损失尤重。粉碎“四人帮”后，祖国复兴，文运欣欣向荣，在拨乱反正的号召下，由陈云同志倡导，大张旗鼓，整理古籍，一反民族虚无主义积习，尊重祖国悠久文化传统，为振兴中华，提供历史借鉴。值此大好时机，李澍田同志以一片爱国爱乡的赤子之心，广泛搜求有关吉林文史图书，不辞劳苦，历访东北各图书馆，并远走京沪各地，仆仆风尘，调查访问，即书而求人，因人而求书，在短短几年内，得书逾千，经过仔细筛选，择其有代表性者三百种，编为“长白丛书”。盖清代中叶以来，吉林省疆域迭有变迁，而长白山钟灵毓秀，巍然耸立，为吉林名山，从历史上看，不咸山于《山海经·大荒北经》中也有明确记录，把长白山当作吉林的象征，这是合情合理的。

“丛书”中所收著作，以清人作品为最多，范围极其广泛，自史书、方志、游记、档案、家谱以下，又有各家别集、总集之属。为网罗散佚，在宋、辽、金以迄明代的著作之外，又以文献征存、史志辑佚、金石碑传补其不足，取精用宏，包罗万象，可以说是吉林文献的总汇，对于保存文献，具有重大贡献。

回忆酝酿编余之际，李澍田同志奔走呼号，独力支撑，在无人、无钱的条件下，邀集吉长各地的中青年同志，乃至吉林的一些老同志，群策群力，分工合作，众志成城，大业克举。在整理文献的过程中，摸索出一套先进经验，培养出一支坚强队伍。这也是有志者事竟成的一个范例。

我与李澍田同志相处有年，编订此书之际，澍田同志虚怀若谷，对于书刊的搜求，目录的选定等方面多次征求意见。今当是书即将问世之际，深喜乡邦文献可以不再失坠，故敢借此机会聊述所怀。殷切希望读此书者，要从祖国的悲惨往事中，体会爱国家、爱乡土的心情，激发斗志，为“四化”多作贡献。也殷切希望读此书者，能够体会到保存文献之不易，使焚琴煮鹤的蠢事不要重演。

当然，有关吉林的文献并不以汉文书刊为限，在清代一朝就有大量的满文、蒙文的档案和图书，此外又有俄、日、英、美各国的档案和专著，如能组织人力，有计划、有步骤地进行整理，提要钩玄勒成专著，先整理一部分，然后逐渐扩大，这也是不朽的盛业，李君其有意乎？

吉林 陈连庆 谨序

一九八六年五月一日

前言

《东夏史料》是我们在研究东夏史的过程中，边搜集边整理编纂形成的，是为东夏史研究配备参考资料的索引。

关于东夏史文献记载的资料，比较而言相当简略、零散而又有所歧异。开国君主蒲鲜万奴就又有姓完颜的别记，辅佐创业的宰相王浍尚不见载于《黑鞑事略》，而是被其他记载曲讳作隐逸之士。《金史》《元史》均未为他们立专传，晚近所增编重修的几部元史，如曾廉的《元书》、屠寄的《蒙兀儿史记》、柯劭忞的《新元史》收集史籍所载有关零散的材料纂集成《蒲鲜万奴传》；而王浍则仍付之阙如。在元好问《中州集》中写有六百余字的《王玄佐（即王浍）小传》，虽然对奋起辅弼蒲鲜万奴创建东夏国伟绩壮举避忌不着一字，但仍是研究王浍身世、思想、态度各方面的重要材料。关于东夏史，至今有一些问题，学术界还有争论，材料的缺乏应是主要原因。

关于东夏史的材料之所以缺少，是由于：第一，封建时代修史者循守正统史观，对所谓“僭越”的“叛逆”，除认为有重大影响者外，一般是不为立传的，东夏自属此例，只作附见的简略记载；第二，修史之时，材料已然残缺不备。金朝末年，宣宗迁都汴梁以后，东北地区交通隔绝，情况多不及知，蒲鲜万奴建立东夏政权这种大事，经过三年之久，还须派专人前往察访，了解真相，有关史料当然无人搜集。元好问虽有志修辑《金史》，但巧妇难为无米之炊，不可能为蒲鲜万奴的东夏国多写几笔，王浍能在《中州集》中附载一小传，已属难能可贵了。明朝修《元史》急于成书，也来不及为蒲鲜万奴立传，因而东夏史再次佚失在当时可能采摭、搜集到的资料。

东夏史的材料可以说既零散又残缺不全，自然给研究工作带来诸多不便和困难，这就需要做广泛搜寻、求索资料的工作，把一些零星材料集中起来，为研究者提供方便，免得像大海捞针一样去翻许多文献。这正是我们把散见的东夏史资料编辑成册的目的。

金毓黻先生所著《东北通史》中《蒲鲜万奴之东夏国》一章，搜集有关材料罗列排比，开启了汇编东夏史资料的先河，但仅限于蒲鲜万奴和王浍二人传记材料。日本学者箭内亘、岩井大慧、池内宏先后写过关于东夏国疆域、国号等方面的文章，其中也提供了不少资料，但也仅限于专题性质。

近几年，为了尽可能全面而完整地探讨清楚东夏史的实际情况，我们先后翻检、查阅了我国各种史书、方志、文集、札记等所记载和涉及的有关东夏史的资料，以及考古所得实物和调查材料。对于国外的史籍文献记载和学者们所写的文章，如拉施特的《史集》《多桑蒙古史》、李奎报编辑的《东文选》、郑麟趾等撰著的《高丽史》，日本研究东夏史的专家们撰写的文章，关于东夏的政治、经济、军事、外交，以及国名、年号、国都、疆域各方面专题的资料，凡能见知者均予收录。就是在这个基础上，我们搜求、整理、汇集了这个资料汇编，以求为东夏史的研究者提供一份较为完备的基本史料。我们所写的《东夏史料》一书，即完全依据这些资料编写而成。本书纳入《长白丛书》四集。

编　者

编　例

一、本书收录的资料，分三大部分：一部分是文献资料，包括国外的文献记载；一部分是考古资料；一部分是附录，包括参考书目和文章索引。

二、本《史料》所征引的书籍凡五十几种，考古资料二十余篇。资料的编排，先文献后考古，先正史后别史，先中文书刊后外文书刊。征引各书，略按其出书时间先后排列。各书的编纂者和版本均于篇首注明，各条资料也都于首行载明出处，并以原书卷页先后为序，用黑方括号【　】标出，可据以径作引用。

三、所收资料，均以选用版本为据，本着实事求是、完整精练的原则，或照录原文，或撷取摘录，不加考析，提供参阅者径自判断。有些资料不便照录和摘抄，或虽不是直接材料，但又有参考价值，附见参考书目和文章索引。行文中，少数较重要的地方，如文字讹倒脱衍，则参考不同版本或他处记载加以校勘，校勘按《长白丛书》通例，应删改之衍、误字，用小括号（　）括除；应添之脱字，用方括号〔　〕增补。个别地方，不须参证他处记载即可断为讹误者，则径行改正，不加任何标示，以避烦琐。

四、资料中原有之旧注，凡与东夏史有关的部分，皆与正文一律看待，加以收录，用小字单行排印，以代原来的双行夹注。

五、对于能够反映编纂者研究成果和过程的重要资料，如屠寄《蒙兀儿史记》等，本《史料》则将两种版本之资料一并收入，不加任何取舍，以资使用者对比、参考。

六、本《史料》对所录之未标点的原始资料，均加以分段标点，同时对有些资料中的旧式句读做了适当校正。

由于编者水平有限，加之时间较为仓促，搜集的资料或有遗漏，取舍或有未审，编排和标点或有不当，敬祈方家不吝批评指正。

编　者

一九八八年三月

目　录

文献资料

宋 史

（元）脱脱等撰（中华书局本）

【**宋史**卷三八，**宁宗纪二**，七四〇页】〔开禧二年（一二〇六）〕夏四月丁丑，……镇江都统制陈孝庆复泗州，江州统制许进复新息县。戊寅，光州忠义人孙成复褒信县。

五月辛巳朔，陈孝庆复虹县。……丙戌，江州都统王大节引兵攻蔡州不克，军大溃。丁亥，下诏伐金。癸巳，以伐金告于天地、宗庙、社稷。皇甫斌引兵攻唐州，败绩。兴元都统秦世辅出师至城固县，军大乱。甲午，……以池州副都统郭倬、主管马军行司公事李汝翼会兵攻宿州，败绩。……癸卯，郭倬等还至蕲县，金人追而围之，倬执马军司统制田俊迈以与金人，乃得免。

六月壬子，王大节除名，袁州安置，寻徙封州。癸丑，建康都统李爽攻寿州，败绩。甲寅，邓友龙罢。……丁巳，……夺郭倬、李汝翼三官。辛酉，夺皇甫斌三官。甲子，李爽罢。丁卯，……建康副都统田琳复寿春府。……甲戌，夺李爽三官，汀州居住。再夺皇甫斌五官，南安军安置。丙子，夺邓友龙三官，兴化军居住。戊寅，苏师旦罢。

金 史

（元）脱脱等撰（中华书局本）

【**金史**卷一二，**章宗纪四**，二七五页】〔泰和六年（一二〇六）〕四月丙寅，诏平章政事仆散揆领行省于汴，许以便宜从事。……丁丑，宋人入新息、内乡，又入泗州。戊寅，入褒信。己卯，入虹县。庚辰，入颍上。

五月壬午，宋李爽围寿州，田俊迈入蕲县，秦诜攻蔡州。防御使完颜佛住败之。……丙戌，以宋畔盟出师，告于天地、太庙、社稷。丁亥，亲告于衍庆宫。戊子，平章政事仆散揆兼左副元帅，陕西兵马都统使充为元帅右监军，知真定府事乌古论谊为元帅左都监。辛卯，以征南诏中外。赐唐州刺史吾古孙兀屯、总押邓州军马事完颜江山爵各二级，蔡州防御使完颜佛住爵一级，余赏赉有差。……上以宋兵方炽，东北新调之兵未集，河南之众不足支，命河北、大名、北京、天山之兵万五千屯真定、河间、清、献等以为应。壬辰，谕尚书省："今国家多故，凡言军国利害，五品以上官以次奏陈，朕将亲问之。六品以下则具帖子以进。"癸巳，山东路灾，赦死罪已下。以枢密副使完颜匡为右副元帅。宋田俊迈攻宿州，安国军节度副使纳兰邦烈等出兵击之。邦烈中流矢，宋郭倬、李汝翼以众继至，遂围宿州。壬寅，纳兰邦烈等击败之，俊迈退保于蕲。癸卯，执俊迈于蕲。甲辰，皇甫斌攻唐州，刺史吾古孙兀屯拒之，行省遣泌阳副巡检纳合军胜来援，遂击败之。

六月辛亥朔，……平章政事揆报蕲之捷，并送所获宋将田俊迈至阙。上降诏褒谕，赐纥石烈贞、纳兰邦烈、史扢搭等爵赏有差。宋将李爽以兵围寿州，刺史徒单羲拒守，逾月不能下。壬子，河南统军判官乞住及买哥等以兵来援，羲出兵应之，爽大败，同知军州事蒲烈古中流矢死。……庚申，右翼都统完颜赛不败宋曹统制于溱水。……壬戌，平章政事揆报寿州之捷。戊辰，诏升寿州为防御，免今年租税诸科名钱，释死罪以下。以徒单羲为防御使。赠蒲烈古昭勇大将军，赐钱三百贯，官其子图剌。擢乞住同知昌武军节度使事，买哥河南路统军判官。都统赛不、副统蒲鲜万奴各晋爵一级，赐金币有差。

【**金史**卷一三，**卫绍王纪，**二九三页】〔大安三年（一二一一）〕四月，我大元太祖法天启运圣武皇帝来征。遣西北路招讨使粘合合打乞和。平章政事独吉千家奴、参知政事胡沙行省事备边。

八月，诏奖谕行省官，慰抚军士。千家奴、胡沙自抚州退军，驻于宣平。河南大名路军逃归，下诏招抚之。

九月，千家奴、胡沙败绩于会河堡，居庸关失守。禁男子不得辄出中都城门，大元前军至中都，中都戒严。参知政事梁瑭镇抚京城。

十月，……上京留守徒单镒遣同知乌古孙兀屯将兵二万卫中都。泰州刺史术虎高琪屯通玄门外。上巡抚诸军。

十一月，……以上京留守徒单镒为右丞相。签中都在城军。纥石烈胡沙虎弃西京，走还京师，即以为右副元帅，权尚书左丞。是时，德兴府、弘州、昌平、怀来、缙山、丰润、密云、抚宁、集宁，东过平、滦，南至清、沧，由临潢过辽河，西南至忻、代，皆归大元。初，徒单镒请徙桓、昌、抚百姓入内地。上信梁瑭议，以责镒曰："是自蹙境土也。"及大元已定三州，上悔之。至是，镒复请置行省事于东京，备不虞。上不悦曰："无故遣大臣，动摇人心。"未几，东京不守，上乃大悔。右副元帅胡沙虎请兵二万屯宣德，诏与三千人屯妫川。平章政事千家奴、参知政事胡沙坐覆全军，千家奴除名，胡沙责授咸平路兵马总管。万户佤头屯古北口。

【**金史**卷一三，**卫绍王纪，**二九六页】〔至宁元年（一二一三）〕五月，改元。诏谕咸平路契丹部人之啸聚者。

【**金史**卷一四，**宣宗纪上，**三〇二页】〔贞祐元年（一二一三）〕冬十月丁酉朔，京师戒严。……辛亥，元帅右监军术虎高琪战于城北，凡两败绩而归……甲寅……大元兵下涿州。

十一月庚午，将乞和于大元，诏百官议于尚书省。……癸未，……大元兵徇观州，刺史高守约死之。又徇河间府、沧州。

二年（一二一四）春正月辛未，大元兵徇彰德府，知府事黄掴九住死之。……乙酉，征处士王浍，不至。大元兵徇益都府。……乙未，大元兵徇怀州，沁南军节度使宋扆死之。

三月辛未，遣承晖诣大元请和。……甲申，大元乙里只扎八来。诏百官议于尚书省。……庚寅，奉卫绍王公主归于大元太祖皇帝，是为公主皇后。辛卯，……京师戒严。壬辰，大元兵下岚州，镇西军节度使乌古论仲温死之。

夏四月，……时山东、河北诸郡失守，惟真定、清、沃、大名、东平、徐、邳、海数城仅存而已，河东州县亦多残毁。兵退，命仆散安贞等为诸路宣抚使，安集遗黎。至是以大元允和议，大赦国内。

【**金史**卷一四，**宣宗纪上，**三〇四页】五月乙亥，……上决意南迁，诏告国内。太学生赵昉等上章极论利害，以大计已定，不能中止，皆慰谕而遣之。……戊寅……及行，先诏谕之。

秋七月，车驾至南京。

【**金史**卷一四，**宣宗纪上，**三〇六页】十一月癸未，曲赦辽东路。敕罢宣抚司辄拟官。

【**金史**卷一四，**宣宗纪上，**三〇七页】〔贞祐三年（一二一五）〕三月庚午，谕辽东宣抚使蒲鲜万奴选精锐屯沈州、广宁，以俟进止。

【**金史**卷一四，**宣宗纪中，**三一二页】九月丁卯，……诏授隐士王浍太中大夫、右谏议大夫，充辽东宣抚司参谋官。

【**金史**卷一四，**宣宗纪上，**三一四页】十月戊戌，辽东宣抚司报败留哥之捷。

【**金史**卷一四，**宣宗纪上，**三一四页】十月壬子，……辽东贼蒲鲜万奴僭号，改元天泰。

【**金史**卷一四，**宣宗纪上，**三一七页】〔贞祐四年（一二一六）〕三月丙子，曲赦辽东路。己卯，处士王浍以右谏议大夫复迁中奉大夫、翰林学士，仍赐诏褒谕。

【**金史**卷一四，**宣宗纪上，**三一八页】六月壬辰，辽西伪瀛王张致遣完颜南合、张颃僧上表来归。诏授致特进，行北京路元帅府事，兼本路宣抚使，南合同知北京兵马总管府，颃僧同知广宁府。

【**金史**卷一五，**宣宗纪中，**三二九页】〔兴定元年（一二一七）〕夏四月己未，以权参知政事辽东路行省完颜阿里不孙为参知政事，行尚书省、元帅府于婆速路。以权辽东路宣抚使蒲察五斤权参知政事，行尚书省、元帅府于上京。

【**金史**卷一五，**宣宗纪中，**三二九页】 夏四月壬申，以万奴叛逆未殄，诏谕辽东诸将。

【**金史**卷一五，**宣宗纪中，**三三〇页】 六月庚戌，诏捕治辽东受伪署官家属，得按察使高礼妻子，皆戮之。

【**金史**卷一五，**宣宗纪中，**三三一页】 六月乙丑，……辽东行省遣使来上正月中败契丹之捷。

【**金史**卷一五，**宣宗纪中，**三三一页】 秋七月甲申，……诏谕辽东诸路。

【**金史**卷一五，**宣宗纪中，**三三二页】 九月癸巳，……辽东行省完颜阿里不孙为叛人伯德胡土所杀。

【**金史**卷一五，**宣宗纪中，**三三三页】 十二月庚戌，元帅左监军蒲察五斤进右副元帅，权参知政事，充辽东行省。

【**金史**卷一五，**宣宗纪中，**三三五页】〔兴定二年（一二一八）〕三月辛丑，上京行省蒲察五斤表，左监军哥不霭诬坊州宣抚副使纥石烈按敦将叛而杀之。事下尚书省，宰臣以为按敦之死徐议恤典，哥不霭亦姑牢笼使之，上勉从其言。

【**金史**卷一五，**宣宗纪中，**三三五页】 夏四月壬寅朔，蒲察五斤表，辽东便宜阿里不孙贷粮高丽不应，辄以兵掠其境。上命五斤遣人以诏往谕高丽，使知兴兵非上国意。

【**金史**卷一五，**宣宗纪中，**三三六页】 夏四月乙巳，……是日，曲赦辽东等路。以户部尚书夹谷必兰为翰林学士承旨，权参知政事，行省于辽东。

【**金史**卷一五，**宣宗纪中，**三三六页】 夏四月壬子，遣侍御史完颜素兰、近侍局副使讹可同赴辽东，察访叛贼万奴事体。

【**金史**卷一五，**宣宗纪中，**三三六页】 夏四月癸丑，完颜素兰请宣谕高丽复开互市，从之。

【**金史**卷一五，**宣宗纪中，**三四五页】〔兴定三年（一二一九）〕六月甲子朔，……诏付辽东等处行省金银符及空名宣敕，听便宜处置。

【**金史**卷一六，**宣宗纪下，**三六六页】〔元光二年（一二二三）〕夏四月己卯，遣官阅河南帅府见兵，籍闲官豪右亲丁及辽东、河北客户为军。

【**金史**卷一七，**哀宗纪上，**三七七页】〔正大三年（一二二六）〕六月壬子，诏谕高丽及辽东行省葛不霭，讨反贼万奴，赦胁从者。

【**金史**卷二四，**地理志上，**五五一页】 会宁府，下。初为会宁州，太宗以建都，升为府。天眷元年，置上京留守司，以留守带本府尹，兼本路兵马都总管。后置上京曷懒等路提刑司。户三万一千二百七十。旧岁贡秦王鱼，大定十二年罢之。又贡猪二万，二十五年罢之。东至胡里改六百三十里，西至肇州五百五十里，北至蒲与路七百里，东南至恤品路一千六百里，至曷懒路一千八百里。

【**金史**卷二四，**地理志上**，五五二页】 合懒路，置总管府。贞元元年（一一五三），改总管为尹，仍兼本路兵马都总管。承安三年（一一九八），设兵马副总管。旧贡海葱，大定二十七年罢之。有移鹿古水。西北至上京一千八百里，东南至高丽界五百里。

【**金史**卷二四，**地理志上**，五五二页】 恤品路，节度使。辽时，为率宾府，置刺史。本率宾故地，太宗天会二年（一一二四），以耶懒路都孛堇所居地瘠，遂迁于此。以海陵例罢万户，置节度使，因名速频路节度使。世宗大定十一年（一一七一），以耶懒、速频相去千里，既居速频，然不可忘本，遂命名石土门亲管猛安曰押懒猛安。承安三年（一一九八），设节度副使。西北至上京一千五百七十里，东北至胡里改一千一百里，西南至合懒一千二百里，北至边界斡可阿怜千户二千里。

【**金史**卷二四，**地理志上**，五五三页】 胡里改路，国初置万户，海陵例罢万户，乃改置节度使。承安三年，置节度副使。西至上京六百三十里，北至边界合里宾忒千户一千五百里。

【**金史**卷二四，**地理志上**，五五三页】 咸平府，下，总管府，安东军节度使。本高丽铜山县地，辽为咸州，国初为咸州路，置都统司。天德二年（一一五〇）八月，升为咸平府，后为总管府。置辽东路转运司、东京咸平路提刑司。户五万六千四百四。

【**金史**卷二四，**地理志上**，五五四页】 归仁辽旧隶通州安远军，本渤海强师县，辽更名，金因之。北有细河。

【**金史**卷五〇，**食货志五**，一一一三页】 榷场，与敌国互市之所也。皆设场官，严厉禁，广屋宇，以通二国之货，岁之所获，亦大有助于经用焉。

【**金史**卷九三，**独吉思忠传**，二〇六四页】 大安初，拜平章政事。大安三年（一二一一），与参知政事承裕将兵屯边，方缮完乌沙堡，思忠等不设备，大元前兵奄至，取乌月营，思忠不能守，乃退兵，思忠坐解职。

【**金史**卷九三，**独吉思忠传**，二〇六五页】 卫绍王命参知政事承裕行省，既而败绩于会河堡云。

【**金史**卷九三，**承裕传**，二〇六六页】〔大安三年（一二一一）〕拜参知政事，与平章政事独吉思忠行省戍边。乌沙堡之役不为备，失利，朝廷独坐思忠，诏承裕主兵事。

【**金史**卷九三，**承裕传**，二〇六六页】 八月，大元大兵至野狐岭，承裕丧气，不敢拒战，退至宣平。县中土豪请以土兵为前锋，以行省兵为声援，承裕畏怯不敢用，但问此去宣德间道而已。土豪嗤之曰："溪涧曲折，我辈谙知之。行省不知用地利力战，但谋走耳，今败矣。"其夜，承裕率兵南行，大元兵踵击之。明日，至会河川，承裕兵大溃。承裕仅脱身，走入宣德。大元游兵入居庸关，中都戒严。识者谓金之亡决于是役。卫绍王犹薄其罪，除名而已。

至宁元年（一二一三），迁元帅右监军，兼咸平府路兵马都总管，与契丹留可（"可"疑为"哥"）战，败绩。改同判大睦亲府事、辽东宣抚使。

【**金史**卷九三，**承裕传，**二〇六七页】赞曰：曹刿有言："一鼓作气，再而衰，三而竭。"夫兵以气为主，会河堡之役，独吉思忠、承裕沮丧不可复振，金之亡国，兆于此焉。

【**金史**卷一〇一，**抹撚尽忠传，**二二二九页】尽忠至南京，宣宗释不问弃中都事，仍以为平章政事。尽忠言："记注之官，奏事不当回避，可令左右司官兼之。"宣宗以为然。尽忠奏应奉翰林文字完颜素兰可为近侍局。宣宗曰："近侍局例注本局人及宫中出身，杂以他色，恐或不和。"尽忠曰："若给使左右，可止注本局人。既令预政，固宜慎选。"宣宗曰："何谓预政？"尽忠曰："中外之事得议论访察，即为预政矣。"宣宗曰："自世宗、章宗朝许察外事，非自朕始也。如请谒营私，拟除不当，台谏不职，非近侍体察，何由知之？"尽忠乃谢罪。参政德升继之曰："固当慎选其人。"宣宗曰："朕于庶官曷尝不慎，有外似可用而实无才力者，视之若忠孝而包藏悖逆者。蒲察七斤以刺史立功，骤升显贵，辄怀异志。蒲鲜万奴委以辽东，乃复肆乱。知人之难如此，朕敢轻乎！众以蒲察五斤为公干，乃除副使。众以斜烈为淳直，乃用为提点。若乌古论石虎乃汝等共举之，朕岂不尽心哉！"德升曰："比来访察，开决河堤，水损田禾等，覆之皆不实。"上曰："朕自今不敢问若辈，外间事皆不知，朕干何事，但终日默坐听汝等所为矣。方朕有过，汝等不谏，今乃面讦，此岂为臣之义哉！"德升亦谢罪。

纥石烈执中之诛，近侍局尝先事启之，遂以为功，阴秉朝政。高琪托此辈以自固。及尽忠、德升面责，愈无所忌。未几，德升罢相，尽忠下狱，自是以后，中外蔽隔，以至于亡。

【**金史**卷一〇二，**完颜弼传，**二二五三页】大安二年（一二一〇），入为武卫军副都指挥使。三年，以本官领兵驻宣德。会河之败，弼被创，马中流矢，押军千户夹谷王家奴以马授弼，遂得免。

【**金史**卷一〇二，**完颜弼传，**二二五三页】至宁元年（一二一三），东京不守，弼为元帅左监军，扞御辽东。请"自募二万人为一军，万一京师有急，亦可以回戈自救。今驱市人以应大敌，往则败矣。”卫绍王怒曰：“我以东北路为忧，卿言京师有急何耶？就如卿言，我自有策。以卿皇后联姻，故相委寄，乃不体朕意也。”弼曰：“陛下勿谓皇后亲姻俱可恃也。”时提点近侍局驸马都尉徒单没烈侍侧，弼意窃讥之。卫绍王怒甚，顾谓没烈曰：“何不叱去？”没烈乃引起，付有司，论以奏对无人臣礼，诏免死，杖一百，责为云内州防御使。

【**金史**卷一〇三，**奥屯襄传**，二二七六页】 明年（至宁元年，即一二一三年），授上京兵马使。宣宗即位，擢辽东路宣抚副使。未几，改速频路节度使，兼同知上京留守事。二年（贞祐二年，即一二一四年）二月，为元帅右都监，行元帅府事于北京。五月，改留守，兼前职，俄迁宣抚使兼留守。

【**金史**卷一〇三，**奥屯襄传**，二二七六页】〔贞祐二年（一二一四）〕，十一月，诏谕襄及辽东路宣抚使蒲鲜万奴、宣差蒲察五斤曰：“上京、辽东，国家重地，以卿等累效忠勤，故委腹心，意其协力尽公，以徇国家之急。及详来奏，乃大不然，朕将何赖。自今每事同心，并力备御，机会一失，悔之何及！且师克在和，善钧从众，尚惩前过，以图后功。”

【**金史**卷一〇三，**纥石烈桓端传**，二二七八页】 大安三年（一二一一），……徙辽东路宣抚司都统。败移剌留哥万五千众于御河寨，夺车数千辆，降万余人。

【**金史**卷一〇三，**纥石烈桓端传**，二二七八页】 贞祐二年（一二一四），为宣差副提控，同知婆速路兵马都总管，行府事。贞祐三年（一二一五），蒲鲜万奴取咸平、东京沈、澄诸州，及猛安谋克人亦多从之者。三月，万奴步骑九千侵婆速近境，桓端遣都统温迪罕怕哥辇击却之。四月，复掠上京城（“京”原作“古”。按本书卷一二二《温迪罕老儿传》，“蒲鲜万奴攻上京”。又卷一二八《纥石烈德传》，“蒲鲜万奴逼上京”。今据改），遣都统兀颜钵辖拒战。万奴别遣五千人攻望云驿，都统奥屯马和尚击之。都统夹谷合打破其众数千于三叉里。五月，都统温迪罕福寿攻万奴之众于大宁镇，拔其垒，其众歼焉。九月，万奴众九千人出宜风及汤池，桓端率兵与战，其众溃去，因招唵吉斡、都麻浑、宾哥、出台、荅爱、颜哥、不灰、活拙、按出、孛德、烈邻十一猛安复来附，择其丁男补军，攻城邑之未下者。贞祐四年（一二一六），桓端遣王汝弼由海道奏事，宣宗嘉其功，桓端迁辽海军节度使、同知行府事，宣差提控如故。婆速路温甲海世袭猛安、权同知府事温迪罕哥不霭迁显德军节度使，兼婆速府治中。权判官、前修起居注裴满按带迁两阶，升二等。王汝弼迁四阶，升四等。余将士有功者，诏辽东宣抚承制迁赏。

【**金史**卷一〇三，**完颜阿里不孙传**，二二八〇页】 贞祐初，……改御史中丞、辽东宣抚副使。再阅月，权右副元帅、参知政事、辽东路行尚书省事，赐御衣、厩马、安山甲。上京行省蒲察五斤奏其功，赐金百两、绢百匹。

兴定元年（一二一七），真拜参知政事，权右副元帅，行尚书省、元帅府于婆速路，承制除拜刺史以下。不协（疑“不协”上有脱文）。是时，蒲鲜万奴据辽东，侵掠婆速之境，高丽畏其强，助粮八万石。上京行省蒲察五斤入朝，辽东兵势愈弱，五斤留江山守肇州，江山亦颇怀去就。及上京宣抚使蒲察移剌都改陕西行省参议官，而伯德胡土遂有异志。宣抚使海奴不迎制使，坐而受诏，阿里不孙械系之。顷之，阿里不孙辄矫制大赦诸道，众乃稍安，而请罪于朝。

初，留哥据广宁，知广宁府事温迪罕青狗居盖州，妻子留广宁，与伯德胡土约为兄弟。青狗兵隶阿里不孙，内猜忌不协，蒲察移剌都尝奏青狗无隶阿里不孙。宣宗乃召青狗，青狗不受诏，阿里不孙杀之。胡土乃怨阿里不孙。既而胡土率众伐高丽，乃以兵戕杀阿里不孙。权左都监纳坦裕与监军温迪罕哥不靄、遥授东平判官参议军事郭澍谋诛胡土，未敢发，会上京留守蒲察五斤遣副留守夹谷爱荅、左右司员外郎抹撚独鲁诣裕计事。裕以谋告二人，二人许诺，遂召胡土至帐中杀之。阿里不孙已死，朝廷始得矫赦奏疏，诏有司奖谕。未几，闻阿里不孙死于乱，诏赠平章政事、芮国公。纳合裕真授左都监，哥不靄进一阶，爱荅、独鲁、郭澍迁官升职有差。

【**金史**卷一〇三，**完颜铁哥传，**二二八二页】贞祐二年（一二一四），枢密使徒单度移剌以铁哥充都统，入卫中都。迁东北路招讨使，兼德昌军节度使。

蒲鲜万奴在咸平，忌铁哥兵强，牒取所部骑兵二千，又召泰州军三千及户口迁咸平。铁哥察其有异志，不遣。宣抚使承充召铁哥赴上京，命伐蒲与路。既还，适万奴代承充为宣抚使，摭前不发军罪，下狱被害。

【**金史**卷一〇四，**温迪罕达传，**二二九三页】兴定元年（一二一七），召还，摄侍御史，上疏论伐宋，略曰：“天时向暑，士马不利，宜俟秋凉，无不可者。”又曰：“辽东兴王之地，移剌都不能守，走还南京。度今之势，可令濮王守纯行省盖州，驻兵合思罕，以系一方之心。昔祖宗封建诸王，错峙相维，以定大业。今乃委诸疏外，非计也。”宣宗曰：“一子非所爱，但幼不更事，讵能办此？”

【**金史**卷一〇四，**蒲察移剌都传，**二三〇三页】贞祐二年（一二一四），……迁蒲与路节度使兼同知上京留守事，进三阶，改知隆安府事。逾年，充辽东、上京等路宣抚使兼左副元帅。

移剌都与上京行省蒲察五斤争权，及卖隆安战马，擅造银牌，睚眦杀人，已而矫称宣召，弃隆安赴南京，宣宗皆释不问。

【**金史**卷一〇九，**完颜素兰传，**二四〇一页】兴定二年（一二一八）四月，以蒲鲜万奴叛，遣素兰与近侍局副使内族讹可同赴辽东，诏谕之曰：“万奴事竟不知果何如，卿等到彼当得其详，然宜止居铁山，若复远去，则朕难得其耗也。”

又曰："朕以讹可性颇率易，故特命卿偕行，每事当详议之。"素兰将行，上言曰："臣近请宣谕高丽复开互市事，闻以诏书付行省必兰出。若令行省就遣谕之，不过邻境领受，恐中间有所不通，使圣恩不达于高丽，高丽亦无由知朝廷本意也。况彼世为藩辅，未尝阙臣子礼，如遣信使明持恩诏谕之，贷粮、开市二者必有一济。苟俱不从，则其曲在彼，然后别议图之可也。"上是其言，于是遣典客署书表刘丙从行。

【**金史**卷一一三，**完颜赛不传，**二四七九页】（泰和四年，即一二〇四年）及平章仆散揆伐宋，为右翼都统。六年（一二〇六）六月，宋将皇甫斌遣率步骑数万由确山、褒信分路侵蔡，闻郭倬、李爽之败，阻溱水不敢进。于是，揆遣赛不及副统尚厩局使蒲鲜万奴、深州刺史完颜达吉不等以骑七千往击之。会溱水涨，宋兵扼桥以拒，赛不等谋潜师夜出，达吉不以骑涉水出其右，万奴等出其左，赛不度其军毕渡，乃率副统阿鲁带以精兵直趋桥，宋兵不能遏，比明大溃，万奴以兵断真阳路，诸军追击至陈泽，斩首二万级，获战马杂畜千余。

【**金史**卷一二二，**乌古论德升传，**二六五八页】宣宗迁汴，召赴阙，上言："泰州残破，东北路招讨司猛安谋克人皆寓于肇州，凡征调往复甚难。乞升肇州为节度使，以招讨使兼之。置招讨副使二员，分治泰州及宜春。"诏从之。

【**金史**卷一二二，**温迪罕老儿传，**二六六五页】温迪罕老儿，为同知上京留守事。蒲鲜万奴攻上京，其子铁哥生获老儿，胁之使招余人，不从，铁哥怒，乱斫而死。赠龙虎卫上将军、婆速兵马都总管，以其侄黑厮为后，特授四官。

【**金史**卷一二二，**梁持胜传，**二六六六页】梁持胜，……累官太常博士，迁咸平路宣抚司经历官。

兴定初（一二一七—一二一八），宣抚使蒲鲜万奴有异志，欲弃咸平徙曷懒路，持胜力止之，万奴怒，杖之八十。持胜走上京，告行省太平。是时，太平已与万奴通谋，口称持胜忠，而心不实然，署持胜左右司员外郎。

既而，太平受万奴命，焚毁上京宗庙，执元帅承充，夺其军。持胜与提控咸平治中裴满赛不、万户韩公恕约，杀太平，复推承充行省事，共伐万奴。事泄，俱被害。

【**金史**卷一二八，**纥石烈德传，**二七七三页】贞祐二年（一二一四），迁肇州防御使。是岁，肇州升为武兴军节度，德为节度使、宣抚司署都提控。肇州围急，食且尽，有粮三百船在鸭子河，去州五里不能至。德乃浚濠增陴，筑甬道导濠水属之河。凿陷马阱，伏甲其傍以拒守，一日兵数接，士殊死战。渠成，船至城下，兵食足，围乃解。改辽东路转运使，军民遮道挽留，乘夜乃得去。

蒲鲜万奴逼上京，德与部将刘子元战却之。

【**金史**卷一三〇，**阿鲁真传，**二八〇〇页】 兴定元年（一二一七），承充为上京元帅，上京行省太平执承充应蒲鲜万奴。阿鲁真治废垒，修器械，积刍粮以自守。万奴遣人招之，不从，乃射承充书入城，阿鲁真得而碎之，曰："此诈也。"万奴兵急攻之，阿鲁真衣男子服，与其子蒲带督众力战，杀数百人，生擒十余人，万奴兵乃解去。后复遣将击万奴兵，获其将一人。诏封郡公夫人，子蒲带视功迁赏。

【**金史**卷一三五，**外国下·高丽传，**二八八八页】 明年（一二一四），宣宗迁汴，辽东道路不通，兴定三年（一二一九），辽东行省奏高丽复有奉表朝贡之意，宰臣奏："可令行省受其表章，其朝贡之礼俟他日徐议。"宣宗以为然，乃遣使抚谕高丽，终以道路不通，未遑迎迓，诏行省且羁縻勿绝其好，然自是不复通问矣。

元 史

（明）宋濂等撰（中华书局本）

【**元史**卷一，**太祖纪，**一三页】 元年丙寅（一二〇六）……帝始议伐金。……会金降俘等具言金主璟肆行暴虐，帝乃定议致讨，然未敢轻动也。

【**元史**卷一，**太祖纪，**一五页】 五年庚午（一二一〇）春，金谋来伐，筑乌沙堡。帝命遮别袭杀其众，遂略地而东。

初，帝贡岁币于金，金主使卫王允济受贡于净州。帝见允济不为礼。允济归，欲请兵攻之。会金主璟殂，允济嗣位，有诏至国，传言当拜受。帝问金使曰："新君为谁？"金使曰："卫王也。"帝遽南面唾曰："我谓中原皇帝是天上人做，此等庸懦亦为之耶，何以拜为！"即乘马北去。金使还言，允济益怒，欲俟帝再入贡，就进场害之。帝知之，遂与金绝，益严兵为备。

【**元史**卷一，**太祖纪，**一五页】 六年辛未（一二一一）二月，帝自将南伐，败金将定薛于野狐岭，取大水泺、丰利等县。金复筑乌沙堡。

秋七月，命遮别攻乌沙堡及乌月营，拔之。

八月，帝及金师战于宣平之会河川，败之。

九月，拔德兴府，居庸关守将遁去。遮别遂入关，抵中都。

【**元史**卷一，**太祖纪，**一六页】 七年壬申（一二一二）春正月，耶律留哥聚众于隆安，自为都元帅，遣使来附。帝破昌、桓、抚等州。金将纥石烈九斤等率兵三十万来援，帝与战于獾儿觜，大败之。

【元史卷一，**太祖纪，**一六页**】** 冬十二月甲申，遮别攻东京不拔，即引去，夜驰还，袭克之。

【元史卷一，**太祖纪，**一六页**】** 八年癸酉（一二一三）春，耶律留哥自立为辽王，改元元统。

【元史卷一，**太祖纪，**一七页**】** 八年癸酉是秋，分兵三道：命皇子术赤、察合台、窝阔台为右军，循太行而南……皇弟哈撒儿及斡陈那颜、拙赤解、薄刹为左军，遵海而东，取蓟州、平、滦、辽西诸郡而还；帝与皇子拖雷为中军，取雄、霸、莫、安、河间、沧……

【元史卷一，**太祖纪，**一八页**】** 九年甲戌（一二一四）冬十月，木华黎征辽东，高州卢琮、金朴等降。锦州张鲸杀其节度使，自立为临海王，遣使来降。

【元史卷一，**太祖纪，**一八页**】** 十年乙亥（一二一五）春正月，金右副元帅蒲察七斤以通州降，以七斤为元帅。

二月，木华黎攻北京，金元帅寅答虎、乌古伦以城降，以寅答虎为留守，吾也而权兵马都元帅镇之。兴中府元帅石天应来降，以天应为兴中府尹。

【元史卷一，**太祖纪，**一八页**】** 十年乙亥夏四月，克清、顺二州。诏张鲸总北京十提控兵从南征。鲸谋叛伏诛。鲸弟致遂据锦州，僭号汉兴皇帝，改元兴隆。

秋七月，红罗山寨主杜秀降，以秀为锦州节度使。……诏史天倪南征，授右副都元帅，赐金虎符。

八月，天倪取平州，金经略使乞住降。木华黎遣史进道等攻广宁府，降之。

【元史卷一，**太祖纪，**一九页**】** 冬十月，金宣抚蒲鲜万奴据辽东，僭称天王，国号大真，改元天泰。

十一月，耶律留哥来朝，以其子斜阇入侍。

【元史卷一，**太祖纪，**一九页**】** 十一年丙子（一二一六）春，……张致陷兴中府，木华黎讨平之。

冬十月，蒲鲜万奴降，以其子帖哥入侍。既而复叛，僭称东夏。

【元史卷一，**太祖纪，**二〇页**】**〔十三年戊寅（一二一八）〕是年，……契丹六哥据高丽江东城，命哈真、札剌率师平之；高丽王瞮遂降，请岁贡方物。

【元史卷二，**太宗纪，**三二页**】** 五年癸巳（一二三三）二月，幸铁列都之地。诏诸王议伐万奴，遂命皇子贵由及诸王按赤带将左翼军讨之。

九月，擒万奴。

【元史卷二，**定宗纪，**三九页**】**〔三年戊申（一二四八）〕是岁大旱，河水尽涸，野草自焚，牛马十死八九，人不聊生。诸王及各部又遣使于燕京迤南诸郡，征求货财、弓矢、鞍辔之物，或于西域回鹘索取珠玑，或于海东楼取鹰鹘，驲骑络绎，昼夜不绝，民力益困。

【**元史**卷四，**世祖纪一，**七三页】 中统二年辛酉（一二六一）八月……辛丑，以宣抚使粘合南合为中书右丞，阔阔为中书左丞，贾文备为开元女直、水达达等处宣抚使，赐虎符。

【**元史**卷四，**世祖纪一，**七四页】 中统二年辛酉（一二六一）九月……丙子，……以开元路隶北京宣抚司。

【**元史**卷四，**世祖纪一，**七六页】 中统二年辛酉（一二六一）十一月……癸酉……罢十路宣抚司，止存开元路。

【**元史**卷五，**世祖纪二，**八五页】 中统三年壬戌（一二六二）六月乙酉朔，……割辽河以东隶开元路。……乙未，禁女直侵轶高丽国民，其使臣往还，官为护送。命婆娑府屯田军移驻鸭绿江之西，以防海道。

【**元史**卷五，**世祖纪二，**八九页】 中统三年壬戌（一二六二）十二月，……丁巳，立十路宣慰司，以真定路达鲁花赤赵王瑨等为之。

【**元史**卷五，**世祖纪二，**九二页】 中统四年癸亥（一二六三）夏四月……己未，罢开元路宣慰司。（注：罢开元路宣慰司，止存开元路。其改宣慰司则在至元十五年，此时不能有此称。）

【**元史**卷五，**世祖纪二，**一〇〇页】 至元元年甲子（一二六四）十一月……辛巳，征骨嵬。先是，吉里迷内附，言其国东有骨嵬、亦里于两部，岁来侵疆，故往征之。己丑，以至元二年历日赐高丽国王王禃。禁登州、和州等处并女直人入高丽界剽掠。

【**元史**卷六，**世祖纪三，**一一〇页】 至元三年丙寅（一二六六）二月……甲申……立东京、广宁、懿州、开元、恤品、合懒、婆娑等路宣抚司。

三月……戊戌，赈水达达民户饥。

【**元史**卷六，**世祖纪三，**一一七页】 至元四年丁卯（一二六七）十二月庚辰，签女直、水达达军三千人。

【**元史**卷六，**世祖纪三，**一二一页】 至元六年己巳（一二六九）二月丁酉，开元等路饥，减户赋布二匹，秋税减其半，水达达户减青鼠二，其租税被灾者免征。

【**元史**卷七，**世祖纪四，**一三〇页】 至元七年庚午（一二七〇）秋七月乙丑，以辽东开元等路总管府兼本路转运司事。

【**元史**卷七，**世祖纪四，**一四二页】 至元九年壬申（一二七二）秋七月丁巳朔，拘括开元、东京等路诸漏籍户。……赈水达达部饥。

【**元史**卷八，**世祖纪五，**一五一页】 至元十年癸酉（一二七三）九月壬寅，征东招讨使塔匣剌请征骨嵬部，不允。

【**元史**卷八，**世祖纪五，**一五四页】 至元十一年甲戌（一二七四）三月庚寅，敕凤州经略使忻都、高丽军民总管洪茶丘等，将屯田军及女直军，并水军，合万五千人，战船大小合九百艘，征日本。

【**元史**卷九，**世祖纪六，**一八一页】 至元十三年丙子（一二七六）夏四月戊辰，以河南兵事未息，开元路民饥，并弛正月、五月屠杀之禁。……庚辰，以水达达分地岁输皮革，自今并入上都。

【**元史**卷十，**世祖纪七，**一九八页】 至元十五年戊寅（一二七八）春正月壬寅，弛女直、水达达酒禁。

【**元史**卷十，**世祖纪七，**二〇三页】 秋七月丙午，改开元宣抚司为宣慰司，太仓为御廪，资成库为尚用监，皮货局入总管府。

【**元史**卷十，**世祖纪七，**二一五页】 九月乙巳朔……女直、水达达军不出征者，令隶民籍输赋。

【**元史**卷十一，**世祖纪八，**二二六页】 至元十七年庚辰（一二八〇）冬十月甲戌，遣使括开元等路军三千征日本。

【**元史**卷十二，**世祖纪九，**二四七页】 至元十九年壬午（一二八二）冬十月丁未，女直六十自请造船运粮赴鬼国赡军，从之。

【**元史**卷十二，**世祖纪九，**二五一页】 至元二十年癸未（一二八三）三月丁巳……罢女直造日本出征船。

【**元史**卷十二，**世祖纪九，**二五四页】 五月戊寅，……立海西辽东提刑按察司，按治女直、水达达部。

【**元史**卷十二，**世祖纪九，**二五八页】 十月戊申，给水达达鳏寡孤独者绢千匹、钞三百锭。

十二月壬辰，……罢女直出产金银禁。癸卯，发粟赈水达达四十九站。

【**元史**卷十三，**世祖纪十，**二六五页】 至元二十一年甲申（一二八四）夏四月戊申，……命开元等路宣慰司造船百艘，赴狗国戍军。

【**元史**卷十三，**世祖纪十，**二六九页】 八月辛亥，征东招讨司聂古带言："有旨进讨骨嵬，而阿里海牙、朵剌带、玉典三军皆后期。"

冬十月辛酉，征东招讨司以征骨嵬。

【**元史**卷十三，**世祖纪十，**二七七页】 至元二十二年乙酉（一二八五）六月庚戌，命女直、水达达造船二百艘及造征日本迎风船。

【**元史**卷十三，**世祖纪十，**二八〇页】 冬十月乙巳……诏征东招讨使塔塔儿带、杨兀鲁带以万人征骨嵬，因授杨兀鲁带三珠虎符，为征东宣慰使都元帅。……

癸丑，立征东行省，以阿塔海为左丞相，刘国杰、陈岩并左丞，洪茶丘右丞，征日本。

【**元史**卷十四，**世祖纪十一，**二八六页】 至元二十三年丙戌（一二八六）二月乙巳，廷议以东北诸王所部杂居其间，宣慰司望轻，罢山北辽东道、开元等路宣慰司，立东京等处行中书省，以阔阔你敦为左丞相，辽东道宣慰使塔出右丞，同佥枢密院事杨仁风、宣慰使亦而撒合并参知政事。

【**元史**卷十四，**世祖纪十一，**二九二页】 冬十月己酉，遣塔塔儿带、杨兀鲁带以兵万人、船千艘征骨嵬。

【**元史**卷十四，**世祖纪十一，**二九四页】 十二月乙未，辽东开元饥，赈粮三月。

【**元史**卷十四，**世祖纪十一，**二九六页】 至元二十四年丁亥（一二八七）闰二月癸亥，……以女直、水达达部连岁饥荒，移粟赈之，仍尽免今年公赋及减所输皮布之半。

【**元史**卷十五，**世祖纪十二，**三一三页】 至元二十五年戊子（一二八八）六月丁卯，……复立咸平至建州四驿。

【**元史**卷十五，**世祖纪十二，**三一六页】 十一月庚寅，床哥里合引兵犯建州，杀三百余人，咸平大震。

【**元史**卷十六，**世祖纪十三，**三四四页】 至元二十八年辛卯（一二九一）二月丙子，……遣官覆验水达达、咸平贫民，赈之。

【**元史**卷十六，**世祖纪十三，**三四五页】 三月乙卯，……乃颜所属牙儿马兀等同女直兵五百人追杀内附民余千人，遣塔海将千人平之。

【**元史**卷十六，**世祖纪十三，**三五二页】 冬十月癸巳，……从辽阳行省言，以乃颜、合丹相继叛，诏给蒙古人内附者及开元、南京、水达达等三万人牛畜、田器。

【**元史**卷十七，**世祖纪十四，**三五九页】 至元二十九年壬辰（一二九二）二月乙亥，立总管高丽、女直、汉军万户府，颁银印，总军六千人。

【**元史**卷十七，**世祖纪十四，**三六〇页】 三月己亥，枢密院臣言："出征女直、纳里哥，议于合思罕三千新附军内选拔千人。"诏先调五百人，行中书省具舟给粮，仍设征东招讨司。

【**元史**卷十七，**世祖纪十四，**三六二页】 五月甲午，辽阳水达达、女直饥，诏忽都不花趣海运给之。

【**元史**卷十七，**世祖纪十四，**三七五页】 至元三十年癸巳（一二九三）十二月辛卯，武平路达鲁花赤塔海言："女直地至今未定，贼一人入境，百姓离散。臣愿往安集之。"诏以塔海为辽东道宣慰使。

【**元史**卷五九，**地理志二，**一三九九页】（辽阳等处行中书省）开元路，古肃慎之地，隋、唐曰黑水靺鞨。唐初，渠长阿固郎始来朝，后乃臣服，以其地为燕州，置黑水府。其后渤海盛，靺鞨皆役属之。又其后渤海浸弱，为契丹所攻，黑水复擅其地，东濒海，南界高丽，西北与契丹接壤，即金鼻祖之部落也。初号女真，后避辽兴宗讳，改曰女直。太祖乌古打既灭辽，即上京设都，海陵迁都于燕，改为会宁府。金末，其将蒲鲜万奴据辽东。元初癸巳岁，出师伐之，生禽万奴，师至开元、恤品，东土悉平。开元之名，始见于此。乙未岁，立开元、南京二万户府，治黄龙府。至元四年（一二六七），更辽东路总管府。二十三年（一二八六），改为开元路，领咸平府，后割咸平为散府，俱隶辽东道宣慰司。至顺钱粮户数四千三百六十七。

【**元史**卷五九，**地理志二，**一四〇〇页】（辽阳等处行中书省）合兰府水达达等路，土地旷阔，人民散居。元初设军民万户府五，抚镇北边。一曰桃温，距上都四千里。一曰胡里改，距上都四千二百里、大都三千八百里。有胡里改江并混同江，又有合兰河流入于海。一曰斡朵怜。一曰脱斡怜。一曰孛苦江。各有司存，分领混同江南北之地。其居民皆水达达、女直之人，各仍旧俗，无市井城郭，逐水草为居，以射猎为业。故设官牧民，随俗而治，有合兰府水达达等路，以相统摄焉。有俊禽曰海东青，由海外飞来，至奴儿干，土人罗之，以为土贡。至顺钱粮户数二万九百六。

【**元史**卷一一八，**特薛禅传，**二九一五页】特薛禅，姓孛思忽儿，弘吉剌氏，世居朔漠。本名特，因从太祖起兵有功，赐名薛禅，故兼称曰特薛禅。

【**元史**卷一一八，**按陈传，**二九一五页】（特薛禅）子曰按陈，从太祖征伐，凡三十二战，平西夏，断潼关道，取回纥寻斯干城，皆与有功。岁丁亥，赐号国舅按陈那颜。

【**元史**卷一一八，**锁儿哈传，**二九二二页】锁儿哈，事太宗。……子札忽儿臣，从定宗出讨万奴有功，太宗命亲王安赤台以女也孙真公主妻之。

【**元史**卷一一九，**木华黎传，**二九三〇页】岁丙寅（一二〇六），太祖即皇帝位，首命木华黎、博尔术为左右万户。

金之降者，皆言其主璟杀戮宗亲，荒淫日恣。帝曰："朕出师有名矣。"辛未，从伐金，薄宣德，遂克德兴。壬申，攻云中、九原诸郡，拔之。进围抚州。金兵号四十万，陈野狐岭北。木华黎曰："彼众我寡，弗致死力战，未易破也。"率敢死士策马横戈，大呼陷阵，帝麾诸军并进，大败金兵，追至浍河，僵尸百里。癸酉，攻居庸关，壁坚，不得入，遣别将阇别统兵趋紫荆口，金左监军高琪引兵来拒，不战而溃，遂拔涿州。

甲戌，从围燕，金主请和，北还。命统诸军征辽东，次高州，卢琮、金朴以城降。乙亥，裨将萧也先以计平定东京。进攻北京，金守将银青率众二十万拒花道逆战，败之，斩首八万余级。城中食尽，契丹军斩关来降，进军逼之，其下杀银青，推寅答虎为帅，遂举城降。木华黎怒其降缓欲坑之，萧也先曰："北京为辽西重镇，既降而坑之，后岂有降者乎？"从之。奏寅答虎留守北京，以吾也而权兵马都元帅镇之。遣高德玉、刘蒲速窝儿招谕兴中府，同知兀里卜不从，杀蒲速窝儿，德玉走免。未几，吏民杀兀里卜，推土豪石天应为帅，举城降，奏为兴中尹、兵马都提控。

锦州张鲸聚众十余万，杀节度使，称临海郡王，至是来降。诏木华黎以鲸总北京十提控兵，从掇忽阑南征未附州郡。木华黎密察鲸有反侧意，请以萧也先监其军。至平州，鲸称疾逗留，复谋遁去，监军萧也先执送行在，诛之。鲸弟致愤其兄被诛，据锦州叛，略平、(栾)〔滦〕、瑞、利、义、懿、广宁等州。木华黎率蒙古不花等军数万讨之，州郡多杀致所署长吏降。进逼红罗山，主将杜秀降，奏为锦州节度使。

【**元史**卷一一九，**木华黎传**，二九三一页】 丙子(一二一六)，致陷兴中府。七月，进兵临兴中。先遣吾也而等攻溜石山，谕之曰："今若急攻，贼必遣兵来援，我断其归路，致可擒也。"又遣蒙古不花屯永德县东候之。致果遣鲸子东平将骑兵八千、步卒三万，援溜石。蒙古不花引兵趋之，驰报，木华黎夜半引兵疾驰，遇于神水县东，夹击之。分麾下兵之半，下马步战。选善射者数千，令曰："贼步兵无甲，疾射之！"乃麾骑兵齐进，大败之，斩东平及士卒万二千八百余级。拔开义县，进围锦州。致遣张太平、高益出战，又败之，斩首三千余级，溺死者不可胜数。围守月余，致愤将校不戮力，杀败将二十余人。高益惧，缚致出降，伏诛。广宁刘琰、懿州田(禾)〔和〕尚降，木华黎曰："此叛寇，存之无以惩后。"除工匠优伶外，悉屠之。拔苏、复、海三州，斩完颜众家奴。咸平宣抚蒲鲜等率众十余万，遁入海岛。

【**元史**卷一一九，**塔思传**，二九三七页】 塔思(木华黎孙，孛鲁长子)，一名查剌温，幼与常儿异，英才大略，绰有祖风。

癸巳(一二三三)秋九月，从定宗于潜邸东征，擒金咸平宣抚完颜万奴于辽东。万奴自乙亥岁率众保东海，至是平之。

【**元史**卷一二〇，**吾也而传**，二九六七页】 吾也而，珊竹氏，状貌甚伟，腰大十围。父曰图鲁华察，以武勇称。太祖五年(一二一〇)，吾也而与折不那演克金东京，有功。(注：太祖五年，吾也而与折不那演克金东京，有功。本书卷一二二《槊直腯鲁华传》及《圣武亲征录》《元朝秘史》，《金史》卷一三《卫绍王纪》、卷九九《徒单镒传》，此事皆系六年辛未，此处作"五年"，误。《元书》已校。)九年，从太师木华黎取北京，(注：九年，从太师木华黎取北京。按本书卷一《太祖纪》十年乙亥二月条、卷一一九《木华黎传》、卷一四七《史天祥传》，事在元太祖十年。《元书》改“九”为“十”，是。）领兵为先驱，下之。捷闻，授金紫光禄大夫、北京总管都元帅。

十一年（一二一六），张致以锦州叛，又攻破之。木华黎大喜，以马十匹、甲五事，赏其功。

太宗元年（一二二九），入觐。命与撒里答火儿赤征辽东，下之。三年，又与撒里答征高丽，下受、开、龙、宣、泰、葭等十余城。（注：下受、开、龙、宣、泰、葭等十余城。高丽无“受州”。按《高丽史》卷二三《高宗世家》辛卯十八年十月癸酉条，高丽军与蒙古兵战于安北，大败，城随陷。安北称大都护府，领宣、龙、嘉、泰等防御郡二十五，后置安州万户府。此处“受”疑为“安”之误。又高丽无“葭州”，疑“葭”为“嘉”音同之误。）高丽惧，请和。吾也而谕之曰：“若能以子为质，当休兵。”十三年，遣其子綧从吾也而来朝。帝大悦，厚加赐予，俾充北京、东京、广宁、盖州、平州、泰州、开元府七路征行兵马都元帅，佩虎符。

【元史卷一二一，**兀良合台传，**二九七九页**】** 岁（乙）〔癸〕巳（一二三三），领兵从定宗征女真国，破万奴于辽东。

【元史卷一二二，**槊直腯鲁华传，**三〇一三页**】** 岁辛未，破辽东、西诸州，唯东京未下，获金使，遣往谕之。槊直腯鲁华曰：“东京，金旧都，备严而守固，攻之未易下，以计破之可也。请易服与其使偕往说之，彼将不疑，俟其门开，继以大军赴之，则可克矣。”卒如其计。

【元史卷一四七，**史天倪传，**三四七八页**】** 史天倪……父秉直，读书尚气义。癸酉（一二一三），太师、国王木华黎统兵南伐，所向残破，秉直聚族谋曰：“方今国家丧乱，吾家百口，何以自保！”既而知降者皆得免，乃率里中老稚数千人，诣涿州军门降。木华黎欲用秉直，秉直辞而荐其子，乃以天倪为万户，而命秉直管领降人家属，屯霸州。秉直拊循有方，远近闻而附者，十余万家。寻迁之漠北，降人道饥，秉直得所赐牛羊，悉分食之，多所全活。甲戌，从木华黎攻北京，乙亥，北京降，木华黎承制，以乌野儿为北京路都元帅，秉直行尚书六部事，主馈饷，军中未尝乏绝。

……大安末，（天倪）举进士不第，乃叹曰：“大丈夫立身，独以文乎哉！使吾遇荒鸡夜鸣，拥百万之众，功名可唾手取也。”木华黎见而奇之。既以万户统诸降卒，从木华黎略地三关已南，至于东海，所过城邑皆下。因进言于木华黎曰：“金弃幽燕，迁都于汴，已失策矣。辽水东西诸郡，金之腹心也。我若得大宁以扼其喉衿，则金虽有辽阳，终不能保矣。”木华黎善之。

先，伦（天倪曾祖）卒时，河朔诸郡结清乐社四十余，社近千人，岁时像伦而祠之。至是，天倪选其壮勇万人为义兵，号清乐军，以从兄天祥为先锋，所向无敌，分兵略三河、蓟州，诸寨望风款服。甲戌，朝太祖于燕之幄殿，所陈皆奇谋至计，大称旨，赐金符，授马步军都统，管领二十四万户。从木华黎攻高州，又从攻北京，皆不战而克。

【**元史**卷一四七，**史枢传，**三四八三页】 枢（天倪弟天安子）字子明，……岁癸酉，从秉直降。太师木华黎以其兄天倪为万户，而质天安军中。丁丑，从讨锦州叛人张致，平之。

【**元史**卷一四七，**史天祥传，**三四八六页】 史天祥，父怀德，尚书秉直之弟也。岁癸酉（一二一三），太师、国王木华黎从太祖伐金，天祥随秉直迎降于涿。木华黎命怀德就领其黑军隶帐下，署天祥都镇抚，选降卒长身武勇者二百人，使领之。招徕丁壮，得众万余，从取霸州、文安、大城、沧滨、长山等二十余城，东下淄、沂、密三州，所至皆先登，诏赐以银符。从大军攻燕，不克。

甲戌，略地高州，拔惠和、金源、和众、龙山、利、建、富庶等十五城，惟大宁固守不下。天祥获金将完颜胡速，木华黎欲杀之，天祥曰："杀一人无损于敌，适驱天下之人为吾敌也。且其降时尝许以不死，今杀之，无以取信于后，不若从而用之。"乃以为千户。复合众攻其城，怀德先登，擒其二将，为流矢所中，殁于军。乃以所统黑军，命天祥领之。

天祥愤痛其父之死，攻之愈急。乙亥，与大帅乌野儿降其北京留守银答忽、同知乌古伦。进攻北京傍近诸寨，磨云山王都统首诣军门降，天祥命入列崖，擒都统不剌，释其缚，仍晓以大义，不剌感泣，愿效死。天详察其诚，许与王都统往说降城子崖王家奴，乃命三人各将旧卒，付空名告身，使谕楼子崖等二十余寨悉降，得老幼数万、胜兵八千。西乾河答鲁、五指山杨赵奴独固守不下，天祥击之，大小百余战，赵奴死，答鲁败走，得户二万。授西山总帅兵马。兴州节度使赵守玉反，天祥与乌野儿分道讨平之。答鲁复聚众攻龙山，以槊刺乌野儿中胸，随堕马，天祥驰救得免，复整阵出战，大败之，斩首八千级，答鲁战死。进克中兴府。

张致盗据锦州，从木华黎讨平之。会契丹汉军擒关肃，复利州，杀刘禄于银治，斩首五十级，尖山、香炉、红螺、塔山、大虫、骆驼、团崖诸寨悉平，虏生口万余，得锦州旧将杜节，并黑军五百人，即命统之。

丙子春，觐太祖于鱼儿泺，赐金符，授提控元帅。拔盖、金、苏、复等州，获金完颜奴、耶律神都马。迁镇国上将军、利州节度使、所部降民都总管、监军兵马元帅。

【**元史**卷一四九，**耶律留哥传，**三五一一页】 耶律留哥，契丹人，仕金为北边千户。太祖起兵朔方，金人疑辽遗民有他志，下令辽民一户，以二女真户夹居防之。留哥不自安。岁壬申（一二一二），遁至隆安、韩州，纠壮士剽掠其地。州发卒追捕，留哥皆击走之。因与耶的合势募兵，数月众至十余万，推留哥为都元帅，耶的副之，营帐百里，威震辽东。

太祖命按陈那衍、浑都古行军至辽，遇之，问所从来，留哥对曰："我契丹军也，往附大国，道阻马疲，故逗留于此。"按陈曰："我奉职讨女真，适与尔会，庸非天乎！然尔欲效顺，何以为信？"留哥乃率所部会按陈于金山，刑白马、白牛，登高北望，折矢以盟。按陈曰："吾还奏，当以征辽之责属尔。"

金人遣胡沙帅军六十万，号百万，来攻留哥，声言有得留哥骨一两者，赏金一两；肉一两者，赏银亦如之，仍世袭千户。留哥度不能敌，亟驰表闻。帝命按陈、孛都欢、阿鲁都罕引千骑会留哥，与金兵对阵于迪吉脑儿。留哥以侄安奴为先锋，横冲胡沙军，大败之，以所俘辎重献。帝召按陈还，而以可特哥副留哥屯其地。

众以辽东未定，癸酉三月，推留哥为王，立妻姚里氏为妃，以其属耶厮不为郡王，坡沙、僧家奴、耶的、李家奴等为丞相、元帅、尚书，统古与、著拨行元帅府事，国号辽。甲戌，金遣使青狗诱以重禄使降，不从。青狗度其势不可，反臣之。金主怒，复遣宣抚万奴领军四十余万攻之。留哥逆战于归仁县北河上，金兵大溃，万奴收散卒奔东京。安东同知阿怜惧，遣使求附。于是尽有辽东州郡，遂都咸平，号为中京。金左副元帅移剌都，以兵十万攻留哥，拒战，败之。

乙亥，留哥破东京，可特哥娶万奴之妻李仙娥，留哥不直之，有隙。既而耶厮不等劝留哥称帝，留哥曰："向者吾与按陈那衍盟，愿附大蒙古国，削平疆宇。倘食其言而自为东帝，是逆天也，逆天者必有大咎。"众请愈力，不获已，称疾不出。潜与其子薛阇奉金币九十车、金银牌五百，至按坦孛都罕入觐。

帝曰："汉人先纳款者，先引见。"太傅阿海奏曰："刘伯林纳款最先。"帝曰："伯林虽先，然迫于重围而来，未若留哥仗义效顺也，其先留哥。"既见，帝大悦，谓左右曰："凡留哥所献，白之于天，乃可受。"遂以白毡陈于前，七日而后纳诸库。因问旧何官，对曰："辽王。"帝命赐金虎符，仍辽王。又问户籍几何，对曰："六十余万。"帝曰："可发三千人为质，朕遣蒙古三百人往取之，汝亦遣人偕往。"留哥遣大夫乞奴、安抚秃哥与俱。且命诘可特哥曰："尔妻万奴之妻，悖法尤甚。"其拘絷以来。可特哥惧，与耶厮不等绐其众曰："留哥已死。"遂以其众叛，杀所遣三百人，惟三人逃归。事闻，帝谕留哥曰："尔毋以失众为忧，朕倍此数封汝无吝也。草青马肥，资尔甲兵，往取家孥。”

丙子，乞奴、金山、青狗、统古与等推耶厮不僭帝号于澄洲，国号辽，改元天威，以留哥兄独剌为平章，置百官。方阅月，其元帅青狗叛归于金，耶厮不为其下所杀，推其丞相乞奴监国，与其行元帅鸦儿，分兵民为左右翼，屯开、保州关。金盖州守将众家奴引兵攻败之。留哥引蒙古军数千适至，得兄独剌并妻姚里氏，户二千。鸦儿引败军东走，留哥追击之，还渡辽河，招抚懿州、广宁，徙居临潢府。乞奴走高丽，为金山所杀，金山又自称国王，改元天德。统古与复杀金山而自立，喊舍又杀之，亦自立。

戊寅，留哥引蒙古、契丹军及东夏国元帅胡土兵十万，围喊舍。高丽助兵四十万，克之，喊舍自经死。徙其民于西楼。自乙亥岁留哥北觐，辽东反复，耶厮不僭号七十余日，金山二年，统古与、喊舍亦近二年，至己卯春，留哥复定之。

庚辰，留哥卒，年五十六。妻姚里氏入奏，会帝征西域，皇太弟承制以姚里氏佩虎符，权领其众者七年。丙戌，帝还，姚里氏携次子善哥、铁哥、永安及从子塔塔儿、孙收国奴，见帝于河西阿里湫城。帝曰：“健鹰飞不到之地，尔妇人乃能来耶！”赐之酒，慰劳甚至。姚里氏奏曰：“留哥既没，官民乏主，其长子薛阇扈从有年，愿以次子善哥代之，使归袭爵。”帝曰：“薛阇（舍）〔今〕为蒙古人矣，其从朕之征西域也，回族围太子于合迷城，薛阇引千军救出之，身中槊；又于蒲华、寻思干城与回族格战，伤于流矢。以是积功为拔都鲁，不可遣，当令善哥袭其父爵。”姚里氏拜且泣曰：“薛阇者，留哥前妻所出，嫡子也，宜立。善哥者，婢子所出，若立之，是私己而蔑天伦，婢子窃以为不可。”帝叹其贤，给驿骑四十，从征河西，赐河西俘人九口、马九匹、白金九锭，币器皆以九计，许以薛阇袭爵，而留善哥、塔塔儿、收国奴于朝，惟遣其季子（示）〔永〕安从姚里氏东归。

丁亥，帝召薛阇谓曰：“昔女真猖獗，尔父起兵，自辽东会朕师，又能割爱，以尔事朕，其情贞悫可尚。继而奸人耶厮不等叛，人民离散。欲食尔父子之肉者，今岂无人乎！朕以兄弟视尔父，则尔犹吾子，尔父亡矣，尔其与吾弟孛鲁古台并辖军马，为第三千户。”薛阇受命。己丑，从太宗南征，有功，赐马四百、牛六百、羊二百。庚寅，帝命与撒儿台东征，收其父遗民，移镇广宁府，行广宁路都元帅府事。自庚寅至丁酉，连征高丽、东夏万奴国，复户六千有奇。戊戌，薛阇卒，年四十六。

【元史卷一四九，**石天应传，**三五二六页**】** 石天应字瑞之，兴中永德人。善骑射，豪爽不羁，颇知读书，乡里人多归之。太祖时，太师、国王木华黎南下，天应率众迎谒军门。木华黎即承制授兴中府尹、兵马都提控，俾从南征。天应造战攻之具，临机应变，捷出如神，以功拜龙虎卫上将军、元帅右监军，戍燕。天应旌旗色用黑，人目之曰黑军。屡从木华黎，大小二百余战，常以身先士卒，累功迁右副元帅。

【**元史**卷一四九，**移剌捏儿传，**三五二九页】 移剌捏儿，契丹人也。幼有大志，膂力过人，沉毅多谋略。辽亡，金以为参议、留守等官，皆辞不受。闻太祖举兵，私语所亲曰："为国复仇，此其时也。"率其党百余人诣军门献十策。帝召见，与语奇之，赐名赛因必阇赤。又问："尔生何地？"对曰："霸州。"因号为霸州元帅。

乙亥，拜兵马都元帅，佐太师木华黎取北京，下高、利、兴、松、义、锦等二十六城，破五十四寨，平利州贼刘四禄。及锦州贼张致兵势方炽，且盗名号，木华黎命捏儿与大将乌也儿、裯斡儿合兵讨之。致拒战，捏儿出奇兵掩击，斩致。木华黎第功以闻，迁龙虎卫上将军、兵马都提控元帅。继取辽东西广宁、金、复、海、盖等十五城。兴州监州重儿反，复与乌也儿讨平之。帝遣使者诏之曰："自汝效顺，战功日多，今锡汝金虎符，居则理民，有事则将，其勿替朕意。"

【**元史**卷一四九，**移剌买奴传，**三五三〇页】 买奴（捏儿子），早从父习战阵，初入见，太祖问曰："汝年小，能袭父爵乎？"对曰："臣年虽小，国法不小。"帝异其对，顾左右曰："此儿甚肖乃父。"以为高州等处达鲁花赤，兼征行万户。

庚寅，命攻高丽花凉城，监军张翼、刘霸都殒于敌，买奴怒曰："两将陷贼，义不独生！"趋出战，破之，诛首将，抚安其民。进攻开州，州将金沙密逆战，擒之，城中人出童男女及金玉器以献，却不受。遂下龙、宣、云、泰等十四城。

癸巳，从诸王按赤台征女直万奴部，有功。未几召还。

乙未，从征高丽，入王京，取其西京而还，赐金锁甲，加镇国上将军、征东大元帅，佩金符。复命出师高丽，将行，以疾卒，年四十。

【**元史**卷一四九，**王珣传，**三五三四页】 王珣字君宝，本姓耶律氏，世为辽大族。金正隆末，契丹窝斡叛，祖成，从母氏避难辽西，更姓王氏，遂为义州开义人。

初，河朔兵动，豪强各拥众据地，珣慨然曰："世故如此，大丈夫当自振拔，否则为人所制。"乃召诸乡人，谕以保亲族之计，众从之，推珣为长，旬月之间，招集遗民至十余万。岁乙亥，太师木华黎略地奚（霅）〔霫〕，珣率吏民出迎，承制以珣为元帅，兼领义、川二州事。

丙子春，张致僭号锦州，阴结开义杨伯杰等来掠义州，珣出战，伯杰引去。会致兄子以千骑来冲，珣选十八骑突其前，复令左右犄角之，一卒以枪刺珣，珣挥刀杀之，其众溃走，获其马几尽。时兴中亦叛，木华黎围之，召珣以全军来会，致窥觇其虚，夜袭之，家人皆遇害。及兴中平，珣无所归，木华黎留之兴中，遣其子荣祖驰奏其事，帝谕之曰：“汝父子宣力我家，不意为张致所袭。归语汝父，善抚其军，自今以往，当忍耻蓄锐，俟逆党平，彼之族属、城邑、人民，一以付汝，吾不吝也。仍免徭赋五年，使汝父子世为大官。”珣以木华黎兵复开义，擒伯杰等，杀之。进攻锦州，致部将高益，缚致妻子及其党千余人以献，木华黎悉以付珣，珣但诛致家，其余皆释之，始还义州。

丁丑，入朝，帝嘉其功，赐金虎符，加金紫光禄大夫、兵马都元帅，镇辽东便宜行事，兼义、川等州节度使。

【**元史**卷一四九，**王荣祖传，**三五三五页】 荣祖字敬先，珣长子也。性沉厚，语音如钟，勇力绝人。珣初附于木华黎，以荣祖为质，稍见任用。珣卒，袭荣禄大夫、崇义军节度使、义州管内观察使。从嗣国王孛鲁入朝，帝闻其勇，选力士三人迭与之搏，皆应手而倒。欲留置宿卫，会金平章政事葛不哥行省于辽东，咸平路宣抚使蒲鲜万奴僭号于开元，遂命荣祖还，副撒里台进讨之。拔盖州、宣城等十余城，葛不哥走死。金帅郭琛、完颜曳鲁马、赵遵、李高奴等犹据石城，复攻拔之，曳鲁马战死，遵与高奴出降。虏生口千余，撒里台欲散于麾下，荣祖屡请，皆放为民。方城未下时，荣祖遣部卒贾实穴其城，城崩被压，众谓已死，弗顾也。荣祖曰:“士忘身死国，安忍弃去。”发石取之，犹生，一军感激，乐为效死。有言义人怀反侧者，撒里台将屠之，荣祖驰驿奏辨，事乃止。

己丑，授北京等路征行万户，换金虎符。伐高丽，围其王京，高丽王力屈，遣其兄淮安公奉表纳贡。进讨万奴，擒之。赵祁以兴州叛，从诸王按只台平之。祁党犹剽掠景、蓟间，复从大将唐兀台讨之，将行，荣祖曰：“承诏讨逆人耳，岂可戮及无辜，宜惟抗我者诛。”大将然之，由是免死者众。再从征高丽，破十余城，高丽遣子綧入质。帝赐锦衣，旌其功。又从诸王也忽略地三韩，降天龙诸堡，皆禁暴掠，民悦服之。破五里山城，请于主将，全其民，遂下瓮子城、竹林寨、苦苦数岛。帝嘉其功，赐以金币，官其子兴千户，仍赏其部曲。移镇高丽平壤，帝遣使谕之曰：“彼小国负险自守，釜中之鱼，非久自死，缓急可否，卿当熟思。”荣祖乃募民屯戍，辟地千里，尽得诸岛屿城垒，高丽遣其世子倎出降，遂与倎入朝。

【**元史**卷一五〇，**石抹也先传，**三五四一页】 石抹也先者，辽人也。其先，尝从萧后举族入突厥，及后还而族留。至辽为述律氏，号称后族。辽亡，改述律氏为石抹氏。

年十岁，从其父问宗国之所以亡，即大愤曰："儿能复之。"及长，勇力过人，善骑射，多智略，豪服诸部。金人闻其名，征为奚部长，即让其兄赡德纳曰："兄姑受之，为保宗族计。"遂深自藏匿，居北野山，射狐鼠而食。闻太祖起朔方，匹马来归。首言："东京为金开基之地，荡其根本，中原可传檄而定也。"太祖悦，命从太师、国王木华黎取东京。

师过临潢，次高州，木华黎令也先率千骑为先锋，也先曰："兵贵奇胜，何以多为？"谍知金人新易东京留守将至，也先独与数骑，邀而杀之，怀其所受诰命，至东京，谓守门者曰："我新留守也。"入据府中，问吏列兵于城何谓，吏以边备对，也先曰："吾自朝廷来，中外晏然，奈何欲陈兵以动摇人心乎！"即命撤守备，曰："寇至在我，无劳尔辈。"是夜，下令易置其将佐部伍。三日，木华黎至，入东京，不费一矢，得地数千里、户十万八千、兵十万、资粮器械山积，降守臣寅谷虎等四十七人，定城邑三十二。金人丧其根本之地，始议迁河南。

岁乙亥，移师围北京，城久不下，及城破，将屠之。也先曰："王师拯人水火，彼既降而复屠之，则未下者，人将死守，天下何时定乎！"因以上闻，赦之。授御史大夫，领北京达鲁花赤。时石天应与豪酋数十据兴中府，也先分兵降之，奏以为兴中尹。又命也先副脱忽阑阇里必，监张鲸等军，征燕南未下州郡。至平州，鲸称疾不进，也先执鲸送行在所，帝责之曰："朕何负汝？"鲸对曰："臣实病，非敢叛。"帝曰："今呼汝弟致为质，当活汝。"鲸诺而宵遁，也先追戮之，致已杀使者应其兄矣。致既伏诛，也先籍其私养敢死之士万二千人号黑军者，上于朝。赐虎符，进上将军，以御史大夫提控诸路元帅府事，举辽水之西、滦水之东，悉以付之。

【元史卷一五〇，**石抹查剌传，**三五四三页**】** 查剌（也先子），亦善射，袭御史大夫，领黑军。戊寅，从木华黎攻平阳、太原、隰、吉、岢岚、关西诸郡，下之。遂攻益都，久不下，及降，众欲屠其城，查剌曰："杀降不祥，且得空城，将安用之。"由是遂免。己卯，诏以黑军分屯真定、固安、太原、平阳、隰、吉、岢岚诸郡。及南征，尽以黑军为前列，败金将白撒、官奴于河。渡河再战，尽杀之，长驱破汴京，入自仁和门，收图籍而还。帝悉以诸军俘获赐黑军。

癸巳，从国王塔思，征金帅宣抚万奴于辽东之南京，先登，众军乘之而进，遂克之，王解锦衣以赐。辛丑，太宗嘉其功，授真定、北京两路达鲁花赤。

【元史卷一五〇，**李守贤传，**三五四七页**】** 李守贤字才叔，大宁义州人也。

金大安初，守贤暨兄庭植，弟守正、守忠，从兄伯通、伯温，归款于太师、国王木华黎，入朝太祖于行在所，即命庭植为龙虎卫上将军、右副元帅、崇义军节度使，守贤授锦州临海军节度观察使，弟守忠为都元帅，守河东。朝廷以全晋为要害之地，人心危疑未定，非守贤镇抚之不可，乃自锦州迁河东南路兵马都总管。既至，河东人皆曰："吾等可恃以生矣。"

【元史卷一五〇，**耶律阿海传，**三五四八页**】** 耶律阿海，辽之故族也，金桓州尹撒八儿之孙，尚书奏事官脱迭儿之子也。阿海天资雄毅，勇略过人，尤善骑射，通诸国语。金季，选使王可汗，见太祖姿貌异常，因进言："金国不治戎备，俗日侈肆，亡可立待。"帝喜曰："汝肯臣我，以何为信？"阿海对曰："愿以子弟为质。"明年，复出使，与弟秃花俱往，慰劳加厚，遂以秃花为质，直宿卫。阿海得参与机谋，出入战阵，常在左右。

丙寅，帝建龙旗，即大位，敕左帅阇别略地汉南，（注：敕左帅阇别略地汉南。按此时蒙古军略地长城北，当与汉南无涉。"汉"字误。《蒙史》《新元史》改作"漠南"。）阿海为先锋。辛未，破乌沙堡，鏖战宣平，大捷浍河，遂出居庸，耀兵燕北。癸酉，拔宣德、德兴，乘胜次北口，阇别攻下紫荆关。阿海奏曰："好生乃圣人之大德也。兴创之始，愿止杀掠，以应天心。"帝嘉纳焉。遂分兵略燕南、山东诸郡，还驻燕之近郊。金主惧，请和，谕其使曰："阿海妻子，何故拘系弗遣？"即送来归。师还，出塞。

【元史卷一五〇，**耶律阿海传，**三五五〇页**】** 子三人：长忙古台，次绵思哥，次捏儿哥。……捏儿哥在太祖时，佩虎符，为右丞，行省辽东。万奴叛，举家遇害。

【元史卷一五〇，**何实传，**三五五一页**】** 何实字诚卿，其先北京人。

岁乙亥，中原盗起。锦州张鲸，自立为临海郡王，遣使纳款于太祖，寻以叛伏诛。鲸弟致，初以叛谋于实，实厉声叱曰："天之历数在朔方，汝等恣为不轨，徒自毙耳。"乃籍户口一万，募兵三千，丙子春，来归。大将木华黎与论兵事，奇变百出，拊髀欣跃，大加称赏，遂引见太祖，献军民之数。帝大悦，赐鞘剑一，命从木华黎，选充前锋。

时张致复据锦州，实与贼遇于神水县，挺身陷阵，殊死战，杀三百余人，获战马兵械甚众，木华黎奏赐鞍马弓矢以励之。以功，为帐前军马都弹压。

【元史卷一五〇，**石抹明安传，**三五五六页**】** 岁壬申，太祖率师攻破金之抚州，将遂南向，金主命招讨纥石烈九斤来援，时明安在其麾下，九斤谓之曰："汝尝使北方，素识蒙古国主，其往临阵，问以举兵之由，不然即诟之。"明安初如所教，俄策马来降，帝命缚以俟战毕问之。既败金兵，召明安诘之曰："尔何以詈我而后降也？"对曰："臣素有归志，向为九斤所使，恐其见疑，故如所言。不尔，何由瞻奉天颜？"帝善其言，释之，命领蒙古军，抚定云中东西两路。

既而帝欲休兵于北，明安谏曰："金有天下一十七路，今我所得，惟云中东西两路而已，若置不问，待彼成谋，并力而来，则难敌矣。且山前民庶，久不知兵，今以重兵临之，传檄可定，兵贵神速，岂宜犹豫！"帝从之。即命明安引兵南进，所至，民皆具箪食壶浆以迎，尽有河北诸郡而还。

【**元史**卷一五〇，**刘亨安传**，三五五九页】 刘亨安，其先范阳人，后迁辽东川州。初，国王木华黎经略辽东，兄世英率族乡人隶麾下，分兵收燕、赵、云、朔、河东，以功充行军副总管。

【**元史**卷一五一，**石抹孛迭儿传**，三五七六页】 石抹孛迭儿，契丹人。

乙亥，授左监军，佩金符，与北京都元帅吾也儿，分领锦州红罗山、北京东路汉军二万。又从夺忽阑（阁）〔阇〕里必徇地山东、大名。

癸巳，从讨万奴于辽东，平之。

【**元史**卷一五一，**田雄传**，三五七九页】 田雄字毅英，北京人也。幼孤，能树立，以骁勇善骑射知名，金末署军都统。岁辛未，太祖军至北京，雄率众出降。太祖以雄隶太师、国王木华黎麾下，从征兴中、广宁诸郡，定府州县二十有九，平锦州张鲸兄弟之乱，从攻柏乡、邢、相。

【**元史**卷一五二，**石抹阿辛传**，三六〇三页】 石抹阿辛，迪列纠氏。岁乙亥，率北京等路民一万二千余户来归，太师、国王木华黎奏授镇国上将军、御史大夫。从击蠡州，死焉。

子查剌，仍以御史大夫领黑军。初，其父阿辛所将军，皆猛士，衣黑为号，故曰黑军。岁己卯，诏黑军分屯真定、固安、太原、平阳、隰、吉、岢岚间。顷之南征，以黑军为前列。与南兵遇于河，查剌大呼驰之，陷其阵，渡河再战，尽殪之，所遇城邑争先款附，长驱捣汴州，入自仁和门，收图籍，振旅而还。论功，黑军为最。及从国王军征万奴，围南京，城坚如立铁，查剌命偏将先警其东北，亲奋长槊大呼，登西南角，摧其飞橹，手斩陴卒数十人，大军乘之，遂克南京。诘旦，木华黎解锦衣赏之。编者按：太师、国王木华黎死于癸未年（一二二三年）三月，去此已十年余。据本书卷一一九《塔思传》癸巳秋九月条、卷一五〇《石抹查剌传》癸巳条所载，此处"木华黎"当为"塔思"之误。累授真定路达鲁花赤，卒于柳城。

【**元史卷**一五四，**洪福源传**，三六二七页】 洪福源，其先中国人，唐遣才子八人往教高丽，洪其一也。子孙世贵于三韩，名所居曰唐城。父大宣，以都领镇麟州，福源为神骑都领，因家焉。岁丙子，金源、契丹九万余众窜入高丽。丁丑九月，夺江东城池据之。戊寅冬十二月，太祖命哈赤吉、扎剌将兵追讨，大宣迎降，与哈赤吉等共击之，降其元帅赵（忠）〔冲〕。（注：赵（忠）〔冲〕，据本书卷二〇八《高丽传》改。按《高丽史》卷一〇三有《赵冲传》。）壬午冬十月，又遣着古与等十二人窥觇纳款虚实，还，遇害。

辛卯秋九月，太宗命将撒里答讨之，福源率先附州县之民，与撒礼塔并力攻未附者，又与阿儿秃等进至王京。高丽王瞮乃遣其弟淮安公请降，遂置王京及州县达鲁花赤七十二人以镇之，师还。壬辰夏六月，高丽复叛，杀所置达鲁花赤，悉驱国人入据江华岛，福源招集北界四十余城遗民以待。秋八月，太宗复遣撒礼塔将兵来讨，福源尽率所部合攻之，至王京处仁城，撒礼塔中流矢卒，其副帖哥引兵还，唯福源留屯。

癸巳冬十月，高丽悉众来攻西京，屠其民，劫大宣以东。福源遂尽以所招集北界之众来归，处于辽阳、沈阳之间，帝嘉其忠。甲午夏五月，特赐金符，为管领归附高丽军民长官，仍令招讨本国未附人民。又降旨谕高丽之民，有执王瞮及元搆难之人来朝者，与洪福源同于东京居之，优加恩礼擢用，若大兵既加，拒者死，降者生，其降民令福源统之。

乙未，帝命唐古拔都儿与福源进讨，攻拔龙岗、咸从二县，凤、海、洞三州山城及慈州，又拔金山、归、信、昌、朔州。

戊午，福源遣其子茶丘从扎剌台军，会高丽族子王綧入质，阴欲并统本国归顺人民，谮福源于帝，遂见杀，年五十三。

【**元史**卷一六五，**贾文备传，**三八六九页】 中统二年（一二六一），升开元府路、女真水达达等处宣抚使，佩金虎符。三年，迁开元、东京、懿州等处宣慰使。

【**元史**卷二〇八，**外夷一·高丽传，**四六〇七页】 入元，太祖十一年（一二一六），契丹人金山、元帅六哥等领众九万余窜入其国。十二年九月，攻拔江东城据之。十三年，帝遣哈只吉、劄剌等领兵征之。国人洪大宣诣军中降，与哈只吉等同攻围之。高丽王名缺奉牛酒出迎王师，（注：高丽王名缺，《考异》云："案《太祖纪》称高丽王瞮降，请岁贡方物。考《朝鲜史》，太祖十三年为王瞮即位之五年。"阙文当作"瞮"。）且遣其枢密院使、吏部尚书、上将军、翰林学士承旨赵冲共讨灭六哥。劄剌与冲约为兄弟。冲请岁输贡赋。劄剌曰："尔国道远，难于往来，每岁可遣使十人入贡。"十二月，劄剌移文取兵粮，送米一千斛。十四年正月，遣其权知阁门祇候尹公就、中书注书崔逸以结和牒文送劄剌行营，劄剌遣使报之。高丽王以其侍御史朴时允为接伴使迎之。帝又遣蒲里袋也持诏往谕之，高丽王迎拜设宴。九月，皇太弟、国王及元帅合臣、副元帅劄剌等各以书遣宣差大使庆都忽思等十人趣其入贡，寻以方物进。十五年九月，大头领官堪古苦、着古欤等复以皇太弟、国王书趣之，仍进方物。十六年七月，有旨，谕以伐女直事，始奉表陈贺。八月，着古欤使其国。十月，喜速不（爪）〔瓜〕等继使焉。十七年十月，诏遣着古欤等十二人至其国，察其纳款之实。十八年八月，宣差山术解等十二人复以皇太弟、国王书趣其贡献。十九年二月，着（右）〔古〕欤等复使其国；十二月，又使焉，盗杀之于途，自是连七岁绝信使矣。

太宗三年（一二三一）八月，命撒礼塔征其国，国人洪福源迎降于军，得福源所率编民千五百户，旁近州郡亦有来师者。撒礼塔即与福源攻未附州郡，又使阿儿秃与福源抵王京，招其主王瞮，瞮遣其弟淮安公王侹请和，许之。置京、府、县达鲁花赤七十二人监之，遂班师。十一月，元帅蒲桃、迪巨、唐古等领兵至其王京，瞮遣使奉牛酒迎之。十二月一日，复遣使劳元帅于行营。明日，其使人与元帅所遣人四十余辈入王城，付文牒。又明日，瞮遣王侹等诣撒礼塔屯所犒师。

四年正月，帝遣使以玺书谕瞮。三月，瞮遣中郎将池义源，录事洪巨源、金谦等赍国赆牒文送撒礼塔屯所。四月，瞮遣其将军赵叔（章）〔昌〕、御史薛慎等奉表入朝。五月，复下诏谕之。六月，瞮尽杀朝廷所置达鲁花赤七十二人以叛，遂率王京及诸州县民窜海岛。洪福源集余民保聚，以俟大兵。八月，复遣撒礼塔领兵讨之，至王京南，攻其处仁城，中流矢卒。别将铁哥以军还。其已降之人，令福源领之。十月，瞮遣其将军金宝鼎、郎中赵瑞章上表陈情。

五年四月，诏谕瞮悔过来朝，且数其五罪："自平契丹贼、杀劄剌之后，未尝遣一介赴阙，罪一也。命使赍训言省谕，辄敢射回，罪二也。尔等谋害着古欤，乃称万奴民户杀之，罪三也。命汝进军，仍令汝弼入朝，尔敢抗拒，窜诸海岛，罪四也。汝等民户不拘集见数，辄敢妄奏，罪五也。"十月，瞮复遣兵攻陷已附西京等处降民，劫洪福源家。

六年，福源得请，领其降民迁居东京，赐佩金符。

七年，命唐古与洪福源领兵征之。

九年，拔其龙冈、咸从等十余城。

十年五月，其国人赵玄习、李元祐等率二千人迎降，命居东京，受洪福源节制，且赐御前银符，使玄习等佩之，以招未降民户。又李君式等十二人来降，待之如玄习焉。十二月，瞮遣其将军金宝鼎、御史宋彦琦等奉表入朝。

十一年五月，诏征瞮入朝，瞮以母丧辞。六月，乃遣其礼宾卿卢演、礼宾少卿金谦充进奉使、副，奉表入朝。十月，有旨谕瞮，征其亲朝于明年。十二月，瞮遣其新安公王佺与宝鼎、彦琦等百四十八人奉表入贡。

十二年三月，又遣其右谏议大夫赵修、阁门祗候金成宝等奉表入贡。五月，复下诏谕之。十二月，瞮遣其礼宾少卿宋彦琦、侍御史权韪充行李使入贡。是岁，攻拔昌、朔等州。

十三年秋，瞮以族子綧为己子入质。

当定宗、宪宗之世，岁贡不入，故自定宗二年至宪宗八年，凡四命将征之，凡拔其城十有四。宪宗末，瞮遣其世子倎入朝。

明实录

明代官修（江苏国学图书馆传抄本）

【明实录太祖朝卷一八七，洪武二十年十二月条**】** 命户部咨高丽王："以铁岭北、东、西之地，旧属开元，其土著军民女直、鞑靼、高丽人等，辽东统之；铁岭之南，旧属高丽人民，悉听本国管属。疆境既正，各安其守，不得复有所侵越。"

【明实录太祖朝卷一八九，洪武二十一年三月条**】**（三月辛丑）置铁岭卫指挥使司。先是元将校金完哥率其部属金千吉等来附，至是遣指挥佥事李文、高颙、镇抚杜锡置卫于奉集县，以抚安其众。

徙置三万卫于开元。先是诏指挥佥事刘显等至铁岭立站，招抚鸭绿江以东夷民。会指挥佥事侯史家奴领步骑二千抵斡朵里立卫，以粮饷难继，奏请退师。还至开元，野人刘怜哈等集众屯于溪塔子口，邀击官军，显等督军奋杀百余人，败之，抚安其余众，遂置卫于开元。

【明实录太祖朝卷一九〇，洪武二十一年四月条**】**（四月壬戌）时高丽王禑表言："文、高、和、定等州本为高丽旧壤，铁岭之地，实其世守，乞仍以为统属。"上谕礼部尚书李原名曰："数州之地，如高丽所言，似合隶之。以理势言之，旧既为元所统，今当属于辽；况今铁岭已置卫，自屯兵为守，其民各有统属，高丽之言未足为信。且高丽地壤旧以鸭绿江为界，从古自为声教，然数被中国累朝征伐者，为其自生衅端也，今复以铁岭为辞，是欲生衅矣。……"

【明实录太祖朝卷二三四，洪武二十七年九月条**】** 庚申，修《寰宇通衢》书成。时上以舆地之广，不可无书以纪之，乃命翰林儒臣及廷臣，以天下道里之数编类为书。其方隅之目有八：东距辽东都司陆行为里三千九百四十四，马驿六十四；水陆兼行为里三千零四十五，驿四十。又自辽东东北三万卫马驿四，为里三百六十……时天下道里纵一万零九百里，横一万一千七百五十里，此其大略也，四夷之驿不与焉。

【明实录英宗朝卷二三三，景泰四年九月条**】**（乙亥）以太常寺少卿兼翰林院侍读学士陈询为国子监祭酒，仍支正四品俸，时祭酒王恂已故，监丞安贵疏言："太子少师、户部右侍郎兼翰林院学士萧镃学术纯正，文章典实，先任祭酒，诸生悦服，今祭酒缺员，乞照胡俨例不妨内阁职务，仍命时来提督仪刑后学，庶士子有所依归。”疏闻，以内阁事重，镃难兼任，故特命询为之。

【**明实录**英宗朝卷二四三，景泰五年秋七月条】 庚申，命少保兼太子太傅、户部尚书陈循等率其属纂修天下地理志。礼部奏，遣进士王重等二十九员分行各布政司并南北直隶府州县，采录事迹。

【**明实录**英宗朝卷二五五，景泰六年秋七月条】（秋七月乙亥）敕谕少保兼太子太保、户部尚书文渊阁大学士陈循、少保兼太子太傅工部尚书东阁大学士高谷、少保兼吏部尚书东阁大学士王文、太子少师兼户部右侍郎翰林院学士萧镃、兵部左侍郎翰林院学士兼左春坊大学士商辂曰："朕惟古昔帝王盛德大功载诸典谟训诰誓命之文，春秋二百四十二年之事著于孔子，褒贬之书，足为鉴者，不可尚矣。自周威烈王至梁、唐、晋、汉、周五代事，书于朱文公《通鉴纲目》，亦天下后世之公论所在，不可泯也。朕尝三复有得于心，独宋元所纪窃有歉焉。卿等其仿文公例，编纂官上接《通鉴纲目》，共为一书，以备观览。应编纂官属，仍推勤敏有学识者，具官职名以闻，其尚精审毋忽。”循等推举左春坊大学士兼翰林院侍读彭时、右春坊大学士兼翰林院侍讲刘俨、翰林院侍讲学士兼右春坊右中允吕原、翰林院侍讲学士兼左春坊左中允倪谦、司经局洗马兼翰林院修撰李绍、春坊赞善兼翰林院检讨钱溥、詹事府府丞李侃、李龄、顺天府治中刘实、兵部主事章陬、中书舍人兼司经局正字刘钺、国子监博士陈淮、南京通政使司参议丁澄、南京尚宝司司丞宋怀、南京刑部主事张和、南京工部主事刘昌、南京国子监学录萧士高、湖广蕲州知州金铣、浙江仁和县学教谕聂大任，俱堪任编纂，从之。

【**明实录**英宗朝卷二六六，景泰七年五月条】 乙亥，少保、太子太傅、户部尚书、文渊阁大学士陈循等官进《寰宇通志》，赐金白绥币有差。

【**明实录**英宗朝卷二六六，景泰七年五月条】 丁丑，以纂修《寰宇通志》成，命少保、太子太傅、户部尚书、文渊阁大学士陈循兼华盖殿大学士；少保、太子太傅、工部尚书、东阁大学士高谷，少保、吏部尚书、东阁大学士王文，俱兼谨身殿大学士。……

明 史

（清）张廷玉等撰（中华书局本）

【**明史**卷四一，**地理志二**，九五七页】 三万卫元开元路，洪武初废。二十年十二月置三万卫于故城西，兼置兀者野人乞例迷女直军民府。二十一年，府罢，徙卫于开元城。……南距都司三百三十里。

大金国志

（宋）宇文懋昭撰（国学丛书本）

【**大金国志**卷一九，**章宗纪上，**一三九页】 明昌五年（一一九四）时宋绍熙五年也。正月，大通节度使爱王大辨据五国城以叛。初，大辨郑王允蹈之子也。允蹈二子，大辨居长。年十六，明断果决，封遂宁郡王。明昌初，迁爱王。大辨居闲，常说其父曰："太孙既立，大人处嫌疑之地，宜思避祸，不如乞外镇，可以自安。"允蹈不从。然东宫党以其性宽不疑。太妃与允蹈母为姊妹，每相慈爱。张克己等独以大辨为疑。方大辨之生也，其母萧氏梦一人乘马持刀自南至，称云，南绍兴主遣来。觉而与其姑言之。及生，赵氏捧之而泣曰："汝自南来邪？"尤钟爱抚育。世宗以其母死，俾在赵贵人处，年十二始遣出。会蒙人累寇边，大臣议遣亲王统兵镇抚，大辨乃请行，世宗以其年弱不许，完颜赤曰："爱王虽年少，然志气明决，度必可任。"遂遣之。至镇，大得诸夷之心。及允蹈之诛也，其奴樵夫者急遣人往报爱王，使为备。越三日，以密诏令五国副都统耶律康孙图之。康孙既至，与其心腹完颜天应谋之。天应得密诏，许诺，径以携入示爱王，垂泪言曰："四大王已死，郎君当如何？"爱王曰："公欲见杀，我无奈何！"天应曰："天应受大王父子大恩，今日主上所为非人理，不可坐受戮辱，盍思为救国雪耻计。"爱王起舞曰："惟公命。"翌日，严备，延康孙入，徐谓曰："有诏见杀。"耶律康孙知事泄，哀泣祈出，都典客骨孛兴曰："无此事，大王且劝中大使酒。"康孙垂泪饮之，急上马至驿而死。次日，爱王为父发哀，内外诸门，悉皆严备，调发上国兵七万人为城守计。三路提点万俟兀驰驿奏爱王叛，国主遣皇弟东安王瑜将河北兵五万，武定王瑶将燕兵五万往攻之。至桑乾川，遇爱王将骨孛兴，与战，河北兵大败，瑜仅以身免。

三月，大起河东、陕西路签军一十五万，上京路签军五万，命东安王瑜、完颜进等分路攻讨，约会于五国城。爱王闻大兵至，忧惧不知所出。掌书记何大雅说爱王曰："主以君讨臣，今兹之来，头势甚重，万一战而不捷，后将谁继？不若求援于大朝为讨之。"爱王许诺，遣大雅往聘，约以其子雄为质，破国之后，军储金帛，惟其所取，许之。

五月，完颜进等兵至东堙津，骨孛兴战败，退保五国城，进追至城下，因围守。爱王遣亲将禾宝奴当北狐口两山之间，筑城堡坚守不动，粮车至辄为所夺。进军乏食，天时方暑，率皆饥困。二十七日，国主遣完颜宗庆往攻宝奴垒，以通运路。内枢密王渐固争，谓宗庆轻锐无谋，用之必败事。宗庆亦不欲行，乃遣萧三奴、李用辰往。三奴将至北狐口，天渐明，大雾四起，遣上国兵四千人藏伏北山之下，以粮车自东上，鸣鼓张旗，运夫呼啸，宝奴出兵袭之，胜负未决，伏兵倏起，夺其城，植旗其上。宝奴出兵顾见之，皆惊溃，宝奴自杀，运路遂通。爱王见势急，留其妻兄兀律卿与子雄守城，自往北路，至平天漠，而大朝将兵已至，爱王大喜，以手指天，下马与大朝首将稽首相见，奉献金宝十车。首将喜曰："大王无虑，待郎与战。"北人言我为郎也。兵将至五国，进等与战，北人秃体大挝以入，以一当百，进兵大败，乘胜袭逐至和龙东津。

【**大金国志**卷一九，**章纪宗上，**一四一页】 明昌六年（一一九五）时宋宁宗庆元元年也。自爱王之叛，师旅大丧，颇忧之。太后亦劝主勤国事，江渊等每以欢言解之，曰："兵师虽败，死亡无多。"郑宸妃执杯劝主，遂歌《解愁曲》，且曰："用兵胜败，亦是常事，外间人喜祸，欲皇帝成疾。"主喜，复纵饮达旦，以是为常。

【**大金国志**卷二〇，**章宗纪中，**一四六页】 承安五年（一二〇〇）时宋庆元六年也。自爱王叛后，北兵连年深入，加以荒旱，所在盗发，尝遣秘书监虞世奕说爱王以世袭王封，竟不得要约而还。

【**大金国志**卷二〇，**章宗纪中，**一四八页】 泰和四年（一二〇四）时宋嘉泰四年也。六月，爱王发疾卒，其子雄三大王立。大将共成其国，且约以进兵，雄以持父丧辞，大将怒，遣其掌文官颜飞责让之。初，爱王定约，以国家初起之地及故辽封疆，自沟内以北归之于北，沟南则为己有。累岁结谋用兵，爱王无分毫得也。至是使来责之，雄畏惧而从。十二月，葬父爱王于冷山，遂进兵。

【**大金国志**卷二一，**章宗纪下，**一五一页】 泰和六年（一二〇六）时宋开禧二年也。……五月，遣平章事仆散揆为宣抚使，驻开封。宋镇江都统戚拱遣人结涟水县弓手李（成）〔全〕焚我涟水，皇甫斌引兵攻我唐州，败焉。池州副都统郭倬、马军行司李汝翼会兵攻我宿州，亦败绩。倬等还至蕲县，国兵围之，倬执马军司统制以与国兵，乃得免。

六月，宋爽以建康都统侵寿州，败绩；田林以建康副都统取寿春府。

【**大金国志**卷二一，**章宗纪下，**一五三页】 惜其十年以后，极意声色之娱，内外嗷嗷，机事俱废。间出视朝，不过顷暂回宫。与郑宸妃、李才人、穆昭仪并马游后苑，因留宴，俟月上，奏鼓吹而归，以是为常。张天贵、江渊等用事，聋瞽昏荒，朝中陈奏便宜，多不经主省览。爱王叛于内，边衅开于外，盗贼公行，充斥道路，边疆多事，兵连祸结矣。

【**大金国志**卷二三，**东海郡侯纪下，**一六五页】 国主为人仁厚，居兄弟中最贤，事世宗小心不懈。历承安、泰和年间，郑王内死，爰王外叛，一则曰蹈叔父子负之何言，二则曰蹈叔余殃毒我宗社，骨肉疏忌，遂成嫌疑。国主逢迎其间，无少罅隙。……初即位时，命学士吴宗稷草诏，具述国难及哀痛之意，复遣手诏谕爰王曰："泰和猜忌，兄弟失欢，骨肉至亲，化为仇怨，诱引外敌，倾危本家，计王之心，亦复何忍。往事已矣，今宜改图。朕遭家多难，静晦以处，忽诸父诸臣横见推迫，不容固辞。王是朕之侄，朕是王之叔，勿行间言，凭陵以逞，叔侄二人，同形共气，设复交锋，务行兼并，太祖太宗在天之灵，亦不锡佑。昔梁詧与湘东为叔侄之仇，詧引周兵以陷江陵，随亦失国，而为人虏，此事宜鉴。三复予言。"爰王得诏泣下，然势已为大军所制，不能自由。

【**大金国志**卷二五，**宣宗纪下，**一七八页】 贞祐四年（一二一六）时宋嘉定九年也，……其时，又有辽东安抚使万（肃）奴者，本辽人，乘大金之乱，自立为帝，据辽东七路，欲引兵并燕、代、魏、晋而有之。

建炎以来朝野杂记

（宋）李心传撰（中华书局本）

【**建炎以来朝野杂记**乙集卷一九，**鞑靼款塞**】 鞑靼者，在元魏、齐、周之时，称勿吉，至隋称靺鞨。其地直长安东北六千里，东濒海，离为数十部。部有山水之雄，曰白山者，本臣高丽；唐灭高丽，其遗人迸入渤海，惟黑水完疆，及渤海盛，靺鞨皆役属之，后为奚、契丹所攻，部族分散。其居阴山者，自唐末五代，常通中国，太祖太宗朝，各再入贡，皆取道灵武而来，及继迁叛命，遂绝不通。因为契丹所服役，神宗尝欲自青唐假道以招之，然卒不能达也。其人皆勇悍善战。近汉地者能种秫穄，以平底瓦釜煮而食之。远者止以射猎为生，无器甲矢，用骨镞而已，盖以地不产铁故也。契丹虽通其和市，而铁禁甚严，及金人得河东，废夹锡钱，执刘豫，又废铁钱，由是秦晋铁钱皆归之，遂大治军器，而国以益强。方金人盛时，岁时入贡。金人置东北招讨使以统隶之。卫王既立，特默津始叛，自称成吉思皇帝，山东两河皆为所践，而不能有也……

又有蒙国者，在女真之东北，唐谓之蒙兀部，金人谓之蒙兀，亦谓之萌骨。人不火食，夜中能视，以鲛鱼皮为甲，可捍流矢。自绍兴初始叛，都元帅宗弼，用兵连年，卒不能讨。但分兵据守要害，反厚贿之。其王亦僭称祖元皇帝。至金亮之时，并为边患，其来久矣。蒙人既侵金国，乃自号大蒙古国，边吏因以蒙古称之。然二国居东西两方，相望凡数千里，不知何以合为一名也。盖金国盛时，置东北招讨司以捍御蒙兀……

（鞑靼）有白黑之别，今特默津乃黑鞑靼也，皆臣属于金。每岁其王自至金界贡场，亲行进奉，金人亦量行答赐，不使入其境也。金主璟之明昌元年，白鞑靼王摄叔之弟弑其兄而自立，摄叔之子白波斯方二岁，金人取归其国，养于黑水千户家。泰和七年春，摄叔至环州进贡，金人乘其无备，醉而杀之，复立白波斯为王，遣还国。始白波斯在黑水千户家，见其女，欲取为妻，璟不从。白波斯怨怒，畔归黑鞑靼。以此益强，渐并诸族地，遂大起兵攻河西，不数年，河西州郡悉为所破。又掠西夏之伪公主而去，夏人反臣事之。大安三年春，特默津入贡，金主允济将袭之，事觉，其秋鞑靼始叛。崇庆二年春，遂犯燕京，其秋允济弑死。（以上事详见女真南徙事中）特默津遂留萨木哈围守燕京。自将所降杨伯遇、刘伯林、汉军四十六都统，同大军分为三路攻取河北、河东、山东诸郡邑。伯遇者蔚州吏，伯林者集宁县射士也。是时中原诸路之兵皆迁往山后一带防遏，无兵可守，悉迁乡民为兵，上城守御。鞑靼尽驱其家属来攻，父子兄弟往往遥相呼认，由是人无固志，所至郡邑，皆一鼓而下。自贞祐元年冬十一月，至二年春正月，凡被九十余郡，所过无不残灭，两河、山东数千里，人民杀戮几尽，金帛、子女、牛羊、马畜皆席卷而去，屋庐焚毁，城郭邱墟矣。惟大名、真定、青、郓、邳、海、沃、顺、通州，有兵坚守，未能破。二月复还燕京，燕京粮乏，军民饿死者十四五……

又有辽兵宣抚使萧万努者（即蒲鲜万奴），本辽人，乘女真之乱，自立为帝，据辽东七路，欲引兵并燕代魏晋而有之，鞑人不能破也。然鞑人贪婪，初无远略，既破两河，赤地千里，人烟断绝。燕京宫室雄丽为古今之冠，鞑人见之，敬为不敢仰视。既而亦为乱兵所焚，火月余不灭。其所积货财，初无所用，至以银为马槽，金为酒瓮。大者重数千两。萨木哈所至，用金饰龙床，足踏金杌子，奢僭如此，而征督不已。燕人患之。

黑鞑事略

（宋）彭大雅撰　徐霆注（东方学会本）

【**黑鞑事略**——一页上】 其残虐诸国已破而无争者，东南曰白鞑金虏，女真。西北曰奈蛮、或曰乃满。曰乌鸽、曰速里、曰撒里达、曰抗里，回族，国名。正北曰达塔、即兀鲁连之种。曰蔑里乞，正南曰西夏；已争而未竟者，东曰高丽、曰辽东万奴，即女真大真国。厥相王贤佐，年余九十，有知来之明，东北曰妮叔、曰那海益律子，即狗国也，男子面目拳块而乳有毛，走可及奔马，女子姝丽，鞑攻之，而不能胜。西南曰斛速益律子、水鞑靼也。曰木波，西藩部领，不立君。西北曰克鼻稍，回族国，即回纥之种。初顺鞑，后叛去，阻水相抗，忒没真生前常曰："非十年工夫，不可了手，若待了手，则残金种类又繁盛矣，不如留荼合解镇守，且把残金绝了，然后理会。"癸巳年，荼合解尝为太子所劫，曰胫笃，黑回族，其地不雨，卖水以为国。正北曰呷辣吸绍，黑契丹，一名契丹，一名大丹，即大名林国。或削其国，或俘其众，如高丽、万奴、水鞑靼、木波，皆可置而不问。惟克鼻稍一国，稍武余烬不扑，则有燎原之忧，此鞑人所必争者。

黑鞑事略笺证

（民国）王国维撰（蒙古史料四种校注本）

【黑鞑事略笺证二七页上**】** 其残虐诸国已破而无争者，东南曰白鞑金虏，女真。西北曰柰蛮、或曰乃满。曰乌鸽、曰速里、曰撒里达、曰抗里，回族，国名。正北曰达塔、即兀鲁（速）〔连〕之种。曰蔑里乞，正南曰西夏；已争而未竟者，东曰高丽、曰辽东万奴，即女真大真国。厥相王贤佐，年余九十，有知来之明，东北曰妮叔、曰那海益律子，即狗国也，男子面目拳块而乳有毛，走可及奔马，女子姝丽，鞑攻之，而不能胜。西南曰斛速益律子、水鞑靼也。曰木波，西藩部领，不立君。西北曰克鼻稍，回族国，即回纥之种。初顺鞑，后叛去，阻水相抗，忒没真生前常曰："非十年工夫，不可了手，若待了手，则残金种类又繁盛矣，不如留荼合解镇守，且把残金绝了，然后理会。"癸巳年，荼合解尝为太子所劫，曰胫笃，黑回族，其地不雨，卖水以为国。正北曰呷辣吸绍，黑契丹，一名契丹，一名大丹，即大名林国，或削其国，或俘其众，如高丽、万奴、狗国、水鞑靼、木波，皆可置而不问。惟克鼻稍一国，稍武余烬不扑，则有燎原之忧，此鞑人所必争者……

彭氏于已争未竟诸部中列辽东万奴。案：《元史·太宗纪》万奴之擒在五年，癸巳，正彭氏北使之岁，盖彭氏尚未知此事实也。然郑麟趾《高丽史》多纪东真即大真与高丽交涉事。自太宗癸巳以后，至世祖至元之末，凡二十见，意万奴既擒之后，蒙古仍用之，所镇抚其地，其后子孙承袭如藩国然，故尚有东真之称，此书所云或反得其实也。

王贤佐者，《中州集》十一云：贤佐，一字玄佐，名浍，咸平人，为人沉默寡欲，邃于易学，若有人授之，又通星历谶纬之学。明昌初，以德行才能召至京师，命以官，不拜，授信州教授，再授博州教授，弃官遁归。宣宗即位，议驿召之，以道梗不果。车驾南渡，人有自咸州来者，说贤佐年六十余，起居如少壮人，宣宗重其人，常以字呼，遣王曼卿授辽东宣抚使，不拜，又诏宰相以书招之云云。书达，竟不至。辽东破时，年九十余矣。案：《金史·宣宗纪》贞祐二年（一二一四）正月，征处士王浍，不至。三年（一二一五）九月，诏授隐士王浍太中大夫、右谏议大夫，充辽东宣抚使参谋官。四年（一二一六）三月，处士王浍以右谏议大夫复迁中奉大夫、翰林学士，仍赐诏褒谕。屠敬山作《蒲鲜万奴传》已疑此书之王贤佐即《金史》之王浍。今据《中州集》乃得定之。

蒙鞑备录

（宋）孟珙撰（说郛一百卷本）

【蒙鞑备录说郛卷五四，二〇页上**】** 虏君臣因其陷西京，始大惊恐，乃竭国中精锐，以忽杀虎元帅统马步五十万迎击之，虏大败。又再刷山东、河北等处及随驾护卫等人马三十万，令高琪为大元帅，再败。是以鞑人迫于燕京城下。是战也，罄金虏百年兵力，消折溃散殆尽，其国遂衰。后来凡围河北、山东、燕北诸州等处，虏皆不敢撄其锋。

圣武亲征录

（元）□□□撰（说郛一百卷本）

【圣武亲征录说郛卷五五，一四页上**】** 辛未（一二一一）春，上居怯绿连河。……秋，上始誓众南征。克大水泺，又拔乌沙堡及昌、桓、抚等州。大太子术赤、二太子哈罕、三太子窝阔台太宗也破云内、东胜、武、宣、宁、丰、靖等州。金人惧，弃西京。又遣哲伯率众取东京，哲伯知其中坚，以众压城，即引退五百里，金人为我军已还，不复设备，哲别戒军中一骑牵一马，一昼夜驰还，忽攻，大掠之以归。上之将发抚州也，金人以招讨九斤、监军万奴等领大军力备于野狐岭，又以参政忽沙率军为后继。契丹军师谋为九斤曰：“闻彼新破抚州，以所获物分赐军中，马牧于野，畜不虞之际，宜速骑以掩之。”九斤曰：“此危道也，不若马步俱进为计万全。”上闻金兵至，进拒獾儿觜。九斤命麾下明安曰："汝尝使北方，素识太祖皇帝，其往临阵问以举兵之由，金国何怨于君而有此举，若不然，即诟之。"明安来，如所教，策马来降。上命麾下缚之曰："俟吾战毕问之也。"遂与九斤战，大败之，其人马蹂躏者不可胜计，因胜彼，复破忽沙军于会合堡，金人精锐尽没于此。上归诘明安曰："我与汝无隙，何对众相辱？"对曰："臣素有归志，恐其间，故因如所教，不尔，何由瞻望天颜。"上善其言，命释之。

【圣武亲征录说郛卷五五，一五页上**】** 甲戌（一二一四），上驻营于中都北壬甸，金丞相高琪与其主谋曰："闻彼人马疲病，乘此决战可乎？"丞相完颜福兴曰："不可，我军身在都城，家属多居诸路，其心向背未可知，战败必散，苟胜亦思妻子而去，祖宗社稷安危在此举矣，当熟思之。今莫若姑遣使议和，待彼还军，更为之计，如何？"金主然之，遣使求和，因献卫绍王公主，令福兴来送。上至野麻池而还。

夏四月，金主南迁汴梁，留其太子守中都，以丞相完颜福兴、左相秦忠为辅。金主行距涿，契丹军在后，至良乡，金主疑之，欲夺其元给铠马还（宫）〔营〕，契丹众惊，遂杀主帅衰昆而叛，共推斫答、比涉儿、扎剌儿为帅而还中都。福兴闻变，军陌虏沟，使忽得度答及其裨将塔塔儿帅轻骑千人，潜渡水，腹背击守桥众，大破之，尽掠衣甲器械牧马之相迎者，由是契丹军势渐振。先是（那）〔耶〕律留哥以中国多故，据有东京、咸平等郡，自称辽王。斫答、比涉儿等遣使诣上行宫纳款，又求好于辽王。时辽王亦来降，上命为元帅，令居广宁府。

金主之南迁也，以招讨也奴为咸平等路宣抚，复移咨于忽必阿兰。至是，亦以众来降，仍遣子铁哥入质，既而复叛，自称东夏王。

长春真人西游记校注

（元）李志常撰（民国）王国维注（蒙古史料四种校注本）

【长春真人西游记校注上卷，四一页上**】** 十月二日，乘舟以济，南下至一大山，山北有一小城。又西行五日，宣使以师奉诏来，去行在渐迩，先往驰奏，独镇海公从师。西行七日，度西南一山，逢东夏使回，礼师于帐前。

东夏使者，屠敬山以为即金使乌古孙仲端。以仲端回程考之，岁月固合。然记中前称金为河南，此称东夏，殆不近情，当是蒲鲜万奴之使者也。

《元史·太祖纪》十年冬十月，金宣抚蒲鲜万奴据辽东，僭称天王，国号大真，改元天泰。十一年冬十月，蒲鲜万奴降，以其子帖哥入侍，既而复叛，僭称东夏。《亲征录》作僭称东夏王。自是讫于太宗癸巳万奴之擒，纪传均不见有万奴事。然郑麟趾《高丽史·高宗世家》五年戊寅元太祖十三年十二月己亥朔，蒙古元帅哈真及札剌率兵一万，与东真万奴所遣完颜子渊兵二万，声言讨丹贼，攻和、猛、顺、德四城，破之，直指江东城。嗣是己庚辛三年，蒙古使者到高丽，辄与东真使俱，是己庚辛间，万奴方与蒙古共讨契丹，故有使者至西域。盖万奴虽自立年号，然尚羁事蒙古，未尝叛也。至甲申年，东真移牒高丽，始有与蒙古已绝旧好之语，然未几，又降于蒙古。耶律文正《湛然居士文集》四《用抟霄韵代水陆疏文》云：

东夏再降烽火灭，西门一战塞烟沉。

颙观颁朔施仁政，伫待更元布德音。

此诗作于太宗未即位时，知东夏叛服非一次矣。

因问来自何时？使者曰："自七月十二日辞朝。"……

成吉思汗实录

（日）那珂通世译注

【成吉思汗实录卷一一，四五五页**】**《秘史》卷一谓，太祖九年，攻金中都，请和平之。其下之：彼等降后，成吉思合罕言欲退，即依察卜赤牢勒（居庸关）而退时，使合撒儿以左手之军送海而行。下敕曰："下马于北京城。迨征降北京城，过彼方主儿扯惕（女真）之夫合讷（蒲鲜万奴）而去。夫合讷若欲反之，则打而取降之。过彼也之城，沿兀剌河、讷兀河（松花江、嫩江）而行。溯塔兀儿河（洮儿河）赵山而会于大老营（怯绿连河大斡耳朵）"云云。遣合撒儿时，并由官人遣主儿扯歹（兀儿兀惕之部长）、阿勒赤（翁吉喇惕之部长）、脱仑扯儿必（殆溽剁之误）三人。合撒儿取北京城，主儿扯惕征降夫合讷，取其沿路之城。合撒儿泝塔兀儿河而来，下马于大老营。

滏水文集

（金）赵秉文撰

【滏水文集卷一九，**相府请王教授书】** 某顿首启，贤佐教授先生阁下：阻奉仙标，渴思道论，敬伫下风，瞻系何极。先生嘉遁林薮，脱屣世荣，究大易之盈虚，洞玄象之终始，道尊德重，名闻天朝，推其绪余，可利天下。然君子之道，出处语默，何常之有，或拂衣而长往，或濡迹以救时，故当其无事，则采薇山阿，饵木岩岫，固其宜矣。及多难之际，社稷危而不顾，苍生倒悬而不解，其自为谋则善矣，仁人之心，固如是乎！某猥以不才，谬膺重任，四郊多垒，咎将谁执，徒积惭汗，坐视无术，庶几得明利害而外爵禄者，在天子左右，同济太平。今圣上明发不寐，轸念元元，屈己下贤，尊师重道，叹先生之绝识，钦先生之高风，虽黄帝尊广成之道，陶唐重颍阳之节，不是过也。虽先生怀宝遗世，知某之不肖者，固在所弃，独不念累世祖宗之基业，亿兆生灵之性命，忍忘之耶。昔商山四老定储嗣而蹔来，谢安东山为苍生而一起，今安危大计非特定储之势也，敌势侵逼，又非东晋之时也。生民涂炭亦已极矣。岂先生建策于明昌之初，独无一言于贞祐之时乎？先生幡然而改，惠然肯来，审定大计，转危为安，然后披蕙幌拂云扃未为晚耳。敬听车音，某虽不敏，请拥篲而先之。方属春时，宜善加调护，康健履福，某谨再拜，不宣。

中州集

（金）元好问编（中华书局本）

【**中州集**中州乐府·王玄佐，五六七页】贤佐一字玄佐，名浍，咸平人。为人沉默寡欲，邃于易学，若有神授之，又通星历谶纬之学。明昌初，德行才能，召至京师，命以官，不拜，朝廷重其人，授信州教授，未几，自免去，再授博州教授。郡守以下皆师尊之，一日，守酒客，适中使至，中使漠然少年，重贤佐名，强之酒，守以旁救之曰："王先生不茹荤酒，勿苦之也。"中使乃止。是夕，贤佐弃官遁归乡里。宣宗即位，闻其名，议驿召之，以道梗不果。车驾南渡，人有自咸平来者，说贤佐年六十余，起居如少壮人，宣宗重其人，常以字呼，遣王曼卿授辽东宣抚使，不拜，又诏宰相以书招之云：阻奉仙标，渴思道论，敬伫下风，瞻系何极。先生嘉遁林薮，脱遁浮荣，究大易之盈虚，洞玄象之终始，道尊德重，名动天朝，推其绪馀，足利天下。然君子之道，出处语默，何常之有，或拂衣而长往，或濡迹以救时，故当其无事，则采薇山阿，饵木岩岫，固其宜矣。及多难之际，社稷倾危而不顾，苍生倒悬而不解，其自为谋则善矣，仁人之心，固如是乎。某等猥以不才，谬膺重任，四郊多垒，咎将谁执，徒积惭汗，坐视何益。日夜以思，庶几得明利害而外爵禄者，在天子左右，同济太平。今圣上明发不寐，轸念元元，屈己下贤，尊师重道，叹先生之绝识，仰先生之高风，虽黄帝尊广成之道，唐虞重颖阳之节，不是过也。先生怀宝遗世，如某辈之不肖，固在所弃，独不念累世祖宗之基业，亿兆生灵之性命，忍忘之耶。昔商岩四老，定储嗣而蹔来，东山谢安，为苍生而一起，今安危大计，非特定储之势也，强敌侵逼，又非东晋之时也，生民涂炭，亦已极矣。岂先生建策于明昌之初，独无一言于贞祐之日乎。想先生幡然而改，惠然而来，审定大计，转危为安，然后披蕙幌，拂云扃，未为晚耳。敬听车音，某虽不肖，请拥篲而先之。书达，竟不至。辽东破时，年九十余矣。

【**中州集**中州乐府·王浍洞仙歌，五六八页】 洞仙歌赋榛实，屏山所录 圆刚定质，混物非凡类，仁处其中静忘意。任蝶蜂狂逐，燕雀喧争。心君正，惟取清白自治。黄衣从淡泊，此箇家风异，偶合阴阳弃神智，怕旁人冷眼，嫌太孤高，樽俎地，聊许松梧同器。待他日，山林不相容，请援手仙笆，要充仙贽。沮物作浑物。

谷音

（元）杜本编（四部丛刊本）

【**谷音**卷上**辽东王浍玄佐，**二页上】 浍博学醇行，博州刺史迎为师，教授弟子百余。贞祐中，就拜宣抚辽东，宰相累书请浍之镇，浍不应，浮海遁去。

附王浍诗词。

河之坊一首

河之坊矣，截截其平；
岂曰不力，言持其盈。
国既覆矣，视尔瞢瞢。
云胡昊天，不终惠我生。
云胡昊天，疾威堂堂。
辗转玩日，四国卒荒。
偃仰在位，不知匪臧，不顾其行。
有粟有粟，亦集于缶，则不敢馇，抑糊予口？
谇曰哲矣，孰秉其咎，知我忧忧，不知我疚！

陟彼南山，石其扁矣。
戒尔勿伤，足其趼矣。
喈喈喑喑，颜之觍矣，猗余何言，涕之泫矣！
民之种种，具曰赘疣，弗于尔躬，曷云能瘳。
勖哉夫子，保尔有位，慎尔为犹。

感遇四首

迅景走北陆，高木交朔风。
众情悦蕤冶，岂云惠其终。
万事无不有，流转大化中。
古来论成败，咄咄鱼为龙。
牛车窜下国，势异情则同。
蒲姚本狙击，桓桓汤武功。
彼美二三子，一笑清酤空。

两虎斗中野，利乃归衡虞。
血肉相蹂躏，鼓吹行通衢。
独倚刚膂力，箕踞倾百壶。
未必非祸福，凡百持尔躯。
吾闻虎畏罴，吹竹不枝梧。

光风荡繁囿，丹绿缀柔柯。
游子去万里，空闺敛翠蛾。
行云落江水，酒尽不成歌。
鸡飞与狗走，妾命独奈何。

槁梧蒙绂冕，峥嵘化侯王。
餐饵先百牢，兰烟浮玉房。
儿女何所见，跪拜色甚庄。
四海正聋瞽，威灵尔翕张。
哀哉杞梓材，弃捐官道旁。

赠段十一首

相识风尘下，斯文伯仲间。

骑驴逢圣日，扪虱对秋山。
忠信偏成拙，支离最得闲。
秦川贵公子，早计适荆蛮。

元一统志

（元）孛兰肹撰（赵万里校辑本）

【**元一统志**卷二，**沈阳路·山川，**二一九页】 合兰河在沈阳路。经旧建州东南一千里入于海。《满洲源流考》一五引《元一统志》。

经渤海建州东南一千里入于海。《满洲源流考》一二引《元一统志》。

【**元一统志**卷二，**开元路·山川，**二二〇页】 混同江发源《盛京通志》"源"下有"在"字。长白山，北流经渤海建州西五十里，会诸东北流，经上京，下达五国头城北，又东北注于海。《满洲源流考》一一引《元一统志》。乾隆《盛京通志》一〇二引《元一统志》。

自长白山北流，经建州西五十里，会诸水东北流，经故上京，下达五国城北，又东北注于海。《满洲源流考》一二引《元一统志》。

俗呼宋瓦江。源出长白，北流经旧建州西五十里，会诸水东北流，经故上京，下达五国头城北，又东北注于海。《满洲源流考》一五引《元一统志》。

【**元一统志**卷二，**开元路·风俗形势，**二二〇页】 南镇长白之山，北浸鲸川之海。三京故国，五国故《明一统志》"故"作"旧"，《辽东志》《满洲源流考》《盛京通志》并同。城，亦东北一都会也。《寰宇通志》七七引《开元志》。《明一统志》二五引《开元志》。《辽东志》一引《开元志》。《满洲源流考》一三引《元一统志》。乾隆《盛京通志》一〇二引《元一统志》。

【**元一统志**卷二，**开元路·古迹，**二二一页】 上京故城上京《明一统志》"上京"作"开元"，《辽东志》同。城西南曰宁远县。又西南曰南京。自《明一统志》作"又"，《辽东志》同。南京而南《明一统志》无上三字，《辽东志》同。曰合兰府。又南曰双城，直抵于《明一统志》无"于"字，《辽东志》同。高丽之《明一统志》无"之"字，《辽东志》同。王京。《明一统志》"京"作"都"，《辽东志》同。正西曰谷州。西北曰上京，即金之会宁府也。《明一统志》无"也"字，《辽东志》同。京之南曰建州。京之《明一统志》无上二字，《辽东志》同。西曰宾《寰宇通志》"宾"误"滨"，《明一统志》同。据《辽东志》正。州。又西曰黄龙府，治利俗县，即渤海之忽汗郡，晋少帝初安置之地，《明一统志》无上十九字，《辽东志》同。金改为利涉军。又西曰信州，治武昌县。北曰肇州，治始兴县。东曰永州、曰昌州、曰延州。东北曰哈州、曰奴儿干城。皆渤海辽金所建，元并《明一统志》无"并"字，《辽东志》同。废，城址犹存。《寰宇通志》七七引《元志》。《明一统志》二五引《元志》。《辽东志》一引《元志》。

金上京故城，古肃慎氏地。按图册所载：京之南曰建州。京之西曰宾州。又西曰黄龙府。北曰肇州府。之东曰永州，曰昌州、延州。东北曰奴儿干城。皆渤海辽金所置，州县并废，城址犹存。《满洲源流考》七引《元一统志》。

上京故城《盛京通志》"城"作"县"，古肃慎氏地。渤海大氏改为上京。金既灭辽，即上京建邦设都，后改为会宁府。京之南曰建州。京之西曰宾州。又西曰黄龙府，《满洲源流考》一二引《元一统志》。乾隆《盛京通志》一〇二引《元一统志》。即渤海之忽汗郡，后为龙泉府。《满洲源流考》一二引《元一统志》。

【**元一统志**卷二，**开元路·古迹**，二二二页】 废黄龙府，宾州之西曰黄龙府，即石晋少帝初安置之地。《满洲源流考》一一引《元一统志》。乾隆《盛京通志》一〇〇引《元一统志》。

归潜志

（金）刘祁撰（中华书局本）

【**归潜志**卷五，**梁询谊传**，四八页】 梁翰林询谊，字仲经，绛州人，户部尚书襄子也。少游太学有声。为人多膂力，尚气节，慨然有取功名志。屏山诸公皆壮之，尤与雷希颜善。文章豪放，有作者风。既擢第，复举宏词，为应奉翰林文字，出为上京留守判官。宣宗南渡，宗室万奴叛，据上京，独仲经父不从，以节死，朝廷优赠之。

【**归潜志**卷六，六四页】 南渡之后，为将帅者多出于世家，皆膏粱乳臭子，若完颜白撒，止以能打球称。又，完颜讹可，亦以能打球，号（杖）〔板〕（据黄丕烈、施国祁校本改）子元帅。又，完颜定奴，号三脆羹。〔又〕（据明抄本补）有以忮忍号火燎元帅者，又纥石烈牙忽带（一作牙虎带）号卢鼓椎，好用鼓椎击人也。其人本出亲军，颇勇悍，镇宿、泗数年，屡破宋兵。有威，好结小人心。然跋扈，不受朝廷制。尝入朝诣都堂，诋毁宰执，〔宰执〕（据文义补）亦不敢言，而人主倚其镇东，亦优容之也。尤不喜文士，僚属有长裾者，辄取刀截去，又喜凌侮使者，凡朝廷遣使者来，必以酒食困之，或辞以不饮，因并食不给，使饿而去。张用章〔尝〕（据明抄本及聚珍本补）以司农少卿行户部，过宿见焉，牙虎带召饮，张辞以有寒疾。牙虎带笑曰："此易治耳。"趣命左右持艾炷来，当筵令人拉张卧，遽爇艾于腹，张不能争，遂灸数十。又因会宴，诸将并妻皆在座，时共食猪肉馒头，有一将妻言素不食猪肉，牙虎带趣左右易之。须臾食讫，问曰：“尔食何肉？”其人对曰：“蒙相公易以羊肉，甚美。”牙虎带笑曰：“不食猪肉而食人肉何也？尔所食非羊，人也。”其人大呕，疾病数日。又御史大夫合住因事过宿，牙虎带馆之酒肉，使妓歌于前。及夜，因使其妓侍寝，迟明将发，令妓征钱。合住愕然，牙虎带因强发其箧笥，取缯帛悉以付妓，曰：“岂有官使人而不与钱者乎？”合住无以对而去。故司农、御史皆不敢入其境，避之。又，宿州有营妓数人，皆其所喜者，时时使一妓佩银符，屡往州郡取赇赂，州将夫人皆远迎，号“省差行首”，厚赠之，其暴横若此。及康锡伯禄为御史，上章言其事，且曰：“朝廷容之，适所以害之。欲保全其人，宜加裁制。”然朝廷竟不能治其罪。后北兵入境，移镇京兆，军败召还，道病死。在东方时，卢鼓椎之名满民间，儿啼亦可怖，大概如呼麻胡云。

【归潜志卷一二，**辩亡，**一三五页**】** 或问：金国之所以亡何哉？末帝非有桀纣之恶，（按“恶”明抄本作“罪”）害不及民，疆土虽削，士马尚强，而遽至不救，亦必有说。

余曰：观金之始取天下，虽出于边方，过于后魏、后唐、石晋、辽，然其所不能长久者，根本不立也。当其取辽时，诚与后魏初起不殊。及取宋，责其背约，名为伐罪吊民，故征索图书、车服，褒崇元祐诸正人，取蔡京、童贯、王黼诸奸党，皆以顺百姓望，（由）〔又〕（据明抄本何煌校改）能用辽宋人才，如韩企先、刘彦宗、韩昉辈也。及得天下，其封（诛）〔建〕（据黄丕烈、施国祁校本改）废置，政令如前朝，虽家法边塞，害亦不及天下，故典章法度皆出于书生。至海陵庶人，虽淫暴自强，然英锐有大志，定官制、律令皆可观。又擢用人才，将混一天下。功虽不成，其强至矣。世宗天资仁厚，善于守成，又躬自俭约以养育士庶，故大定三十年几致太平。所用多淳朴谨厚之士，故石琚辈为相，不烦扰，不更张，偃息干戈，修崇学校，议者以为有汉文景风。此所以基明昌、承安之盛也。宣孝太子最高明绝人，读书喜文，欲变夷狄风俗，行中国礼乐，如魏孝文。天不祚金，不即大位早逝。章宗聪慧，有父风，属文为学，崇尚儒雅，故一时名士辈出。大臣执政，多有文采学问可取，能吏直臣皆得显用，政令修举，文治烂然，金朝之盛极矣。然（文）学〔文〕（据明抄本改）止于辞章，不知讲明经术为保国保民之道，以图基祚久长。又颇好浮侈，崇建宫阙，外戚小人多预政，且无志圣贤高蹈，阴尚夷风；大臣惟知奉承，不敢逆其所好，故上下皆无维持长世之策，安乐一时，此所以启大安、贞祐之弱也。卫王苛吝，不知人君体，不足言。已而强敌生边，贼臣得柄，外内交（按“交”黄丕烈、施国祁校本作“皆”）病，莫敢疗理。宣宗立于贼手，本懦弱无能，性颇猜忌，惩权臣之祸，恒恐为人所摇，故大臣宿将有罪，必除去不贷。其迁都大梁可谓失谋。

而使守关中，犹可以数世，况南渡之后，不能苦心刻意如越王勾践志报会稽之羞，但苟安幸存以延岁月。由高琪执政后，擢用胥吏，抑士大夫之气不得伸，文法棼然，无兴复远略。大臣在位者，亦无忘身殉国之人，纵有之，亦不得驰骋。又偏私族类，疏外汉人，其机密谋谟，虽汉相不得预。人主以至公治天下，其分别如此，望群下尽力难哉。故当路者惟知迎合其意，谨守簿书而已。为将者，但知奉承近侍以偷荣幸宠，无效死之心。幸臣贵戚，皆据要职于一时，士大夫一有敢言、敢为者，皆投置散地。此所以启天兴之亡也。末帝夺长而立，出于爱私。虽资不残酷，然以圣智自处，少为黠吏时全所教，用术取人，虽外示宽宏以取名，而内实淫纵自肆。且讳言过恶，喜听谀言，又闇于用人，其将相止取从来贵戚。虽不杀大臣，其骄将多难制不驯。况不知大略，临大事辄退怯自沮，此所以一遇勍敌而不能振也。

大抵金国之政，杂辽宋非全用本国法，所以支持百年。然其分别蕃汉人，且不变家政，不得士大夫心，此所以不能长久。向使大定后宣孝得位（按“位”黄丕烈、施国祁校本作“立”）尽行中国法，明昌、承安间复知保守整顿以防后患，（按“患”明抄本及聚珍本皆作“忧”）南渡之后能内修政令，以恢复为志，则其国祚亦未必遽绝也。尝记泰和间有云中李纯甫，由小官上书万言，大略以为此政当有为日，而当路以为迂阔，笑之。宴安自处，以至土崩瓦解。

南渡后，复有以机会宜急有备为言者，而上下泰然俱不以为心，以至宗庙丘墟，家国废绝，此古人所谓何世无奇才而遗之草泽者也。

【**归潜志**卷七，六九页】 宣宗喜刑法，政尚威严。故南渡之在位者，多苛刻。徒单右丞思忠，好用麻椎击人，号麻椎相公。李运使特立友之号半截剑，冯内翰壁叔献号马刘子。后雷希颜为御史，至蔡州，缚（按明抄本、聚珍本作“得”）奸豪，杖杀五百人，又号雷半千。又有完颜麻斤出、蒲察咬住，皆以酷闻。而蒲察合住、王阿里、李涣之徒，胥吏中尤狡刻者也。

【**归潜志**卷七，七〇页】 南渡之后，为宰执者往往无恢复之谋，上下同风，止以苟安目前为乐，凡有人言当改革，则必以生事抑之。每北兵压境，则君臣相对泣下，或殿上发叹吁。已而敌退解严，则又（按“又”明抄本及聚珍本作“大”）张具会饮黄阁中矣。每相与议时事，至其危处，辄罢散曰：“俟再议。”已而复燃，因循苟且，竟至亡国。

【**归潜志**卷七，七一页】 南渡之后，近侍之权尤重，盖宣宗喜用其人为耳目以伺察百官，故使其奉御辈采访民间，号“行路御史”。或得一二事，即入奏之，上因切责台官漏泄，皆抵罪。又，方面之柄虽委将帅，又差一奉御在军中，号“监战”。每临机制变，多为所牵制，辄遇敌先奔，故其军多丧败。

【**归潜志**卷七，七三页】 士气不可不素养，如明昌、泰和间崇文养士，故一时士大夫争以敢言，敢为相尚。迨大安中，北兵入境，往往以节死，如王晦、高子衿、高子衿，一作高子约，俱无考。按《金史·忠义传》有高守约，字从简，辽阳人，大定二十八年进士，累官观州刺史，元兵徇地河朔，城破，不屈死，当是其人。子衿、子约，俱字形相近之误。梁询谊诸人皆有名。而侯挚、李瑛、疑是李英，战死潞州，《金史》有传。田琢辈皆由下位自奋于兵间，虽功业不成，其志气有可嘉者。南渡后，宣宗奖用胥吏，抑士大夫，凡有敢为、敢言者，多被斥逐。故一时在位者多萎靡，惟求免罪，罟苟容。迨天兴之变，士大夫无一人死节者，岂非有以致之欤？由是言之，士气不可不素养也。

元朝名臣事略

（元）苏天爵撰

【**元朝名臣事略**卷一，**东平王世家**】 辛未（一二一一），大举南入，击云中、九原诸郡，皆下，遂进围抚州。时金军号四十万，陈于野狐岭之北。王（木华黎）抚言曰："今敌众我寡，弗致死力，未易破也。"即策马横戈，大呼陷阵。上（成吉思汗）麾诸军齐进，日未午大破之，乘胜追至浍河堡，僵尸百余里，金兵之精锐者咸尽。

元经世大典

元代官修（永乐大典本）

【**元经世大典**《永乐大典》卷二九四二二，**中书省·站赤**】 辽东路所辖脱脱木孙站四十七处：庆云站、夹道站、韩州站、信州站、大水泊站、十八里站、忽烈出站、迭甫站、石敦站、散迭站、阿也忽站、禅春站、阿剌站、韩木火站、桑吉站、石迪闻站、甫丹站、祥州站、木罗火站、希贤站、开元站、阿失吉站、舍站、牡丹站、南京站、蛮出温站、蓬苦站、毛良苦站、木吉站、迭甫站、阿剌失可站、端州站、青州站、洪宽站、合剌府站、滨州站、第四铺站、斡木火站、祥州站、斡母站、赵州站、塔鲁站、胡里迷站、泰州站、离怕令站、迪石吉站、大安站。

析津志

（元）熊自得撰（永乐大典本）

【析津志《永乐大典》卷一九四二六，驿站二】 庆云，正东偏南成（疑为咸）平府大安，正北一百十里贾道铺，正东微北一百一十里韩州、信州、大水泺，正东百二十里十八里，九十胡里出。东北百二十里至西，一路东行至塔海万户。祥州至北（疑为此）分三路，一路正北肇州转东北至吉答，一路北行转东至唆吉。（上文恐有误，按其所云各站名，知胡里出站以下小字应为：东北百二十里至西祥州，至此分三路，一路东行至塔海万户，一路正北肇州转东北至吉答，一路南行转东至唆吉。）

西祥州，正北斡母，百二十肇州，正东北三十里塔鲁，东北百四十里泰州，百二十离怕合，百迪失吉，正北一百吉答。

西祥州，正东宾州，百一十韦口铺，百二十斡木火，百一十上京海哥，七十鹿鲁，八十捻站，七十不牙迷，一百斡站，百八十哈散，百七十吾纳苦，百三十忽帖罕、塔海万户。

正南（正南上漏西祥州三字），八十特甫、建州，东南一百石敦，百散迭，正东百阿忽，百禅春，一百阿母，百二十阿剌，百二十唆吉。至此分三路，一路正东微北至永明城，一路正东南至合懒府。

唆吉，正东微北百二十里石迪，正东北五十甫丹，百一十东祥州，百二十土罗火，百三十希田，百二十开元，正东孛迷、梁母、孛吾、阿失吉、舍站、永明城。其东海。

东南（唆吉东南），百一十谋丹，百一十南京，百一十蛮出海，七十蓬苦，百三十毛连苦，百二十木吉，百一十迭甫，百四十阿剌可失列，百四十瑞州（疑为《经世大典》之端州），百二十青州，百一十洪宽，百二十合懒府。高丽后门，其东海。

大明清类天文分野书

（明）刘基撰（吉林省社会科学院藏本）

【大明清类天文分野书卷二四，辽东都指挥使司·开元路建置沿革】 建置沿革古肃慎氏之地。元魏时始见中国，号勿吉。隋曰黑水靺鞨。唐武德五年，渠长阿固郎来朝。贞观二年，以其地为燕州。开元十年置黑水府，以部长为都督刺史。十四年置黑水都督，属幽州都督。咸通年间，渤海王玄锡强盛，以肃慎故地为上京，号龙泉府。五代唐同光间，黑水兀儿及独鹿皆遣使朝贡，其地东濒海，南界高丽，西北与契丹接壤，即大金也。金始祖部落，初号女真，后改女直。

太祖乌古打既灭辽，即上京设都。皇统间，迁都于燕。正隆二年，改为会宁府，置上京留守司。十三年升为上京，治会宁，置曲江、宜春二县隶焉。元癸巳年，师至开元，东土悉平，于建州故城北石墩寨设官行路事，辖女直等户。乙未年，设开元、南京二万户府，治黄龙府。至元二十三年改开元路，属辽东道宣慰司，本朝属女直千户所。

寰宇通志

（明）陈循等撰

【**寰宇通志**卷七七，**辽东都指挥使司·古迹，**十一页上】 上京故城在三万卫东北。《元志》上京城西南曰宁远县。又西南曰南京。自南京而南曰合兰府。又南曰双城，直抵于高丽之王京。正西曰谷州。西北曰上京，即金之会宁府也。京之南曰建州。京之西曰滨州。又西曰黄龙府，治利俗县，即渤海之忽汗郡，晋少帝初安置之地，金改为利涉军。又西曰信州，治武昌县。北曰肇州，治始兴县。东曰永州、曰昌州、曰延州。东北曰哈州、曰奴儿干城。皆渤海辽金所建，元并废，城址犹存。

通鉴续编

（明）陈桱桱

【**通鉴续编**卷二〇，**宁宗纪**】 宁宗嘉定四年（一二一一）闰九月，蒙古自抚州进攻奉圣州，破之，遂至野狐岭，时金招讨使完颜九斤、监军完颜万奴等率兵号四十万，驻于岭下。

明一统志

（明）李贤等撰

【**明一统志**卷二五，**辽东都指挥使司·古迹**】 开元城在三万卫西门外。《元志》开元城西南曰宁远县。又西南曰南京。又南曰合兰府。又南曰双城，直抵高丽王都。正西曰谷州。西北曰上京，即金之会宁府。京之南曰建州。西曰滨州。又西曰黄龙府，金改为利涉军。又西曰信州，治武昌县。北曰肇州，治始兴县。东曰永州、曰昌州、曰延州。东北曰哈州、曰奴儿干城。皆渤海辽金所建，元废，城址犹存。

【**明一统志**卷二五，**辽东都指挥使司·建置沿革**】 铁岭卫在都司城北二百四十里。古有铁岭城，在今卫治东南五百里，接高丽界，洪武二十一年置卫于彼，二十六年徙今治，即辽金时嚚州故地也。

辽东志

（明）毕恭撰（辽海丛书本）

【**辽东志**卷一，**地理志·开原古迹，**三十页上】 开元城在开原城西门外。《元志》开元城西南曰宁远县。又西南曰南京。又南曰合兰府。又南曰双城，直抵高丽王都。正西曰谷州。西北曰上京，即金之会宁府。京之南曰建州。西曰宾州。又西曰黄龙府，金改为利涉军。又西曰信州，治武昌县。北曰肇州，治始兴县。东曰永州、曰昌州、曰延州。东北曰哈州、曰奴儿干城。皆渤海辽金所建，元废，城址犹存。

【**辽东志**卷一，**地理志·开原山川**】 忽儿海河城（开原）东北一千里，源出潭州城东诸山，北流谷州城东，经斡朵里城，北流入松花江。

【**辽东志**卷九，**外志·纳丹府东北陆路**】 那木剌站，善出，阿速纳合，潭州，古州，北接斡朵里。旧开原，毛怜。旧开原南。

宋元通鉴

（明）薛应旗编（明天启六年刻本）

【**宋元通鉴**卷九八，**宋宁宗纪七，**七九页上】 六年（一二一三）金至宁元年，九月以后宣宗珣改贞祐元年，蒙古太祖八年。三月，……辽人耶律留哥仕金为北边千户。蒙古兵起，金人疑辽遗民有他志，留哥不自安，遁至隆安，聚众至十余万，自为都元帅，遣使附于蒙古。金遣胡沙率兵往攻，留哥大败之，遂自立为辽王，改元元统，尽有辽东州郡，遂都咸平。

【**宋元通鉴**卷九九，**宋宁宗纪八，**八页下】 八年（一二一五）金贞祐三年，蒙古太祖十年，冬十月，……金宣抚蒲鲜万奴据辽东，僭称大王，国号大真，改元天泰。

【**宋元通鉴**卷九九，**宋宁宗纪八，**十七页上】 九年（一二一六）金贞祐四年，蒙古太祖十一年。夏四月，……辽王留哥降蒙古，蒙古主以为元帅，令居广宁府。

续资治通鉴

（清）毕沅编（中华书局本）

【**续资治通鉴**卷一五七，**宋纪一五七，**四二四二页】 宁宗开禧二年（一二〇六）六月……建康都统李爽，以兵围寿州，金刺史图克坦羲拒守，逾月不能下。壬子，河南统军判官奇珠旧作乞住，今改。及迈格旧作买哥，今改。等来援，羲出兵应之，爽大败。

甲寅，……正李汝翼、郭倬等丧师之罪。……于是王大节、李汝翼、皇甫斌、李爽等皆坐贬。

【**续资治通鉴**卷一五九，**宋纪一五九，**四三〇三页】 宁宗嘉定四年（一二一一）八月，……金通吉思忠、完颜承裕缮乌舍堡，未及设备，蒙古哲伯遣阿哈以轻兵奄至，拔乌舍堡及乌云营，思忠等败走。时汾阳郡公郭宝玉屯定州，举其军降于蒙古。蒙古遂破白登城，进攻西京。七日，赫舍哩执中等惧，率麾下百骑弃城突围走，〔考异〕:《大金国志》《宋史全文》俱云：执中，老将也，知兵善战，自允济之立，心常不服，至是不肯力战，其下观望，遂大败，执中以百骑奔还。允济怒，罢。按执中在章宗时已形跋扈，非至是始不肯力战，且此时亦未尝罢职也。今从《金史》改正。蒙古主以精骑三千驰之，金兵大败。追至翠屏山，承裕不敢拒战，退至宣平县界。土豪请以土兵为前锋，行省兵为声援，承裕畏怯不能用，但问此去宣德间道而已。土豪嗤之曰："溪涧曲折，我辈谙知之，行省不知用地利力战，但谋走耳。"其夜，承裕引兵南行，蒙古踵击之，至会河堡，金兵大溃，承裕脱身走入宣德。蒙古穆呼哩旧作木华黎，今改。乘胜进薄宣德，遂克德兴。

【**续资治通鉴**卷一五九，**宋纪一五九，**四三一〇页】 宁宗嘉定五年（一二一二）春，正月……蒙古攻云中、九原诸郡，拔之，进取抚州，金命招讨使赫舍哩纠坚、旧作纥石烈九斤，今改。监军完颜万努旧作万奴，今改。等援之。或谓纠坚曰："蒙古新破抚州，方以所得赐其下，马牧于野，宜乘其不备掩击之。"纠坚曰："此危道也，不若马步俱进，为计万全。"乃遣其麾下舒穆噜旧作石抹，今改。明安曰："汝尝使北方，素识蒙古国主，其往问以举兵之由，不然，即诟之。"明安至蒙古军中，如纠坚所教，俄请降，蒙古主命缚以俟，陈于獾儿觜。时金兵三十万，号四十万，蒙古穆呼哩曰："彼众我寡，弗力战，未易破也。"率敢死士，策马横戈，大呼陷阵，蒙古主麾诸军并进，大败金兵，追至浍河，僵尸百里。〔考异〕：徐氏《后编》以完颜纠坚之败及明安降于蒙古为辛未年事，又以赫舍哩纠坚之败为壬申年事，今参考《元史》纪传，定作壬申。

【续资治通鉴卷一五九，**宋纪一五九，**四三一六页**】** 宁宗嘉定五年（一二一二），先是辽人耶律瑠格，旧作留哥，今改。《金史》作移剌留哥，今从《元史》。仕金为北边千户。及蒙古主起兵朔方，金人疑辽遗民有他志，下令："辽民一户，以二女直户夹居防之。"瑠格不自安，是岁，遁至隆安、韩州，纠壮士剽掠其地。州发卒追捕，瑠格皆击走之，因与耶的合势募兵，数月，众至十余万，推瑠格为都元帅，耶的副之，营帐百里，威震辽东。

蒙古主命按陈那衍、浑都古行军至辽，遇之，问所从来，瑠格曰："我契丹军也，往附大国，道阻马疲，逗留于此。"按陈曰："我奉命讨女直，适与尔会，庸非天乎！然尔欲效顺，何以为信？"瑠格乃率所部会按陈于金山，刑白马、白牛，登高北望，折矢以盟。按陈曰："吾还奏，当以征辽之责属尔。"

金遣完颜承裕帅军六十万，号百万，攻瑠格，声言得瑠格骨一两者赏金一两，肉一两者赏银亦如之，仍世袭千户。瑠格度不能敌，告急于蒙古。蒙古主命按陈、孛都欢、阿鲁都罕引千骑会瑠格，与金兵对阵于迪吉诺尔。（旧作脑儿）瑠格以侄安努（旧作安奴）为先锋，横冲承裕军，大败之，以所俘辎重献。蒙古主召按陈还，而以楚特格（旧作可特哥）副瑠格屯其地。

【续资治通鉴卷一五九，**宋纪一五九，**四三一八页**】**〔宁宗嘉定六年（一二一三）〕是春，耶律瑠格自立为辽王，改元元统。

【续资治通鉴卷一六〇，**宋纪一六〇，**四三四二页**】** 宁宗嘉定七年（一二一四），金遣使招耶律瑠格（旧作留哥）降，许以重禄，瑠格不从。金主怒，复遣宣抚万努（旧作万奴）领军四十余万攻之。瑠格迎战于归仁县北河上，金兵大溃，万努收散卒奔东京。安东同知阿林惧，遣使求附，于是尽有辽东州郡，遂都咸平，号为中京。金左副元帅伊喇（旧作移剌）都以兵十万攻瑠格，瑠格拒战，败之。

【续资治通鉴卷一六〇，**宋纪一六〇，**四三五二页**】** 宁宗嘉定八年（一二一五）冬十月，……金宣抚使富鲜万努据辽东，僭称天王，国号大真，改元天泰。

十一月，……耶律瑠格破东京。克特格（旧作可特哥）娶万努之妻李仙娥，瑠格不直之，有隙。既而耶斯布（旧作耶厮不）等劝瑠格称帝，瑠格曰："向者吾与按陈那衍盟，愿附大蒙古国，削平疆守，倘食其言而自为东帝，是逆天也。"众请愈力，瑠格称疾不出，潜与其子薛阇奉金币九十车入觐于蒙古。蒙古主曰："汉人先纳款者先引见。"太傅阿哈（旧作阿海）曰："刘伯林纳款最先。"帝曰："伯林虽先，然迫于重围而来，未若瑠格仗义效顺也，其先瑠格！"既见，蒙古主大悦，因问："旧何官？"对曰："辽王。"命赐金虎符，仍辽王。又问："户籍几何？"对曰："六十余万。"蒙古主曰："可发三千人为质，朕发蒙古三百人往取之。"

瑠格遣奇努（旧作乞奴）等与俱，且命拘系克特格以来。克特格惧，与耶斯布等绐其众曰瑠格已死，遂以其众叛，杀所遣三百人，唯三人逃归。

【**续资治通鉴**卷一六〇，**宋纪一六〇**，四三五七页】 宁宗嘉定九年（一二一六）冬十月，……富鲜万努（旧作蒲鲜万奴）降于蒙古，而以其子迪格（旧作贴哥）入侍，既而复叛，僭称东夏。

【**续资治通鉴**卷一六〇，**宋纪一六〇**，四三五八页】〔宁宗嘉定九年（一二一六）〕是岁，奇努、金山、青狗、统古与等，推耶斯布僭帝号于澄州，国号辽，改元天威。以辽王瑠格兄通喇（旧作通剌）为平章，置百官。方阅月，其元帅青狗叛归于金，耶斯布为其下所杀，推其丞相奇努监国，与共行元帅锡尔（旧作锡儿）分兵民为左右翼，屯开、保州关，金盖州守将重嘉努（旧作众家奴）引兵攻败之。瑠格引蒙古军数千适至，得兄通喇并妻姚里氏，户二千。锡尔引败军东走，瑠格追击之，还渡辽河，招抚懿州、广宁，徙居临潢府。奇努走高丽，为金山所杀。金山又自称国王，改元天德。统古与复杀金山而自立，赫舍（旧作喊舍）杀之，亦自立。

【**续资治通鉴**卷一六一，**宋纪一六一**，四三七〇页】 宁宗嘉定十一年（一二一八）夏四月，乙巳，金曲赦辽东等路，以户部尚书瓜勒佳必喇（旧作夹谷必兰）为翰林学士承旨、权参知政事，行省于辽东。

【**续资治通鉴**卷一六一，**宋纪一六一**，四三七〇页】〔宁宗嘉定十一年（一二一八）〕夏四月，壬子，金遣侍御史完颜素兰等赴辽东，察访富鲜万努（旧作蒲鲜万奴）事体。

【**续资治通鉴**卷一六一，**宋纪一六一**，四三七三页】〔宁宗嘉定十一年（一二一八）〕是岁，契丹陆格（旧作六哥）据高丽江东城，蒙古遣哈珍札拉（旧作合真扎剌）率师平之，高丽王瞰遂降，岁贡方物。

辽王瑠格（旧作留哥）引蒙古、契丹军及东夏国元帅呼图（旧作胡土）兵十万围赫舍（旧作喊舍），高丽助兵四十万，克之。赫舍自经死。徙其民于西楼。

【**续资治通鉴**卷一六一，**宋纪一六一**，四三九二页】 宁宗嘉定十三年（一二二〇），辽王耶律瑠格卒。蒙古以其妻姚里氏佩虎符，权领其众。

【**续资治通鉴**卷一六七，**宋纪一六七**，四五四七页】 理宗绍定六年（一二三三）九月，……蒙古库裕克（旧作贵由，今改）攻辽东，舒穆噜扎拉（旧作石抹查剌，今改）率黑军先登，诸军继之，擒万努（旧作万奴），遂平辽东。扎拉，额森（旧作也先，今改）之子也。万努据辽东十九年，至是始灭。

满洲老档秘录

（清）金梁译（民国十八年刊单行本）

【**满洲老档秘录**二页上，**徐世昌序**】 有清之兴，神功圣德，度越汉唐，顾于开国实录本纪累有修改。时秉笔者芟落过多，甚于国名，其初称金，见档册。其他可知。金子息侯久官东夏，勤搜故府，得满洲老档，译为百余卷，又撮其要，仿记事体，编为一书。

满洲源流考

（清）阿桂等撰（光绪癸巳年石印本）

【**满洲源流考**卷七，**部族·建州，**三页下】《新唐书·渤海传》：率宾故地为率宾府，领华、益、建三州。按：建州之名始见于此。考率宾故地在今吉林乌拉境。《辽史》云：康州，世宗迁率宾人户置。所属有率宾县，志云本渤海率宾府地。考辽康州及率宾县俱属显州，为渤海显德府地，在今广宁境，当亦迁率宾人户所置，非故府地。盖《辽志》固别有率宾府，在涞州、定理之间也。又鸭绿江，本名益州江，则益州亦去长白不远。渤海建州固与国初所统之地相近矣。

【**满洲源流考**卷七，**部族·建州，**四页上】《元一统志》金上京故城，古肃慎另条见前氏地。按图册所载：京之南曰建州。京之西曰宾州。又西曰黄龙府。北曰肇州。府之东曰永州，曰昌州、延州。东北曰尼噜干城。皆渤海辽金所置，州县并废，城址犹存。海兰河经故建州东南一千里入于海。混同江北流经故建州五十里会诸水，东北流经故上京，下达五国头城。按：此所云故建州，盖渤海之旧，在金上京之南者。金之上京，自开原东抵宁古塔，自长白北抵阿勒楚喀，幅员甚广。考金《地理志》云：上京，山有长白、青岭，水有阿勒楚喀、混同江、拉林河，皆在今吉林境。又云：东至呼尔哈路六百三十里，西至肇州五百五十里，东南至海兰路一千八百里。呼尔哈河在宁古塔城旁，海兰河在宁古塔城南四百四十里。据四至以求其中，则金上京正在今吉林城东北阿勒楚喀河旁。而渤海之建州，东去松花江北流之所五十里，东南去海兰河一千里，亦在吉林境。明初土人犹沿旧称耳。又按：《大清一统志》海兰河有五，皆在宁古塔吉林境内，一入呼尔哈河，三入混同江，皆去海远，惟在宁古塔城南四百一十里源出无名山者，东流会布尔哈图河入海，《元志》所云海兰，应即指此也。

【**满洲源流考**卷一一，**疆域·五国部，**一二页上】《元一统志》开元路，三京故国，五国旧城，东北一都会也。按：元之开元路，所统至广。据《元一统志》所载，长白山亦在境内，东极于使犬路，非止今一县地也。

《元一统志》混同江，发源长白山，北流经渤海建州西五十里，会诸水东北流，经上京，下达五国头城北，又东北入于海。

【**满洲源流考**卷一二，**疆域·会宁府，**三页】《元一统志》上京故城，古肃慎氏地。渤海另条见前。大氏改为上京。金既灭辽，即上京建邦设都，后改会宁府。京之南曰建州。京之西曰宾州。旧作滨州，盖传写之误，今改正。又(曰)〔西〕曰黄龙府。原文此下云，即渤海之忽汗郡，后为龙泉府。考龙泉府即渤海之上京忽汗州也。忽汗为宁古塔之呼尔哈河，此殊舛误，今删去，附订于此。

《元史》开元路，古肃慎之地，隋唐曰黑水靺鞨。另条见前。濒海，东南界高丽，西北与契丹接壤，即金祖之部落也。据此，则元初开元一路，所辖至广，凡吉林、宁古塔等地，皆在其中矣。金太祖既灭辽，即上京设都，海陵迁都于燕，改为会宁府。

十驾斋养新录

（清）钱大昕撰（潜研堂全书本）

【**十驾斋养新录**卷九，**万奴传，**三页下】《太祖纪》十年（一二一五），金宣抚蒲鲜万奴据辽东，僭称天王。十一年（一二一六），蒲鲜万奴降，既而复叛，僭称东夏。按：《东平王世家》癸巳太宗五年（一二三三），王与皇子贵由攻完颜万奴于辽东，平之。完颜万奴，金内族也。自乙亥岁聚众据东海，号东夏，至是凡十九年而灭。此万奴之氏，一以为蒲鲜，一以为完颜，未审孰是《木华黎传》与世家同，《金史·宣宗纪》作蒲鲜，《太宗纪》但书平万奴，而不言皇子贵由、国王塔思，当据《世家》补之。

元史新编

（清）魏源撰（上海大光书局印本）

【**元史新编**卷二，**太祖纪下，**四页】 十年乙亥（一二一五），金主贞祐三年，宋宁宗嘉定八年也。春正月，金右副元帅蒲察七斤以通州降。

二月，木华黎攻金北京，金元帅寅答虎以城降（旧史作寅答虎乌古伦。考《东平王世家》，则乌古伦乃其氏，非名，史不辨姓名，颠倒之，遂若两人）。以乌耶尔权兵马都元帅镇之。遂进逼兴中府，元帅石天应相继来降。金主遣使招耶律留哥降，不应，乃命宣抚司完颜万奴屯兵沈州，经略辽东。（旧史《留哥传》言金遣万奴领军四十余万攻之，又遣左副元帅伊剌都以兵十万攻之，皆为留哥击败。案：是时金已迁汴，燕都旦夕不保，何得有数十万兵攻辽东。旧史不书于本纪，明亦留哥降元时自侈攻伐之词，不可信。又本纪皆作蒲鲜万奴，惟《木华黎传》作完颜万奴。又《兀良合台传》作女真国，可证为金宗室，今从之。）

三月，金主遣御史中丞李英等来援中都，败之，霸州守将史天倪降。

夏四月，诏锦州张鲸总北京十提控兵从南征，鲸谋叛伏诛，鲸弟致遂据锦州，自称瀛王，改元兴龙，下平、滦、瑞、利、义、懿、广宁等州。木华黎遣先锋权帅乌耶尔等军讨之。时金丞相高琪忌承晖成功，中外援兵无一至中都者。

五月庚申，金中都留守完颜承晖仰药死，抹撚尽忠弃城走，先后围中都三年，乃克之。时帝方避暑桓州，遣使籍中都帑藏辇运北去，得辽宗室耶律楚材，留侍左右。金遣使求和，帝报使，命以河北、山东未下诸城来献，去帝号为河南王，金不从。授史天倪右副元帅，赐金虎符南征。

八月，天倪取平州。木华黎遣史进道等攻广宁府，降之。

是秋，取城邑凡八百十六有二。

冬十月，金辽东宣抚司完颜万奴为耶律留哥所败，走保东京，留哥攻陷之，万奴率众十余万走海岛。会留哥所部内乱，万奴复据辽东，僭称天王，国号女真。（旧史本纪作大真。案《兀良合台传》作女真国，今从传）改元天泰。

十一月，耶律留哥来朝，以子薛阇入侍。

【元史新编卷二，**太祖纪下，**四页**】** 十一年丙子（一二一六），金主珣贞祐四年，宋宁宗嘉定九年也。

冬十月，完颜万奴降，以其子帖哥入侍。既而复叛，僭称东夏。木华黎克锦州，杀张致，辽西平。

【元史新编卷一七，**太祖平服各国传，**八七页**】** 金哀宗有言：蒙古灭国四十，以及于夏；夏亡，以及于我；我亡，必及于宋。然《蒙古源流》载太祖将征唐兀部时曰：承上帝之命，驾驭天下十二强汗，平定诸恶劣小汗。则四十国中，除各小部落外，其大部落亦不过十二，今可知者，白鞑塔尔部、泰赤乌部、蔑尔乞部（一作蔑里吉）、札木合部、克烈部、乃满部、回鹘部、西契丹部（即回族部，为契丹所据，亦名西辽）、北印度部、阿罗思部、钦察部、阿速部，又所收服者，东辽国（即耶律留哥）、东夏万奴国，凡十四大国，皆在伐唐兀部之前（唐兀部即西夏）。《元史》不仿《宋史》立南唐、吴、越诸世家之例，无削平各国之传，故读史者茫然于西北疆域，而本纪所书兵事，亦莫测其道里方位所在，今参考诸书，创立数传，以为读《元史》之先导。

东北诸部（塔尔、蔑里吉、泰赤乌、东辽、东夏）

初，金既灭辽，其部遗民在混同江东北者，谓之东北路契丹；在混同江西北、嫩江东北者，谓之西北部契丹。元初，耶律留哥以辽遗民破东京归于元者，东北路契丹也。金大定初，耶律窝斡以山前山后群牧起兵，陷韩州，围临潢，攻泰州，逼北京，及明昌间契丹群牧德寿等据信州叛，建元身圣，众四十万，丞相完颜襄讨平者，皆西北路契丹也。其自嫩江以西，则为沙陀旧族，分黑白二鞑靼，白鞑靼在潢河之北，卢朐河之东北（旧史作怯绿连河，即克鲁伦河），谓之北阻轐。金明昌间，遣丞相完颜襄攻阻轐于龙驹河（龙驹即卢朐），解大军之围。又遣一军出西北路以邀阻轐，而自帅兵出临潢，进扼山岭，即用步卒穿濠筑障，起临潢左界北京路，以为阻塞，而用乣部二十七族以戍之者（乣部，古奚种，介鞑与汉之间）。白鞑靼，蒙古也。黑鞑靼在卢朐河之西北，斡难河之间（今蒙古车臣汗地）。在金世未尝为患，而元太祖起其地，收服旁近北阻轐部。又联络二十七乣部为乡导，以攻中国。于是白鞑、黑鞑、生鞑、熟鞑合为一部。及耶律留哥以辽东来归，于是东西契丹、鱼皮等族，亦合为一部。盖西北部落兴衰无定，此部强则各部数千里为之驱使，弱则又役属于邻部，而地壤不过百里、数百里。是以《大金国志》称蒙骨部在女真之东北，亦谓之蒙兀部。人不火食，夜中能视，以鲛鱼皮为甲，可捍流矢，叛于天会、天眷间。盖白鞑部强盛，时东方渔猎部与西北游牧部合而为一，故金人记载多以东契丹为蒙骨，其实二部东西相望数千里，其白鞑蒙古本地，东控临潢，南接静州而止，初无鱼皮为甲之事，且一游牧一渔猎，风俗判然不同，旧史混淆不明，而金元所以兴亡，遂不著于后世。今考其收服东北部落，一白黑鞑，二东辽，三完颜万奴东夏。但白黑鞑收服在蒙古未兴以前，东辽、东夏收服在蒙古强盛以后，事非一役，地则相连，故今以三部首冠于前，使知金末根本先拔，外衅始启（据《金史》《大金国志》及《蒙鞑备录》）。

【**元史新编**卷一七，**太祖平服各国传，**八七页】 金承安五年（一二〇〇），金国遣丞相完颜襄（《秘史》作王京。）讨塔尔部之叛，塔尔部兵败北走，太祖欲报父仇，乃约克烈部脱里王罕邀击于纳剌秃什图之野，获大珠及金银绷车各一，献于金。完颜襄奏闻，金赐帝官号曰察兀图鲁，汉语招讨使也。

其东辽诸部，则太祖初年未尝亲征。其后遣将取之者半，耶律留哥率以归附者半。初，东西契丹者，辽之遗部，散处混同江以北，世受征调于金。金世宗大定初，西北路契丹因海陵炀王伐宋，尽征其部丁壮以行，东契丹恐国空虚，为邻部所虏，群起怨叛，山前山后群牧皆应之，众至数十万，陷韩州，据咸平，沿卢朐河而西，将归于西辽大石。既又围临潢，改元僭号，至大定三年始定，是为一叛。

金章宗明昌间，屡遣左丞相夹谷清臣、右丞相完颜襄用兵东北，尽征诸纠部北阻轐，会兵临潢，并招募上京、西京、北京、东京、咸平、临潢汉军，诏台省百官集议边事，问攻守之计，而皆不书敌寇之名，故《大金国志》谓章宗枉诛郑王允蹈，其子爰王大辩起兵辽东。后修史者，深讳其事，不敢指实。至金卫王大安初年，大辩已死，其子三大王雄嗣立，复联北部内犯，京师戒严，敕沿边百姓不得传说军事，金尽失和龙以北始兴王之地，是为再叛。

其时，太祖方与漠北诸部战，尚未攻金。及漠北荡平，太祖称帝，北阻韈亦附于蒙古，知金国内衅，始于卫绍王三年起兵攻燕，因北部为乡道，入居庸，破畿辅，分兵取辽西之地。时太祖称帝已六年矣。三大王雄既失北阻韈之援，乃去帝号，渐衰弱，金始复经略辽东。乃下令辽民每户以二女真户夹居防之。明年壬申（太祖七年，金卫王第四年也），耶律留哥起兵隆安、韩州，数月，众十余万，营帐百余里，辽东大震。金遣胡沙率军数十万讨之，为留哥及我援兵所破。（《金史·卫绍王本纪》：三年，大元兵来征，遣参知政事胡沙、知枢密院事胡沙虎备边。案：此时金北受元攻，京师危如累卵，尚能兴六十万攻辽之师乎？但史言卫王之事，记载残缺，而孟珙《蒙鞑备录》亦有胡沙五十万众败于蒙古之事，姑阙疑焉。）留哥自立为辽王。九年甲戌（一二一四），金主遣青荀招降，不从，复遣宣抚使完颜万奴领军四十余万攻之，金宣宗贞祐二年（一二一四），南迁汴京。三年三月，谕辽东宣抚使蒲鲜万奴选精锐屯沈州、广宁，候进止，即此事。但绝无四十万之理。或疑万奴即三大王雄，金至是始抚而用之也。留哥逆战于归仁县北河，金兵大溃。（《宣宗纪》贞祐三年五月，中都破。十月，辽东宣抚使万奴遣使来报败留哥之捷，与此大异。则《金史》所谓宣宗之世捷报多虚者也。）万奴收散卒，奔东京，于是留哥尽有辽东州郡，遂都咸平，号中京，败金左副元帅耶律都之兵。十年乙亥金宣宗贞祐三年（一二一五），留哥破东京，众劝其称东帝，不许，与其子来朝于太祖，未归而其国为部下所据，五载易四主。留哥始引蒙古、契丹、高丽及东夏国军十万讨平之。时混同江以南为完颜万奴所据，号东夏国。留哥止据混同江以北东楼、西楼之地，自有传。（据《金史》《大金国志》《耶律留哥传》。）东夏国者，金辽东宣抚使完颜万奴也。（各纪传作蒲鲜万奴，惟木华黎孙《塔思传》作完颜万奴，今从之。）金自明昌以后，辽东均据于爰王父子，连年用兵，分见纪传。卫绍王三年（一二一一），耶律留哥自立于辽东。宣宗贞祐三年乙亥（一二一五）三月，命辽东宣抚使万奴选精锐屯沈州、广宁，以候进止。时留哥叛据自立已五年，金方外讧，蒙古内生变逆，不暇规辽东，至是南迁汴京，始有宣抚之命。五月，燕都陷。十月，万奴遣使报败留哥之捷，或言军实败绩，走保东京，旋僭称天王，国号大真（《兀良合台传》作女真），改元天泰。时金已迁汴，辽西尽为元有，与辽东隔绝不能问。金主尝叹曰：人不易知，吾以辽东专委万奴，而效尤变乱如是。既而留哥进攻东京，陷之，万奴率众十余万遁入海岛。又明年丙子太祖十一年（一二一六）。冬十月，万奴来降，以其子帖哥入侍。及留哥所部内乱，万奴复袭据东京，僭称东夏。其地南接高丽，北界混同江，与留哥东西楼接壤通聘，故戊寅年（一二一八）曾遣其元帅胡土将兵助留哥攻（咸）〔喊〕舍。太宗五年癸巳（一二三三）二月，以高丽请降而万奴不服，命皇子贵由及诸王按赤台讨之。九月，东夏平。诸王班师，命太弟别里古台镇守辽东。万奴割据，自乙亥至癸巳，凡十九年。其本纪列传，又有木华黎、石抹耶先、哲伯等于太祖七年壬申（一二一二）袭破东京之事，与《留哥传》不符，盖误以北京为东京，辨详《石抹耶先传》。（据本纪及《金史》及耶律留哥等传。）

【**元史新编**卷一七，**太祖平服各国传，**八九页】东契丹耶律留哥。耶律留哥，契丹人，仕金，为北边千户。太祖起兵朔方，金人疑辽遗民有他志，下令辽民每户以二女真户夹居防之。留哥不自安，太祖七年壬申（一二一二）（壬申为卫绍王四年，改元崇庆，蒙古兵已于元年入居庸，时太祖已称帝于斡难河七年矣。《南迁录》言：爰王卒于卫绍王元年，其子雄嗣位，是为三大王，至是已三年矣），遁至隆安、韩州，纠壮士剽掠其地。州发卒追捕，留哥皆击走之，因与耶的合势。募兵数月，众至十余万，推留哥为都元帅，耶的副之，营帐百里，威震辽东。太祖命按陈那衍、浑都古行军至辽，遇之，留哥乃率所部会按陈于金山，刑白马白牛，登高北望，折矢以盟。按陈曰："吾还奏，当以征辽之责属尔。"金人遣胡沙帅军六十万，号百万，来攻留哥，留哥亟驰请援，帝命按陈、孛都欢、阿鲁都罕引千骑赴之。留哥与金兵阵于迪吉海子，以侄安奴为先锋，横冲胡沙军，大败之，以所俘辎重献。帝召按陈还，而以柯特哥副留哥屯其地。八年癸酉（一二一三）（癸酉为金卫绍王五年，九月被弑，宣宗立，改元贞祐。蒙古木华黎兵侵金，围燕，拔河东、河北诸州郡）三月，众推留哥为王，立妻姚里氏为妃，以其属耶斯布为郡王，坡沙、僧家奴、耶的、李家奴等为丞相、元帅、尚书，统古与、著拨行元帅府事，国号辽。九年甲戌（一二一四），金遣使青苟招降，不从，留青苟不遣。金主怒，复遣宣抚完颜万奴领军四十余万攻之。留哥逆战于归仁县北河上，金兵大溃。万奴收散卒奔东京。安东同知阿怜遣使求附，于是尽有辽东州郡。遂都咸平，号为中京。金左副元帅耶律都以兵十万来攻，留哥拒战，败之。十年乙亥（一二一五），留哥破东京（乙亥，金宣宗贞祐三年。五月，中都破，蒙古遂入燕，攻金潼关，不克）。耶斯布等劝留哥称东帝，留哥曰："向者，吾与按陈那衍盟，愿附大蒙古国，削平疆宇，今背盟树敌，逆天不祥。"众请愈力，乃称疾不出，潜与其子薛阇奉金币九十车、金银牌五百至行在入觐。帝大悦曰："汉人先纳款者，前推刘伯林，然伯林迫于重围而来，未若留哥仗义效顺也。"其举留哥所献，以白毡陈之于天，七日而后纳诸库，命赐金虎符，仍封辽王。又问户籍几何，对曰："六十余万。"帝曰："可发三千人为质，朕遣蒙古三百人往取之。"初，留哥破东京时，蒙古将柯特哥夺金元帅万奴之妻，万奴怒走，据他部相攻，留哥不直柯特哥，遂与有隙。至是奏闻帝逮柯特哥来行在，柯特哥惧，遂与耶斯布等绐众言："留哥已死。"杀所遣蒙古三百人以叛。事闻，帝慰留哥曰："尔毋以失众为忧，草青马肥，资尔甲兵，往取家孥，将倍此数以封汝。"十一年丙子（一二一六）（丙子，金宣宗贞祐四年，元克潼关），耶斯布僭称帝于澄州，国号辽，改元天威，以留哥兄独剌为平章，置百官，以金降将青苟为元帅。方阅月，青苟复叛，归于金。耶斯布凡僭号七十余日，为其下所杀，推其丞相乞奴监国，与其行元帅鸦尔分兵民为左右翼，屯开、保州关，金盖州守将众家奴引兵攻败之。是春，留哥引蒙古军数千适至，得兄独剌并妻姚里氏，户三千，追败鸦尔军，还渡辽河，招抚懿州、广宁，徙居临潢府。乞奴走高丽，为金山所杀，金山又自称国王，改元天德。明年丁丑（一二一七），统古与复杀金山而自立。又明年戊寅（一二一八），（戊寅，木华黎尽取金河东州郡。）（咸）〔喊〕舍复杀之，亦自立。是冬，留哥引蒙古、契丹军及东夏国元帅胡（土）〔土〕兵十万，并约高丽兵共攻（咸）〔喊〕舍，杀之，徙其民于西楼。自乙亥岁留哥北觐后，辽东反复五载，僭立四主，至己卯春，复为留哥平定。留其长子薛阇事帝，而自归国。明年，留哥卒，年五十六。子薛阇以下，世有佐命功。

耶律薛阇，留哥之子也。初，留哥以辽东归太祖，受封辽王，留其子事帝，而自归国，会帝征西域，留哥卒于辽东，皇太弟承制，以留哥妻姚里氏佩虎符，权领辽东国事者七年。丙戌，帝还，姚里氏携次子善哥、铁哥、永安及从子塔塔尔、孙收国奴觐帝于河西阿里湫城。帝曰："健鹰飞不到之地，尔妇人乃能来邪。"赐酒慰劳。姚里氏奏请长子薛阇归袭父爵，以次子善哥代其扈从。帝曰："薛阇今为蒙古人矣，朕征西域时，回族围太子术赤于合弥城，薛阇引千军救出之，身中槊，又战回族于蒲华、寻思干城，伤流矢，积功为拔都鲁，日侍朕左右，不可遣，当令善哥袭其父爵。"姚里氏拜且泣曰："薛阇者，先臣前妻所出嫡子也，善哥者，婢子所出，若立之，国人将谓我私己而灭天伦，恐无以服下。"帝叹其贤，给驿骑四十从征河西，赐河西所俘士马金币，皆以九计，许以薛阇袭辽王爵，而留善哥及弟侄等于行在，惟遣其季子永安从姚里氏东归。丁亥，诏薛阇曰："昔女真国乱，尔父起兵辽东会朕师，又能割爱以尔事朕，辽东变乱，尔父连战讨平，尽得金国肇基根本之地，使朕无东顾忧，朕以兄弟视尔父，则尔犹吾子，尔其与吾弟孛鲁古台并辖辽东军马，为第三千户，世世东藩，钦哉。"己丑，从太宗南征金，有功，赐马牛羊千二百。庚寅，复命与撒尔台东征，收其父遗民，移镇广宁，行广宁路都元帅府事。自庚寅至丁酉，奉太宗命连征高丽、东夏国，复赐户六千有奇。东夏即完颜万奴，金旧宗室，为留哥败诸东京者也，亦据辽东半地自立，国号东夏天王，与东辽并峙十九载，至是为元兵所灭。戊戌，薛阇卒，年四十六。子收国奴袭辽王爵，行广宁路总管军民万户府事，易名石剌，征高丽有功。辛亥，宪宗元年，以石剌祖孙三世为国宣力，命更造所佩金虎符赐之，佐诸王耶苦及札剌台控制高丽。其后，子孙袭职，亦世有战功。

论曰：旧史此传所述金兵攻辽，皆留哥降元后铺张夸诩之词。初言太祖起兵朔方，金人疑辽民有他志，下令辽民每户以二女真户夹居防之，留哥不自安等语。考辽东西地，自金章宗世已为爱王割据，连兵十余年，久非金地，具见《金史》本纪，岂有卫绍王末年始疑其遗民防御之理。所云金人者，盖即爱王。始用辽民以攻宗国，继又疑辽民通蒙古而防之，遂使中隙生变。此其叙述不详者一也。又曰：岁壬申，遁至隆安、韩州，纠壮士剽掠其地，击走金兵，因与耶的合势，募兵数月，众至十余万，推留哥为都元帅，营帐百余里，威震辽东。金遣胡沙（《金史》完颜承裕，一名胡沙）帅军六十万，号百万，来攻留哥云云。考壬申岁为金卫绍王四年，元太祖之七年。蒙古已于先年入居庸，败胡沙之兵。卫绍王此时旦夕不自保，尚能有六十万兵攻辽东乎？此其虚造者二也。留哥亟驰请援，帝命按陈、孛都欢、阿鲁都罕引千骑会之，与金兵对阵于迪吉海子，留哥以侄安奴为先锋，横冲胡沙军，大破之云云。按：以六十万敌众，而援兵止千骑，有是理乎？此其情见势穷者三也。八年癸酉，众推留哥为王，以其属耶斯布为郡王，置丞相、元帅等官，国号辽。九年甲戌，金遣使青苟招降，不从，留青苟不遣，金主怒，复遣宣抚万奴领军四十余万来攻，留哥逆战于归仁县北河上，金兵大溃，万奴收散卒走还东京，于是留哥尽有辽东州郡，遂都咸平，号为中京。金左副元帅耶律都以兵十万来攻，留哥拒战，败之。十年乙亥，留哥破东京云云。考甲戌为金宣宗二年。五月，燕都被围，数月，金请和，以卫绍王女归蒙古，请班师。夏，金徙都汴。秋，蒙古复围燕。木华黎攻金辽西州郡，皆下之。此时金国危如累卵，都城不暇自顾，而能有四十万众攻辽东乎？况《卫绍王本纪》三年，徒单镒请置行省事于东京，备不虞。上谓无故遣大臣，动摇人心。未几，东京不守，上乃大悔。其时辽河东西均已隔绝，根本尽失，尚有遣宣抚四十万、副元帅十万攻辽之事乎？盖宣宗曾遣万奴宣抚辽东，而万奴因自立，实有其事。惟所称明年乙亥，留哥破东京者，《石抹耶先传》以东京为木华黎袭破在乙亥之前，《太祖本纪》以东京为哲伯袭破在七年壬申，皆与此不合。又《木华黎传》太祖十年乙亥，木华黎用萧耶先计袭取东京。（萧耶先即石抹耶先。）十一年，木华黎克锦州，杀张致，广宁、懿州降，拔苏、复、海三州，《耶律涅尔传》云：进取辽东（西）〔京〕、广宁、金、复、海、盖等十五城。咸平宣抚完颜万奴率众十余万遁入海岛。盖万奴之屡弃东京，亦蒙古兵威所震耳。而本传以东京之破，广宁、懿州之招抚，俱属之留哥，其不合者四也。当日张虚声势，异代不知核实，于旧史乎何殊。

【元史新编卷二七，**石抹耶先传，**一一八页**】** 石抹耶先(一作石抹阿辛)，辽人。……师过临潢，次高州，木华黎令耶先率千骑为先锋，耶先曰："兵贵奇胜，何以多为？"谍知金新易北京留守将至，耶先独与数骑邀杀之，怀其诰命至，谓守门者曰："我新留守也。"入据府中，问吏列兵于城上何为，吏以边备对，耶先曰："古今中外晏然，奈何陈兵以动摇人心。"即命彻守备，曰："寇至在我。"即夜下令易置将佐部伍。三日，木华黎至，入北京，不费一矢，定城邑三十二，得户十万八千，兵十万，资粮器械山积。(《耶律留哥传》书乙亥留哥破东京。又《太祖本纪》七年壬申冬十二月，遮别攻东京，不下，即引去，夜驰还，袭克之，皆与此不合。《秘史》作哲伯袭破东昌。其所云东京者，即北京也。)降守臣寅答虎等四十七人。(《木华黎传》：乙亥，破北京，守将寅答虎举城降。则此所下为金北京，非东京明矣。旧史作东京，大误。)寻移师围东京，久不下，及城破，将屠之，耶先曰："王师拯人水火，彼既降而复屠，则未下者人将死守，天下何时定乎！"(既云城破，并未言降，何云先降复屠，疑亦谓北京为东京，分一事为二事之故。)奏请赦之，授御史大夫，领北京达鲁花赤。(耶先果先得东京，何不使守东京而但守北京乎！其东京又付何人，何以史无一字。)金人丧其根本，始议迁河南。时石天应与豪酋数十据兴中府，耶先分兵降之，奏为兴中尹。又命监张鲸等军征燕南未下州郡。至平州，鲸称疾不进，耶先执送行在，鲸诉称实病，非敢叛，帝命以其弟张致为质，鲸诺而宵遁，耶先追戮之，张致已杀使者应其兄矣。张致伏诛，耶先籍其私养死士万二千人号黑衣军者，上于朝。(所将军皆猛士，衣黑为号，故名黑军。)诏以御史大夫提控诸路元帅府事，举辽水西滦水东悉以付之。(耶先果得辽东，何朝廷但以辽西地付之，而辽东反不付乎。)后从木华黎攻蠡州，先登，中石死。

子查剌，亦善射，袭御史大夫，领黑衣军。……癸巳，从国王塔思攻金帅宣抚万奴于辽东之南京，城坚如立铁，查剌分兵佯攻其东北，而率亲兵突其西南，奋槊先登，众军乘之而进，遂克之。

元　书

（清）曾廉撰（宣统三年刊本）

【元书卷二九，**耶律留哥传，**一页上**】** 耶律留哥，故辽族属也，仕金为北边千户。初，辽亡而契丹旧部散居临潢诸地，招讨司译史撒八以不愿从金海陵南伐，乃倡众为乱。承安时特满群牧契丹福寿、陁锁再反。皆旋即削平，然金人疑之益深，由是故辽人多不自安。大安初，留哥窥金政不纲，遂遁至韩州，纠壮士剽掠其地。州发卒追捕，留哥皆击走之。益募兵，不数月，众至十余万，推留哥为都元帅，徙北驻隆州，营帐百余里，威声甚厉。

太祖七年（一二一二），按陈那颜行军至辽。留哥闻太祖崛兴，窃响之，欲以为声援，乃帅所部会按陈于金山，刑白马、白牛，登高北望，折矢以盟。按陈曰："吾奏上，自后以征辽之责属尔矣。"

会金咸平总管胡沙来讨，阵于迪吉海。按陈以千骑援之，留哥从子安奴为先锋，大败金师，以所俘辎重献。太祖乃召按陈还，而以可特哥副留哥屯其地。

寻与金东路宣抚司都统纥石烈桓端战于御河寨，失利，然桓端即引还，留哥势亦益张。

明年，众遂推留哥为辽王，建元元统，立妻姚里氏为妃，以其属耶厮不为郡王，坡沙、僧家奴、耶的、李家奴为丞相、元帅、尚书，统古与、著拨行元帅府事。逾岁，金遣使青狗来招降。青狗度不能致留哥，反臣之。是时，金蒲鲜万奴为辽东宣抚使，乃进兵征留哥。留哥逆击于归仁河上，金兵大溃，万奴收散卒奔东京。安东同知阿怜惧，遣使求附。于是遂都咸平，号为中京。复败金左副都元帅耶律都之师。

十年（一二一五），留哥益南，破东京，万奴走，而可特哥纳其妻，留哥不直之，由是有隙。既而耶厮不等劝留哥称帝，留哥曰："向者吾与按陈盟，愿附大蒙古国，削平疆宇。今若食言，是逆天也，逆天不祥。"众请愈力，留哥不获已，遂称疾不出，而潜与其子薛阇奉金币九十车、金银牌五百，驰至按台八都鲁入觐。

太祖曰："汉人先纳款者，先朝。"行太师阿海曰："若是，则刘伯林。"太祖曰："伯林迫于重围而来，未若留哥之仗义效顺也，乃先留哥。"太祖既见其所进金币，谓左右曰："留哥所献，白之于天，乃可受也。"乃前陈借以白毡，七日而后纳诸库。因问旧何官，曰："辽王。"命赐金虎符，仍辽王。又问户籍几何，曰："六十余万。"太祖乃命质三千人，而遣蒙古三百人往取之，亦命留哥遣人偕焉。留哥遣大夫乞奴行。太祖命之诘问可特哥纳万奴妻罪而絷之来。于是，可特哥惧，谋于耶厮不，耶厮不性野轶，原不乐留哥之请属太祖也，因遂绐众言："留哥已死。"即杀蒙古三百人，惟三人逃归。以闻，太祖慰藉留哥，命徐图之。而万奴闻留哥已去，遂即进兵，复取东京、咸平，耶厮不等走屯辽南。

明年，乞奴、金山、青狗、统古与等推耶厮不僭帝于澄州，仍号辽，改元天威，以留哥兄独剌为平章，青狗为元帅。方阅月，青狗复归于金，耶厮不而推乞奴监国，与其行元帅鸦儿分兵民为左右翼，东屯开、保州。寻为金盖州守将众家奴所败。留哥引蒙古军数千适至，得兄独剌、妻姚里氏，户二千还。会国王木华黎拔复、盖州，斩众家奴，留哥遂渡辽河，徙居临潢。既而金山杀乞奴，自称国王，改元天德，统古与杀金山，(咸)〔喊〕舍又杀统古与，皆自立。

十三年（一二一八），留哥引蒙古、契丹军，并乞师于蒲鲜万奴，至高丽，高丽以(咸)〔喊〕舍之扰其地，遂请降。而万奴以可特哥事义留哥，且以为与国也。皆遣军来会，遂围江东城。于是，(咸)〔喊〕舍自经死。留哥徙其遗民于西楼。自留哥北觐，辽东反复三载，留哥卒讨定其乱，然东京未能复也。十五年（一二二〇），留哥以疾薨于临潢。

【元书卷二九，**耶律留哥传，**三页上**】** 薛阇从留哥入觐……而薛阇从太祖西征，留哥薨，皇太弟国王斡嗔承制，以姚里氏权领其众，既五载。太祖始还至西夏，姚里氏携其子善哥、铁哥、永安及从子塔塔儿、孙收国奴，往见帝于阿里湫城。太祖讶曰："尔来耶，此健鹰飞不到也。"因大慰劳之。姚里氏请以次子善哥代薛阇扈从，而使薛阇归国袭爵。太祖曰："薛阇今为蒙古人矣，当回族围太子于合弥城，薛阇救出之，身中槊，又战于薛华、薛迷思干，伤于流矢。以是积功为拔都鲁，不可遣，即令善哥袭父爵耳。"姚里氏拜且泣曰："薛阇者，留哥前妻所出，嫡子也，宜立。善哥者，婢子所出，若立之，是私己而蔑天伦也，婢子窃以为不可。"帝叹其贤，给驿骑四十，从征河西，赐所俘士马金币皆以九计，许以薛阇袭爵，而留善哥、塔塔儿、收国奴于行在，惟遣其季子永安从姚里氏东归。

二十二年（一二二七），乃诏薛阇曰："昔尔父起兵，自迁东会朕师，又能割爱，以尔事朕。嗣经叛乱，人民离散，欲食尔父子之肉者，今岂无人乎！朕以兄弟视尔父，则尔犹吾子，尔其与吾弟别里古台并辖辽东军马，为第三千户。"薛阇受命。太宗二年（一二三〇），扈从南征，以功赐马牛羊皆数百头。三年（一二三一），命与撒礼塔东征，收其父遗民，移镇广宁府，行广宁路都元帅府事。数岁连征高丽、东夏，复户六千有奇。十年（一二三八），卒。

【元书卷二九，**蒲鲜万奴传，**三页下**】** 蒲鲜万奴，或曰完颜万奴，史阙莫能质正疑，金主赐之国姓，故有二称也。万奴以健名。金大安时，为监军，与招讨使纥石烈九斤帅师及太祖战于野狐岭，败绩。耶律留哥起隆州，乞降于太祖，已败胡沙之兵。金主珣立，以万奴有胆勇，薄其罚，使治军咸平以自效。然万奴见国势日衰，浸慢不肯为尽力。时东北路招讨使完颜铁哥兵颇强，万奴忌之，乃牒取所部骑兵二千，又召泰州军三千及户口迁咸平。铁哥察其有异志，留不遣。寻万奴进辽东宣抚使，遂下铁哥狱杀之。又与宣差蒲察五斤及北京宣抚使奥屯襄论事不合，金主赐襄及万奴、五斤诏书，谕以守国家重地，当协心尽公，徇国家之急，各惩前过，以图后功。万奴即出师击留哥，至归仁河上，而留哥之众大至。万奴始以留哥初起，多乌合，易之。乃是，惊其劲整，众遂大溃。万奴度不能守咸平，即走入东京。

明年，留哥则进兵攻东京，万奴亦不能御，复弃城遁。金主犹欲牢笼使之，乃诏万奴选精锐择屯沈州、广宁，以俟进止。万奴惟惮留哥，适留哥部下多龃龉，留哥因潜行北觐太祖，万奴闻，乃大喜，挥师疾进，攻破东京，复徇咸平及韩、隆州皆下。万奴既得志，则遂以为金不可复存，断辽以东，割据其土，犹可以为国也。是时，留哥之属耶厮不等已叛，留哥南走屯澄州，率龌龊贼不能振。辽、沈诸猛安谋克人多从万奴，万奴势大张，遂以步骑九千侵婆速近境，金婆速都总管纥石烈桓端击破之，复攻上古城及望云驿，皆不胜，都统夹谷合打破其众数千于三叉里，温迪罕柏哥辇拔其大宁镇，万奴复勒其众九千人，出宜风及易池，皆为桓端所败。其岁，金中都不守，万奴自遂称大真天王，建元天泰。

明年，攻澄州，取之，耶厮不死，其众皆走入高丽边。万奴遂遣使求内附，以其子帖哥入侍。太祖受其降。已而桓端改邳州刺史，西还。

金兴定元年（一二一七），金主以权参知政事辽东路行省完颜阿里不孙行尚书省元帅府于婆速路，以权辽东路宣抚使蒲察五斤权参知政事行尚书省元帅府于上京，以万奴叛逆未殄，诏谕辽东诸将。其岁，蒲察五斤复充辽东行省。然皆不能讨万奴，万奴复以兵侵婆速。高丽畏万奴之强，助之粮八万石，而阿里不孙贷粮于高丽，高丽不之应也。是时，木华黎方率师渡辽，取复、盖、金诸州，万奴以已降得仍其境土，不受兵。会太祖召木华黎还，专南伐，万奴遂无所忌，乃复叛，改国曰东夏。

然亦结好留哥，以为与国。留哥追讨其叛人（咸）〔喊〕舍于高丽，万奴遣其元帅胡土以兵十万助之。久之，遂东攻上京，杀同知留守温迪罕老儿。既而上京行省太平阴受万奴命，焚毁上京宗庙，执元帅承充，夺其军，遂尽有上京诸路地数千里。

金正大三年（一二二六），诏谕高丽及辽东行省葛不霭讨万奴，赦其胁从者。然是时金已朝夕不自保，辽东行省惟守婆速一路，外捍高丽，内逼万奴，无所展济，奉诏书束手而已。国兵又方与金人力争中原，未暇东略。万奴晏然盗据一方，其设官行政，史文不备。

太宗元年（一二二九），撒礼塔攻杀葛不霭，三年（一二三一），撒礼塔复伐高丽，高丽降。五年（一二三三），定宗以皇子率师及诸王按只吉歹、国王塔思征东夏，自春至秋，万奴乃就擒，师至开元、恤品，上京诸路悉平。万奴僭号，凡十有九年而灭。明年，金亡。

元史译文证补

（清）洪钧撰（光绪丁酉年本）

【**元史译文证补**卷一下，二页下】 羊年（一二一一）春，柯耳鲁克部主阿儿思兰汗来觐于克鲁伦河。即《元史》哈剌鲁，字音与《元史》西北地附录之柯耳鲁叶合，《秘史》作合儿鲁兀，《续通鉴》作哈儿鹿。……是年春，下令伐金。……秋，出师，……帝既入金界，下各城寨，遂取昌、桓、抚等州。此下城名、地名皆中国字音，西域人译音已误，兼之传抄遗夺，经西洋人重译，更觉比附无从，只可就史录所见字音尚类者著之，余概删弃。太子术赤、察合台、窝阔台取云内、东胜等州，军至西京，一过而行。是秋，哲别取东京，先至城下，不攻而退，金人以为真退，懈不为备，哲别既退五百里，留其辎重，选精骑，昼夜疾驰，突至城下，取之。帝困抚州时，金遣九斤句、斡奴即为奴、明安率大军驻温根达坂，即野狐岭，《秘史》作忽捏坚答巴，答巴谓岭，忽捏坚谓狐，原注离哈剌温赤敦不远。原书九斤之下有朱台，不知何人，今删。金将巴古失句、桑臣二人录但云军师，无名。谓九斤曰："闻彼破抚州，方纵军大掠，马牧于野，若出不意轻兵掩袭，必获大胜。"九斤曰："不然，彼军形势不易遽破，宜明日马步齐进。"次晨，兵进。帝闻警，军中方餐，弃饭而起，以二军拒于獾儿嘴。九斤谓明安曰："汝曾至蒙兀地，识成吉思汗，汝往彼阵，问以何故犯边，彼言不逊，汝即詈之。"明安如所戒而詈，帝命缚之，俟战毕再问。既而乞觧此汉军、哈剌乞觧此辽军、主儿只此金军诸军大败，伏尸遍野。复攻胡沙于会合堡，破之。温根达坂之战，金之名将精兵多尽于是役。蒙兀人至今道之。帝回至军中，问明安曰："我与汝素无怨，何以当众辱我。"对曰："我欲归顺，恐被人疑，不令我行，幸九斤使我为此言，得乘此机，以至帝前，否则何由得至。"帝善其言，释之。此与《亲征录》皆在辛未年。

【**元史译文证补**卷一下，四页上】 鸡年（一二一三），帝在中都。暮春时，金主与九斤元帅等会议，九斤恐是高琪之误。或曰："彼军已疲，再与一决战，何如？"王京丞相即完颜福兴。曰："此非计也，我军皆自都外招至，妻子皆在他处，不知其心何如，若败则不能复聚，胜亦各思就其妻子而去，祖宗社稷之事，岂可为此孤注，当熟思之。今莫若遣使议和，彼必退军，俟其退后，再为之计。"金主然之，遣攸斤明安求和，献公主哈敦。帝喜而退，攸斤明安送帝过哈卜察勒至麻池而返。录云：福兴送上至野麻池而还。此云攸斤明安，不知与福兴是否一人也。攸斤当即上之九斤。又麻池无野字。

是年，已四阅月，则五月矣，本纪合，录不合。金主迁都南京。云在哈剌沐涟，汴梁近河故也。留其子与福兴句、秦忠守中都。金主行至涿州，契丹兵在后行，及良乡，金主疑之，令缴器械，众哗，杀其帅鲜衮，即录之素温。自推志答句、比涉儿句、阿剌儿为帅而往北行。可校《亲征录》。福兴丞相闻变，发兵守桥，勿使北渡，即卢沟桥。叛众联合河之彼岸塔塔儿众千人，前后夹攻，大破守桥兵，尽夺军装马匹，原注塔塔儿人居于此地，服属金主。案：录言裨将塔塔儿乃人名，此异，或误会也。掠中都一带牧群，驱逐守吏。是事之先，契丹人留哥乘乱据东京等地，自立为辽王。志答、比涉儿等以中都有备，不能过，遣人乞降于帝。时辽王亦来降，并入贡，授留哥元帅，与以广宁府令守。原译勾旺、镇抚二地。细揣之，即广宁府三字音而误，增字误为两也，聊举一节，以见华地之难译。

金主之南迁也，以秃珠大石为宣抚。录云以招讨也奴为咸平等路宣抚，复移于忽必阿兰，此无地名而人名又大异，殆误，然所记之事则一事也。或于金主前言其有异志，秃珠大石疑惧，遂来降，更遣子铁克为质，给事于御营，既而复叛，自立为东夏王。原作东京，据录改正。所以然者，由帝攻取金地已多，金主复严刻，故众皆离心，各据地自立。此数语必是拉施特增。《归潜志》言宣宗喜刑法，政尚威严。此语诚非无据。

蒙兀儿史记

（清）屠寄撰（民国结一宧刻本）

【蒙兀儿史记卷三十三，**耶律留哥传，**一页上**】** 耶律留哥，契丹人，仕金为北边千户。成吉思汗起兵朔方，金人疑契丹遗氏（氏疑为“民”之误）有他志，下令契丹人一户，以二女真户夹居防之。留哥不自安，遁至隆安、今吉林长春府属农安县。韩州间，今奉天昌图府北偏东四十里之四面城。纠壮士剽掠。州发卒追捕，辄为所败。时有同种人耶律的旧传作耶的，脱“律”字。与之合势，益招集亡命，数月间众至十余万，推留哥为都元帅，的副之，列营帐百里，威震辽东。

会成吉思命阿勒赤那颜、旧传作按陈那衍，即《秘史》阿勒赤古坚，翁吉剌氏。忽秃忽旧传浑都古，音近。略地至辽，遇之，问所从来，留哥曰：“我契丹军也，欲往附大国，道阻马疲，逗留于此。”阿勒赤曰：“我奉命讨女真，适与尔会，岂非天乎！然尔欲效顺，以何为信？”留哥乃率所部会阿勒赤登金山，山在西辽河套北岸，图作额尔金山。刑白马牛，北向折矢以盟。阿勒赤与约，还奏委以征辽之任。

金遣咸平兵马都总管完颜承裕来讨，旧传云，遣胡沙率军六十万，号百万，来攻留哥。

按：胡沙，承裕番名。《金史·承裕传》至宁元年，迁元帅右监军兼咸平府路兵马都总管。与契丹留哥战，败绩，改同判大睦亲府事、辽东宣抚使。声言有得留哥骨肉一两者，赏金银如之，仍世袭千户。留哥度不敌，驰表乞援。汗命阿勒赤、不秃古列坚、旧传作孛都欢。按：孛秃旧传云"从太师、国王木华黎略地辽东西"即指此役，但云木华黎，微异。阿鲁都罕引千骑会留哥，与金兵对阵于迪吉纳兀儿。留哥以侄安奴为先锋，横冲承裕军，大败之，献所获辎重。汗召阿勒赤还，以可特哥副留哥屯其地。

众以辽东未定，宜立假王镇之。癸酉三月，遂推留哥为王，国号辽，建元元统，都广宁。《亲征录》云：时辽王亦来降，上命为元帅，都广宁。立妻姚里氏为妃，奚有五部，一曰遥里，即姚里氏。以其属耶律厮不为郡王，旧传耶厮不，官本增补"律"字，是也。坡沙、僧家奴、耶律的、李家奴等为丞相、元帅、尚书，统古与、著拨行元帅府事。时金知广宁府温迪罕青狗退守盖州，妻子陷广宁。据《金史·完颜阿里不孙传》。金遣青狗往谕留哥降，啖以重禄，不从。青狗竟留事之。金主怒，复遣咸平宣抚蒲鲜万奴来讨。旧传云：领军四十万。咸平一隅，安得如此重兵。魏默深、那珂通世皆疑之。留哥逆战归仁北细河上，《金史·地理志》咸平府归仁县北有细河，旧传脱"细"字。万奴大败，收散卒奔东京。安东同知阿怜惧，遣使纳款于留哥。于是留哥尽有辽东诸州，定都咸平，故城在今开原县城西。号为中京。金左副元帅移剌都以兵来攻，疑是蒲察移剌都，旧传云以兵十万来攻。又为所败。

乙亥正月，蒲鲜万奴僭号于东京，北袭咸平，东略婆速。留哥侦知万奴兵出，国内空虚，乘间袭破东京。耶律厮不等劝留哥称帝，留哥曰："我向与阿勒赤那颜盟，誓附大蒙兀国。倘食言而自为东帝，是逆天也，逆天者不祥。"众请愈力，不获已，称疾不出。是冬，潜与其子薛阇奉金币九十车、金银牌五百，至阿勒坛孛勒荅黑入觐。旧传按坦孛都罕，依《秘史》译例对音改正，译言金孤山。成吉思汗第二斡儿朵思所在之撒阿里客额儿撒难薛禅所谓阿勒台汗也。本纪云"丙子春，还庐朐河行宫"。据此传及本纪，十一年乙亥十一月，耶律留哥来朝之，则成吉思北还卢朐，当在乙亥秋冬间。

时大朝会，有旨汉人先纳款者先引见，太傅耶律阿海奏："刘伯林纳款最先。"汗曰："伯林纳款虽先，然迫于重围而来，未若留哥杖义效顺也，其先留哥。"既见，尽献所赍，并以薛阇为质。汗大悦，谓左右曰："凡留哥所献，白之于天，乃可受也。"陈以白毡，七日而后纳诸库。问留哥旧何官，对曰："辽王。"命赐金虎符，仍辽王。又问户籍几何，曰："六十余万。"汗命发三千人来为秃鲁花军，即质子军。遣蒙兀三百人，偕留哥所遣大夫乞奴、安抚秃哥往取之。先是东京之破，可特哥脱（"脱"为"娶"之误）万奴妻李仙娥，留哥不直之。及是以闻，汗怒可特哥悖法，有旨执之以来。可特哥惧，与耶律厮不等给众，言留哥已死，杀所遣蒙兀三百人以叛，惟三人逃归告变。汗慰留哥曰："尔毋以失众为恨，吾他日倍此封尔不吝也。草青马肥，资尔甲兵，往取家孥。”

岁丙子，乞奴、金山、青狗、统古与等推耶律厮不僭号于澄州，称大辽收国王，旧传谓僭帝号，误。据《东国史略》改。建元天成，据《东国史略》旧传作天威，形近之误。置百官，以留哥兄独剌为平章，青狗为元帅。甫阅月，青狗叛归金，厮不为其下所杀，推其伪丞相乞奴监国，与行元帅鸦儿等鸦儿，《高丽史》作鹅儿。分兵民为左右翼，屯开、保间。开州，今朝鲜京畿道之开城，高丽王氏都。保州，今朝鲜之义州城也。间，旧传作关，误。金盖州守将完颜众家奴以兵三万讨之，战于开州馆，不克，退屯大夫营。参据《高丽史·金就传》。留哥引蒙兀军数千适至，得兄独剌并妻姚里氏，户二千。乞奴、鸦儿引兵数万渡鸭绿江，侵高丽宁、朔、定、戎之境，参据《高丽史·高宗世家》。数万，旧史《高丽传》作九万余。留哥乃还渡辽，招抚懿州、广宁，徙居临潢。未几，金山杀乞奴，金山，《东国史略》作金山王子，尚有金始王子，不见旧史。自称大辽收国王，改元天德。是岁十一月，率众践冰渡大同江，入西海道。十二月，屠黄州。据《高丽史》。明年，统古与杀金山而代其位，喊舍又杀之。喊舍，《高丽史》作噉捨。戊寅冬，留哥领所部契丹军引东夏国元帅完颜子渊女真军，东夏，《高丽史》作东真。完颜子渊，即旧传之胡土，其军凡二万，时万奴方附蒙兀。从蒙兀元帅合真、札剌亦儿台入高丽，三种人兵凡十万，围喊舍于江东城。向高丽乞粮征兵，高丽输米千石，且使其将赵冲、金就砺率师来会。旧传称高丽助兵四十万，未免失实。此参《高丽史》。明年正月，克之，喊舍自经死。留哥收其众而还，置之西楼。辽称祖州曰西楼。祖州故城在今巴林旗北。自乙亥冬留哥入觐，辽东反复，耶律厮不僭号七十余日，金山二年，统古与、喊舍亦共二年，至是留哥复定之。

岁庚辰，留哥卒，年五十有六。妻姚里氏入奏，会成吉思征西域，皇太弟斡赤斤国王居守，承制以姚里氏佩虎符，权领部事者七年。及闻车驾东还，岁丙戌，姚里氏挈次子善哥、铁哥、永安及从子塔塔儿、孙收国奴，觐汗于阿里湫城行在。阿里湫，那珂通世云蒙文《秘史》之额里折兀，马儿科保罗之额儿傀兀勒，即西夏之平凉府。汗曰：“健鹰飞不到之地，尔妇人乃能来耶。”赐之酒，慰劳甚至。姚里氏奏曰：“留哥既殁，官民乏主，其长子薛阇扈从有年，愿以次子善哥代之，使归袭爵。”汗曰：“薛阇今为蒙兀人矣，其从我征西域也，撒儿塔兀勒人围太子于合迷城，太子，指拙赤。薛阇引千军救出之，身中槊；继于不合儿、薛米思坚城，旧志作蒲华、寻思干。与撒儿塔兀勒人格战，又伤流矢。以是积功为把阿秃儿，不可遣，当令善哥袭其父爵。”姚里氏拜且泣曰：“薛阇者，留哥前妻所出，嫡长也，宜立。善哥者，婢子所出，若立之，是私己而蔑天伦，窃以为不可。”汗闻，嘉叹其贤，给驿骑四十，从征西夏，赐夏俘九口、马九匹、白金九锭，币器皆以九计，许以薛阇袭爵，而留善哥、塔塔儿、收国奴于朝，先遣其季子永安从姚里氏东归。

岁丁亥，将遣薛阇，召见谕之曰："昔女真猖獗，尔父起兵辽东，会我蒙兀军，又能割爱，以尔事我，其情贞悫可尚。继而奸人耶律斯不等叛，人民离散，欲食尔父子之肉者，今岂无人！我以兄弟视尔父，则尔犹吾子，尔父亡矣，尔其与吾弟别勒古台原作孛鲁古台。并辖军马，为第三千户。"盖虽命袭辽王，实（彻）〔撤〕其藩为千户也。岁庚寅，旧传作己丑，误。从驾伐宋，赐马四百匹、牛六百头、羊二百噭。辛卯，旧传作庚寅，误也。奉命从札剌亦儿台东征，旧传作撒儿台。收其父遗民，移镇广宁，行广宁路都元帅府事。自庚寅至丁酉，连岁征高丽、东夏，复户六千有奇。戊戌，薛阇卒，年四十有六。

子收国奴袭爵，行广宁路总管军民万户府事，易名石剌，从征高丽，有功。蒙格汗即位之元年，岁辛亥，以石剌祖孙三世为国宣力，命益金更造虎符赐之，佐诸王也古旧传作也苦。及札剌亦儿台控制高丽。己未卒，年四十有五。

……

薛阇弟善哥，赐名蒙古歹，……由千户迁广宁尹。至元元年卒，年五十有二。子天祐，袭广宁千户，改广宁县尹。自丁亥岁辽王薛阇〔彻〕（撤）藩，又六年而东夏国蒲鲜万奴灭。

【蒙兀儿史记卷三三，**蒲鲜万奴传，**四页上**】** 蒲鲜万奴者，蒙文《秘史》称为主儿扯剔夫合纳，即女真的万奴译音。女真人。初，仕金为尚厩局使。岁丙寅，以右翼副统与阿鲁带、完颜达吉不从都统完颜赛不败宋将皇甫斌于溱水上，《章宗纪》云败宋曹统制，盖曹为全军主帅。万奴别将断真阳路，与诸军追击至陈泽，斩获有功，晋爵一级。以上据《金史·完颜赛不传》。

金宣宗立，万奴累擢咸平招讨使。岁甲戌，与耶律留哥战归仁北细河上，败绩。时金主御下严刻，万奴畏罪不自安，又闻车驾南迁汴，不暇东顾，思以其间据地自擅。忌东北路招讨完颜铁哥兵强，托名军兴，牒其部骑兵二千，并调泰州兵三千泰州，即东北路招讨司所治。及其户口实咸平，铁哥不遣。会万奴代完颜承裕为辽东宣抚，《金史·承裕传》云："贞祐初，由辽东宣抚使改临海军节度使。"即坐铁哥前不发军罪，下狱杀之。以上据《金史·完颜铁哥传》。北京留守奥屯襄、宣差蒲察五斤表万奴有异志，语出洪译辣施特书《太祖本纪》，所谓或即襄与五斤也。金主疑三人私意不协，诏谕每事同心，并力备御，万奴益不自安。乙亥正月，遂据东京叛，自称天王，国号大真，建元天泰。以兵北取咸平，走耶律留哥，沈、澄诸州及东京诸猛安谋克之人亦多从之者。

金廷未得万奴反问。是年三月庚午，犹有旨令选精锐屯沈州、广宁，以候进止，《亲征录》曰："金主之南迁也，以招讨也奴为咸平等路宣抚，复移于忽必阿兰，至是亦以众来降。"也奴即万奴之音差或讹字；忽必阿兰，医巫闾山之番名，谓广宁也。而万奴已率步骑九千东侵婆速路矣。高丽畏万奴势强，因其乞粮，给以八千石。语出《完颜阿里不孙传》。四月，万奴掠上古城，别将攻望云驿、三叉里。五月，据大宁镇，先后为金同知婆速路兵马都总管纥石烈桓端部将温迪罕怕哥辇等所击败。九月，万奴自率所部出宜风及易池，与桓端战，众溃。以上据《纥石烈桓端传》。当是时，耶律留哥牒知万奴兵东出，国内空虚，乘间与可特哥以兵袭破东京。万奴进退失据。

丙子秋，国王木合黎既平瀛王张致于锦州，渡辽拔苏、复、澄、盖，斩金将完颜众家奴。契丹遗种乞奴等避蒙兀兵，率众渡鸭绿江，窜入高丽。万奴孤立。冬十月，来降，以其子帖哥入质。既而杀蒙兀所置辽东行省右丞耶律捏儿哥，复叛去，率众十万栖遁海岛。

丁丑四月，登陆，破金兵于大夫营，《高丽史》曰："又有女真黄旗子军叛金。九月，自婆速府渡鸭绿江，屯古义州城。十月，高丽将赵冲击逐之。"按：此黄旗子军，殆非万奴所部。转入女真故地，此语出《高丽史》。上京会宁府为女真故地，即万奴所谓开元也。自称东夏国，《高丽史》作东真。涉前大真而并呼之也。然耶律留哥旧传称东夏。改金上京会宁府曰开元，都之，旧史《王荣祖传》曰："金平章政事葛不哥行省于辽东，咸平路宣抚使蒲鲜万奴僭号于开元。"据旧史《地理志》，开元即金上京，故城在今吉林阿勒楚喀城南四里，满洲语珊延和屯，义谓白城子。别置南京，东夏南京之名，仅见旧史《石抹也先》及重出之《石抹阿辛传》。那珂通世谓即金之东京。《辽史·地理志》："神册四年，葺辽阳故城，以渤海汉户建东平郡。天显三年，迁东丹国民居之，升为南京，城名天福，高三丈，天显十三年，改南京为东京，府曰辽阳。"寄按：辽、金东京故城，在今辽阳州东北太子河右岸，恐非东夏之南京。按《金史·地理志》云："乙未岁，立开元、南京二万户府，治黄龙府。"黄龙，辽府，即今农安县，在珊延和屯西偏南，为契丹故地，非女真故地，东夏之开元、南京当不在此。蒙兀所以立二万户府治此者，东土虽平，余孽未尽，恐大军既去，于后生变，故取开元、南京之民，徙之于此，使与蒙兀东道诸王分地邻近，易于管辖也。若金之东京，其民土著，宜领于州县，直隶省官，何必远徙黄龙，俾隶万户。以是知那珂氏之说，犹当存疑，待考。仍羁属蒙兀，故蒙兀讨喊舍于高丽，万奴命完颜子渊帅女真军二万往会焉。

先是，金主闻万奴叛，汴辽阻兵，道远不知究竟。岁戊寅，遣侍御史完颜素兰与近侍局副内族讹可由山东航海赴辽东，命止铁山，今旅顺口老铁山头。体访消息。审其果叛，乃诏谕高丽及辽东行省、平章温迪罕哥不霭讨之，哥不霭即葛不哥。万奴乃反为金，与哥不霭相结，木华黎旧传称完颜万奴，定宗旧纪云："伐金，虏其亲王。"按：万奴本姓蒲鲜，而云完颜，本系金之叛将，而云金亲王，始疑明史臣作纪传者之误，继又疑其或有所本，意者戊寅年哥不霭往讨时，万奴或曾反正，金廷志在羁縻，赐之国姓，宠以亲王之礼乎！那珂氏谓葛不哥与万奴相依，虽史无明文颇合事实。蒙兀来讨，又降之。旧史《高丽传》：十六年七月，有旨谕以伐女真之事。所谓女真，即指万奴。知庚辰七月以前，蒙兀尝伐东夏，本纪漏，未载人。盖万奴自度力不能支两大，反侧东海之濒，坐观强弱，以时为去就，其谲如此。

斡歌歹汗立，先命札剌亦儿台征辽东，哥不霭走死。若东夏之南京果即金之东京，此时万奴有不同灭者乎！乃进征高丽，且遣也速迭儿为札剌亦儿台后援，高丽平。

岁癸巳，遂谋东夏，命诸王阿勒赤歹、嗣国王塔思各帅本部左手军以往，皇子古余克亦在行间，裨将耶律买奴、王荣祖、以上二将属阿勒赤歹。石抹查剌、石抹孛迭儿、以上二将属塔思。兀良合台、札兀儿臣以上二将属古余克。分兵从之。九月，师至辽东，围其南京。城坚如立铁，石抹查剌约别将警其东南，自奋长槊，超登西北角，摧其楼橹，斩裨卒数十人，大军乘之，城遂拔，阿辛旧传克南京下不云擒万奴，则万奴非在南京就擒。他传亦未言万奴就擒之地。开元、恤品两路亦先后下，万奴就擒。万奴自乙亥岁僭号，至是凡十有九年而亡。

万奴之相曰王贤佐，年余九十，世谓有知来之明云。据《黑鞑事略》。按:《金史·宣宗纪》贞祐三年九月丁卯，诏授隐士王浍太中大夫、左谏议大夫，充辽东宣抚司参谋官。四年三月己卯，处士王浍以谏议大夫复迁中奉大夫，仍赐诏褒谕。王浍疑即王贤佐，浍其名，贤佐其字也。意其人年老多智，本为万奴所礼用，金廷闻其贤，特加京秩，就充万奴幕职，盖金廷虽疑万奴，尚未得其反问，思借王浍弭其叛心。及三年十月，万奴反问至汴矣，而四年三月尚进王浍官阶，且赐褒谕者，意万奴叛时，王浍必有劝阻之言，朝廷传闻，故有此谕，犹思借浍力以回万奴之心也。但浍既有知来之明，必逆知万奴之败。然终为之相者，殆以功名之士，感激礼遇，不忍与府主遽绝。如荀彧之于魏武、王猛之于苻坚欤。万奴灭时，浍盖前死，若与同败，则亦无足称知来之明矣。

论曰：辽季失政，汉人特起怨军。金末契丹一户，令女真二户夹居防之，留哥一呼，辽东亡命旬月聚者数十万。传称非我族类，其心必异，谅非褊衷之说矣。然蒲鲜本女真白号显姓，实同种也。东京、咸平，金国根本之地，万奴受命宣抚，见委腹心，宜若可与共休戚者，顾乃乘时多难，一旦反噬，自称东帝，僭号旧邦。孟子曰："失道之至，亲戚畔之。"吴子曰："苟无德，舟中之人皆仇敌也。"岂不信哉！

蒙兀儿史记

（清）屠寄撰（一九五八年北京古籍出版社重印本）

【**蒙兀儿史记**卷三，**太祖纪**，十二页上】 八年癸酉（一二一三）宋嘉定六、金贞祐元。春三月，三月字，据《留哥传》补。耶律留哥自立为辽王，建元元统，都广宁。据《亲征录》《金史·完颜阿里不孙传》。

【**蒙兀儿史记**卷三，**太祖纪**，十五页上】 十年乙亥（一二一五）宋嘉定八、金贞祐三。春正月，木合黎攻北京，败其留守奥屯襄，遂围之，契丹军斩关来降。乙亥，北京宣差提控完颜习烈杀襄，自为监军。参《金史·宣宗纪》《奥屯襄传》《木华黎传》。丁丑，金右副元帅蒲察七斤以通州降，仍其官。金辽东宣抚使蒲鲜万奴败耶律留哥，取咸平，遂据东京，自称天王，国号大真，改元天泰。《金史·纥石烈桓端传》：贞祐二年（一二一四），为宣差副提控，同知婆速路兵马都总管，行府事。三年（一二一五），蒲鲜万奴取咸平、东京沈、澄诸州，及猛安谋克人亦多从之者。三月，万奴步骑九千侵婆速近境，桓端遣温迪罕怕哥辇击却之。四月，复掠上古城，遣都统兀颜钵辖拒战。万奴别遣五千人攻望云驿，都统奥屯马和尚击之。都统夹谷合打破其众数千于三叉里。五月，都统温迪罕福寿攻万奴之众于大宁镇，拔其垒，其众歼焉。九月，万奴九千人出宜风及易池，桓端率兵与战，其众溃去。因招唵吉斡、都麻浑、宾哥、出台、荅爱、颜哥、不灰、活拙、按出、孛德、烈邻十一猛安复来附，择其丁男补军，攻城邑之未下者。四年（一二一六），桓端遣王汝弼由海道奏事。按：万奴取咸平，《桓端传》但称贞祐三年，不著月日，然万奴之师三月已侵婆速，则咸平之取，必在正月，且取咸平、东京沈、澄诸州，显然叛金不称伪号，无以煽诱，则僭王改元必在是时。又按：《宣宗纪》贞祐三年（一二一五）冬十月戊戌，辽东宣抚司报败留哥之捷。所谓败留哥，即指取咸平事，不称辽东宣抚蒲鲜万奴奏败留哥之捷，而云辽东宣抚司报败留哥之捷者，非万奴自报，乃宣抚司他官所报也。而本月壬子下间接书辽东贼蒲鲜万奴僭号改元天泰矣，戊戌壬子，中间相（拒）〔距〕仅十五日，史臣据奏报到汴之日先后书之。其实取咸平与僭号改元事，皆在正月，非十月也。旧史《太祖纪》十年乙亥冬十月，书金宣抚蒲鲜万奴据辽东，僭称天王，国号大真，改元天泰，其月份亦沿《金史》之误。又按：《宣宗纪》贞祐三年（一二一五）三月庚午，谕辽东宣抚使蒲鲜万奴选精锐屯沈州、广宁，以候进止，盖是时汴京尚未得万奴反问，故有此谕耳。假如桓端以三年九月败万奴，而王汝弼四年由海道奏事，则贞祐三、四年间，汴辽陆路梗塞可知。既而为留哥所败。留哥旧传云，乙亥留哥破东京，不著月日，以意度之，当在三月以后，九月以前，万奴分兵东略婆速路之时。留哥乘其东京根本空虚，出不意破之也。若使万奴僭号果在十月壬子之后，留哥破东京自必更在万奴僭号之后，则金币九十车之重装，岂能不一月行五千里许，自东京辽阳径至客鲁涟河之按坦孛都罕朝见成吉思汗乎！以是知金元二史本纪冬十月万奴僭号改元，其月日必不足信。

【**蒙兀儿史记**卷三一，**耶律留哥传**，一页上】 耶律留哥，契丹人，仕金北边行军谋克。蒙兀兵起，金人疑契丹遗民有二心，下令契丹一户，以二女真户夹居防之。留哥不自安，遁迹隆安、韩州间，隆安，今吉林之农安县；韩州，今奉天昌图北偏东四十里之八面城。聚党摽掠。州发卒追捕，莫能得。俄有耶律的者，旧传误脱“律”字。与之合势，诸亡命益蚁集，不数月，众逾十万，推留哥为都元帅，的副之，列帐百里，横行辽边。

会成吉思汗命阿勒赤那颜、旧作按陈那衍。忽秃忽旧作浑都古。略地辽东，与之遇，问所从来，留哥曰："我，契丹军也，欲往附大蒙兀，道远马疲，留滞于此。"阿勒赤曰："我奉命讨女真，适与尔遇，岂非天乎！然尔欲效顺，以何为信？"留哥乃率所部会阿勒赤登金山，山在辽河套外。刑白马牛，北向折矢以盟，阿勒赤曰："吾还奏，当以征辽之任属尔。"

无何，金遣咸平兵马都总管、内族承裕来讨，承裕，国言胡沙。声言得留哥骨肉一两者，赏金银如之，仍世袭谋克。金兵制三百户为一谋克，例如蒙古千户。留哥度不敌，驰表乞援。成吉思命阿勒赤句、不秃、旧作孛都欢。按孛都即不秃异译，欢与罕声近，义谓王，后追封昌王故。阿鲁都罕未详。引千骑会之，与金军对陈于迪吉纳浯儿。留哥以从子安奴为先锋，横冲承裕军，大败之，献所获辎重。成吉思汗召阿勒赤还，以可特哥副留哥屯其地。所谓副，实监军也，兀语荅鲁合臣。

众以辽左未定，宜立重名震摄之。癸酉三月，留哥被推为辽王，建元元统，作都广宁，立妻姚里氏为妃，奚五部，一曰遥里，即姚里异文。以耶律断不为郡王，旧作耶厮不，脱"律"字，误如耶的。坡沙句、僧家奴句、耶律的、李家奴为丞相、元帅、尚书，统古与句、著拨行元帅府事。金遣前广宁知府温迪罕青狗自盖州来，说降留哥，不听。青狗以妻子在广宁，遂留不返命。金主怒，复遣咸平宣抚蒲鲜万奴来讨。留哥逆战归仁北细河上，旧脱"细"字，《金史》归仁县北有细河，据补。大败之，万奴收散卒走东京。安东同知阿怜惧，遣使送款。于是辽东州郡大半入留哥，留哥定都咸平，号为中京。金左副元帅蒲察移剌都率师攻之，又为所败。

乙亥正月，蒲鲜万奴僭号于东京。以师北袭咸平，留哥与战，败绩，万奴军旋退，东向略地婆速今九连城。留哥侦知万奴兵大出，国内空虚，乘间袭破东京。于是耶律断不等劝之称帝，留哥不可，曰："吾向与阿勒赤那颜盟，誓附蒙兀，今称帝，是食言也。食言者不祥。"是年十一月，帅其子薛阇西行至阿勒坛孛勒荅黑，义谓金孤山，旧传作按坦孛都罕。《蒙古源流》作阿勒坦汗，亦即《秘史》之朵罗安孛勒荅黑，地在客鲁涟河曲右岸。旧纪所谓胪朐河行宫所在也。请觐。

时大朝会，有旨汉人先纳款者先引见。太傅耶律阿海奏："刘伯林纳款最先。"汗曰："伯林纳款虽先，迫于重围，未若留哥之慕义而来也，其先留哥。"既见，尽献所赍金币九十车，金银牌五百面，并请以薛阇为质。汗大说，谓左右曰："凡留哥所献，白之于天，乃可受也。"陈以白毡，七日而后纳诸库。因问旧何官，以辽王对，命赐金虎符，仍辽王。问户籍几何，对曰："六十余万。"汗曰："可发三千人为秃鲁花，吾遣蒙兀三百人往取之，汝亦遣人偕往。"留哥遣大夫乞奴、安抚秃哥与偕。先是东京之破，可特哥纳万奴之妻李仙娥，

总管纥石烈桓端及其部将温迪罕怕哥辇等所击败。九月，万奴自率所部出宜风及易池，与桓端战，众溃。以上采《纥石烈桓端传》。忽闻东京为耶律留哥所袭破，家属尽没。万奴进退失据，率众十万栖遁海岛。所栖之岛不详何名，当在今凤凰厅，濒海。

岁丙子，木合黎已平锦州张致，分兵渡辽攻澄州，契丹叛人乞奴等弃澄，举族东渡鸭绿江，窜入高丽。万奴孤立。冬十月，遣使送款，以子帖哥入质。

及蒙兀军退，东京郡县仍入于金，蒙兀志在掳掠，得地不成故。万奴局促海岛，志不自得。丁丑四月，率众登陆，破金兵于大夫营，当是众家奴之兵。转入女真故地，语出《高丽史》。改金上京会宁府曰开元，都之，别置南京。那珂通世以东真之南京，即辽金之东京，引《辽史·地理志》天显三年升东平郡为南京以证。寄窃以为不然。蒙兀所以立开元、南京二万户治黄龙府者，东真初平，虑其遗民或有反侧，开元、南京在女真故地，移其民于黄龙，俾西近蒙兀，立军府治之，便于控制也。若辽金之东京，本在辽阳汉地，其人多汉族，久隶州县民籍，何故北徙黄龙，改隶万户府，编之军籍乎？且万奴既转入女真故地，前所窃据之东京，当已为金行省官所收复。如其不然，东京地当入高丽孔道。己丑岁，合赤温征高丽，军行过此，早已取之，不待癸巳岁古余克、阿勒赤歹师至辽东，始围攻破之也。然则东真之南京果何在乎？以予臆度，辽之宁江州，近似宁江故城，在今吉林松花江右岸，隔江与吉林会城相望六十余里东正北距金会宁府故城七八日程，地当女真界首，故金之叛辽，先破宁江，蒙兀伐辽真，先破南京，其故一也。金东京行省一再移牒高丽曰："万奴叛贼，本与契丹同心，若并兵侵入贵国，其患匪细，请彼此夹攻之。"然高丽终不敢加兵万奴。

先是，金主闻万奴叛，汴辽阻兵，道远不详究竟。岁戊寅，遣御史完颜素兰及近侍局副内族讹可由山东海道赴辽东，命止铁山，山在今旅顺口。体访消息。审其果叛，归报，金主乃诏谕高丽及东京行省、平章温迪罕哥不霭讨之。高丽以契丹之乱，无暇出兵，行省兵弱，势不独进，万奴遂得晏然，自王于东方。成吉思怒契丹遗人背耶律留哥窜入高丽，命将追讨，征万奴兵，万奴以留哥缘己事失众，指可特哥夺万奴妻李仙娥事。亦思报之，乃出师二万，命其元帅完颜子渊率之以行。是年冬，子渊会蒙兀都元帅札剌、亦儿台、豁儿赤、合赤温入高丽，围喊舍于江东城。明年春，克之。高丽感二国代平寇乱，自请岁贡蒙兀，亦纳币于万奴有差，三国同盟，约为兄弟。《韩史》载哈真、札剌与赵冲盟，辞曰自今两国永为兄弟，不数东真，略也。是年九月，万奴遣使九人，偕蒙兀使往高丽督岁币。岁辛巳，亦如之。万奴矫谲有野心，向者内附，事出权宜，常思观衅而动，心所忌惮者，成吉思外，唯木合黎。癸未秋，木合黎薨，万奴闻之喜，以为有机可乘，遂杀蒙兀监军耶律捏儿哥以叛。《耶律阿海传》称捏儿哥为辽东行省右丞。《碑志》中所据赠官也。此时蒙兀未设辽东行省，安得有右丞。甲申二月，遣使通牒高丽曰："成吉思汗绝域，不知存亡，斡赤斤贪暴不仁，请绝其使命。"高丽不从。万奴遂托言拘刷逃户，数侵高丽边。岁丙戌，又遣其元帅于歌下率众侵义、静等州。高丽义州分道将军金希禅亦以兵攻东真所属石城。两国交恶日甚。

成吉思用兵西夏，欲讨万奴而未暇也。岁己丑，斡歌歹汗嗣位，仍命合赤温为都元帅，领左手军东征。复遣也速迭儿、豁儿赤以师继之，且征兵高丽。万奴闻之惧，遣使与高丽连和，同御蒙兀。高丽正以盗杀著古与故，见绝于蒙兀，亦内自危，许其行成，遂不应征出兵。斡歌歹汗怒，命合赤温移师先讨高丽。事具《合赤温传》。

癸巳二月，行在帖列速之地。闻汴梁下，金主走归德，河南兵力可分，嗣国王塔思一军即是河南分还者。遂决策讨万奴，命皇子古余克、诸王阿勒赤歹主军，驸马札兀儿、臣嗣国王塔思各率所部左手军以从。九月，师至辽东，围其南京，裨将石抹查剌先登，拔之。万奴就擒死。《塔思传》但称擒万奴于辽东。《地理志》先云生擒万奴，乃谓师至开元、恤品，似万奴迎敌南京，南京下，时不久即就擒者。进军徇下开元、恤品，恤品，渤海率宾府，今吉林之绥芬水，缘以得名者。东真之地悉平。万奴自乙亥岁僭号，至是凡十有九年而亡。

【**蒙兀儿史记**卷三一，**蒲鲜万奴，**六页下】 王浍，字贤佐，名依《金史》本纪，字依《黑鞑事略》。不详何许人。年老多智，隐居不仕。万奴宣抚辽东，聘置幕府，每事谘之。贞祐三年（一二一五），朝旨特拜浍右谏议大夫，阶太中大夫，就充辽东宣抚司参谋官。明年，万奴僭号，以为相。浍逆料其事不终，切谏，弗听，金廷闻而贤之。进浍中奉大夫，赐诏褒谕，欲借其力，劝诱万奴，浍已辞万奴去矣。年九十余，卒于家。及万奴败，世称浍有知来之明云。浍若终相万奴，与之同败，《金史》不称为隐士，《事略》不称其有知来之明矣，故参拟成文如右。

论曰：辽季失政，汉人特起怨军。金末防制契丹，不遗余力，留哥一呼，辽东亡命啸聚数十万，良乡从驾之士，且释甲杖而遥应之。传称非我族类，其心必异，谅非褊衷之说矣。然蒲鲜本女真白号显姓，实金之同种也，东京、咸平，金国根本之地，万奴受命宣抚，见委腹心，宜若可与共休戚者，顾乃乘时多难，一旦反噬，自称东帝，僭乱旧邦。孟子曰："失道之至，亲戚叛之。"吴子曰："苟无德，舟中之人，皆仇敌也。"岂不信哉！

新元史

（清）柯劭忞撰（民国铅印本）

【**新元史**卷一三四，**耶律留哥传，**一页上】 耶律留哥，契丹人，仕金为北边千户。太祖起兵，金人疑契丹遗民有异志，下令契丹人一户以二女真户夹居防之，留哥不自安，遁至隆安、韩州，聚众剽掠。时有耶律的与之合，招集亡命，数月间，众至十余万，推留哥为都元帅，的副之。太祖命阿勒赤那颜、忽都虎略地至辽东，遇之，问所从来，留哥曰："我契丹军也，欲往附大国，道阻逗留于此。"阿勒赤曰："我奉命讨女真，适与尔会，岂非天乎？然尔欲顺，以何为信？"留哥乃率所部会阿勒赤登金山，刑白牛马，北向折矢以盟。金遣咸平兵马都总管完颜承裕来讨，声言有得留哥骨（内）〔肉〕一两者，赏金银如之，仍世袭千户。留哥度不敌，驰表乞援。太祖使阿勒赤、孛都欢、阿鲁都罕引千骑会留哥，与金兵对阵于迪吉纳兀儿。留哥以侄安奴为先锋，横冲承裕军，大败之，献所获辎重。太祖召阿勒赤还，以可特哥副留哥屯其地。其部众遂推留哥为辽王，建元元统，都广宁，立妻姚里氏为妃，以耶律厮不为郡王，坡沙、僧家奴、耶律的、李家奴等为丞相、元帅、尚书，统古与、著拨行元帅府事。时太祖八年（一二一三）三月也。金知广宁府温迪罕青狗退守盖州，妻子陷于广宁。金遣青狗往谕留哥降，不从。青狗竟留事之。金主怒，复遣咸平宣抚蒲鲜万奴来讨。留哥逆战归仁北细河上，万奴大败，收散卒奔东京。安东同知阿怜惧，遣使降于留哥。于是留哥尽有辽东诸州，定都咸平，号为中京。金左副元帅移剌都以兵来攻，又为所败。

十年（一二一五）正月，蒲鲜万奴僭号于东京，北袭咸平，东略婆速。留哥侦知万奴兵出，国内空虚，乘间袭破东京。耶律厮不等劝留哥称帝，留哥不从。是冬与其子薛阇奉金币九十车、金银牌五百至桉檀孛都罕入觐。时大朝会，勒汉人先纳款者，先引见。太傅耶律阿海奏刘伯林纳款最先。太祖曰："伯林纳款虽先，然迫于重围而来，未若留哥杖义效顺也。"其先，留哥既见，尽献所赍，并以子薛阇为质。太祖大悦，谓左右曰："凡留哥所献，白之于天，乃可受也。"陈以白毡七日，而后纳入库。问留哥何官，对曰："辽王。"命赐金虎符，仍为辽王。又问户籍几何，曰六十余万。太祖命以三千人来为秃鲁花军，遣蒙古三百人偕〔往〕。留哥所遣乞奴、秃哥二人往取之。先是东京之破，可特哥纳万奴妻李仙娥，留哥不直之。及是以闻，太祖怒可特哥悖法，命执之来，可特哥惧，与耶律厮不等绐众言留哥已死，杀所遣蒙古三百人以叛，惟三人逃归告变。太祖慰留哥曰："尔毋以失众为恨，吾他日倍此封尔不吝也。草青马肥，资尔甲兵，往取妻孥。"

十一年（一二一六），乞奴、金山、青狗、统古与等推耶律厮不僭号于澄州，称大辽收国王，建元天成，以留哥兄独剌为平章，青狗为元帅。未几，青狗叛归金，厮不为其下所杀，推其伪丞相乞奴监国，与行元帅鸦儿等，分兵民为左右翼，屯开、保间。金盖州守将完颜众家奴以兵三万讨之。战于开州馆，不克，屯大夫营。留哥引蒙古军数千适至，得兄独剌并妻姚里氏，户二千。乞奴、鸦儿引兵数万渡鸭绿江，侵高丽宁、朔、定、戎之境，留哥乃招抚懿州、广宁，徙居临潢。未几，金山杀乞奴，自称大辽收国王，改元天德。是岁十一月率众践冰渡大同江入西海道，十二月屠黄州。明年，统古与杀金山而代其位，喊舍又杀之。

十三年（一二一八）冬，留哥领所部契丹军，引东夏国元帅完颜子渊，从元帅合真、札剌亦儿台入高丽，兵凡十万，围喊舍于江东城。向高丽乞粮征兵，高丽输米千石，且使其将赵冲、金就砺率师来会。明年正月，克之，喊舍自经死。留哥收其众而还，置之西楼。自留哥入觐，辽东反复，耶律厮不僭号七十余日，金山二年，统古与、喊舍共二年，至是留哥复定之。

十四年（一二一九），留哥卒，年五十六。妻姚里氏佩虎符，权领事者七年。二十一年（一二二六）车驾东还，姚里氏挈次子善哥、铁哥、永安及从子塔塔儿、孙收国奴入觐于阿里湫行在。太祖曰："健鹰飞不到之地，尔妇人乃能来耶！"赐之酒，慰劳甚至。姚里氏奏曰："留哥既殁，其长子薛阇扈从有年，愿以次子善哥代之，使归袭爵。"太祖曰："薛阇为蒙古人矣，当令善哥袭其父爵。"姚里氏拜且泣曰："薛阇者，留哥前妻所出，嫡长也，宜立。善哥者，婢子所出，若立之，是私己而蔑天伦，窃以为不可。"太祖嘉叹其贤，给驿骑四十，从征西夏，赐夏俘九口、马九匹、白金九锭，币器皆以九计，许以薛阇袭爵，而留善哥、塔塔儿、收国奴于朝，先遣其季子永安从姚里氏东归。二十二年（一二二七），遣薛阇归，谕之曰："昔尔父起兵辽东，会我蒙古军，又能割爱，以尔事我，继而奸人耶律厮不等叛，人民离散，欲食尔父子之肉者，今岂无人！我以兄弟视尔父，则尔犹吾子，尔父亡矣，其与吾弟别勒古台并领辽东军马，以为第三千户。"太宗二年（一二三〇），从伐宋，赐马四百匹、牛六百头、羊二百噭。三年（一二三一），奉命从札剌亦儿台东征，收其父遗民，移镇广宁，行广宁路都元帅府事。十年（一二三八），薛阇卒，年四十有六。

【**新元史**卷一三四，**蒲鲜万奴传，**五页上】蒲鲜万奴，女真人，初仕金为尚厩局使。金泰和六年（一二〇六），以右翼副统与阿鲁带、完颜达吉不从都统完颜赛不败宋将皇甫斌于溱水上，万奴别将断真阳路，与诸军追击至陈泽，斩获有功。金宣宗立，万奴累擢咸平招讨使。太祖九年（一二一四），与耶律留哥战归仁北，败绩，金主御下严，万奴畏罪不自安。又闻车驾南迁，思据地自擅，忌东北路招讨完颜铁哥兵强，征其部骑兵二千并泰州军三千及其户口实咸平，铁哥不遣，会万奴代完颜承裕为辽东宣抚，即坐铁哥罪，下狱杀之。

北京留守奥屯襄、宣差蒲察五斤表万奴有异志，金主疑三人不协，诏谕每事同心，并力备御，万奴益不自安。十年（一二一五）正月，遂据东京叛，自称天王，国号大真，建元天泰。以兵北取咸平，走耶律留哥，沈、澄诸州及东京诸猛安谋克之人亦多从之者。高丽畏万奴势强，因其乞粮给以八千石。四月，万奴掠上古城，别将攻望云驿、三叉里。五月，据大宁镇，先后为金同知婆速路兵马都总管纥石烈桓端部将温迪罕怕哥辇等所败。九月，万奴自率所部出宜风及易池，与桓端战，众溃。是时，耶律留哥谍知万奴兵东出，国内空虚，乘间与可特哥以兵袭破东京，万奴进退失据。十月，来降，以其子帖哥入质。既而杀辽东行省右丞耶律捏儿哥，复叛去，率众栖于海岛。明年四月，破金兵于大夫营，转入女真故地，自称东夏国，改金上京会宁府曰开元，都之。哈真、札剌亦儿台讨喊舍于高丽，万奴命完颜子渊帅女真军二万往会焉。先是，金主闻万奴叛，遣侍御史完颜素兰与近侍局副内族讹可，由山东航海赴辽东，命驻于铁山体访消息，后审其果叛，乃诏谕高丽及辽东行省、平章温迪罕哥不霭讨之。万奴又与哥不霭相结。太宗即位，先命札剌亦儿台征辽东，哥不霭走死，乃进征高丽，且遣也速迭儿为札剌亦儿台后援，高丽平。五年（一二三三），命诸王阿勒赤歹、嗣国王塔思各帅本部左守军讨万奴。九月，围其南京，城坚如立铁，裨将石抹查剌约别将攻其东南，自奋长槊超登西北隅，斩陴卒数十人，大军乘之，城遂拔。开元、恤品两路亦先后下。万奴就擒，斩之。万奴自乙亥岁僭号，至是，凡十有九年而亡。

万奴之相曰王浍，金宣宗授右谏议大夫，充辽东（定）〔宣〕抚司参谋官，后遂为万奴宰相。年九十余卒。世谓有知来之术云。

【**新元史**卷一三四，**蒲鲜万奴传，**六页下】史臣曰：辽东之乱，耶律留哥、蒲鲜万奴与兵事相终始。留哥无御众之才，以归附独早，转祸为福；万奴，金之旧将，一日反噬，自称东帝，偭向无常，卒归夷灭。皆盗贼之雄，何足算也。

辽东文献征略

金毓黻撰

【**辽东文献征略**卷五，**王浍传**】王贤佐，一字玄佐，名浍，咸平人。为人沉默寡欲，邃于易学，若有神授之。又通星历谶纬之学。明昌初，德行才能，召至京师，命以官，不拜。朝廷重其人，授信州教授，未几自免去，再授博州教授，郡守以下皆师尊之。一日，守酒客，适中使至，中使漠然少年，重贤佐名，强之酒。守从旁救之，曰："王先生不茹荤酒，勿苦之也。"中使乃止。是夕，贤佐弃官遁归乡里。宣宗即位，闻其名，议驿召之，以道梗，不果。车驾南渡，人有自咸平来者，说贤佐年六十余，起居如少壮人。宣宗重其人，常以字呼。遣王曼卿授辽东宣抚使，不拜，又诏宰相以书招之，云：阻奉仙标，渴思道论，敬伫下风，瞻系何极。先生嘉遯林薮，脱遯浮荣；究大易之盈虚，洞玄象之终始，道尊德重，名动天朝，推其绪余，足利天下。然君子之道，出处语默，何常之有，或拂衣而长往，或濡迹以救时，故当其无事，则采薇山阿，饵术岩岫，固其宜矣。及多难之际，社稷倾危而不顾，苍生倒悬而不解，其自为谋则善，仁人之心，固如是乎。某等猥以不才，谬膺重任，四郊多垒，咎将谁执，徒积惭汗，坐视何益；日夜以思，庶几得明利害而外爵禄者，在天子左右，同济太平。今圣上明发不寐，轸念元元，屈己下贤，尊师重道，叹先生之绝识，仰先生之高风，虽黄帝遵广成之道，唐虞重颖阳之节，不是过也。先生怀宝遗世，如某辈之不肖，固在所遗，独不念累世祖宗之基业，亿兆生灵之性命，忍忘之耶。昔商岩四老，定储势而趯来，东山谢安为苍生而一起，今安危大计，非特定储之势也。强敌侵逼，又非东晋之时也，生民涂炭亦已极矣。岂先生建策于明昌之初，独无一言于贞祐之日乎。想先生幡然而改，惠然而来，审定大计，转危为安，然后披蕙幌拂云扃未为晚耳。敬听车音，某虽不肖，请拥篲而先之。书达竟不至。辽东破时，年九十余矣。

洞仙歌（赋榛实，屏山所录）

圆刚定质，混物非凡类，仁处其中静忘意。任蝶蜂狂逸，燕雀喧争。心君正，惟取清白自治。　　黄衣从淡泊，此个家风异，偶合阴阳弃神智，怕旁人冷眼，嫌太孤高，樽俎地，聊许松梧同器。待他日，山林不相容，请援手仙芭，要充仙赘。（《中州集》附录乐府）。

王浍字玄佐，辽东人。博学醇行，博州刺史迎为师，教授弟子百余。贞祐中（金宣宗年号），就拜宣抚辽东，宰相累书请浍之镇，浍不应，浮海遯去（杜本《谷音》）。毓瀫案：是时金室削弱，蒙古崛起北方，屡败金兵，宣宗至徙都汴京以避之，辽东隅已为蒙古所逼，宜王氏不敢拜宣抚之命也。

河之坊（以下诗六首皆自《谷音》迻录）

河之坊矣，截截其平。岂曰不力，言持其盈。国既覆矣，视尔瞢瞢。云胡昊天，不终惠我生。云胡昊天，疾威堂堂。辗转玩日，四国卒荒。偃仰在位，不知匪臧，不顾其行。有粟有粟，亦集于缶，则不敢饘，抑糊余口。谇曰哲矣，孰秉其咎。知我忧忧，不知我疚。陟彼南山，石其扁矣。戒尔勿伤，足其趼矣。嗒嗒唔唔，颜之靦矣。猗余何言，涕之泫矣。民之种种，具曰赘疣。弗于尔躬，曷云能瘳。勖哉夫子，保尔有位，慎尔为犹。

感遇（四首）

迅景走北陆，高木交朔风。
众情说蕻冶，岂云惠其终。
万事无不有，流转大化中。
古来论成败，咄咄鱼为龙。
牛车窜下国，势异情则同。
蒲姚本狙击，桓桓汤武功。
彼美二三子，一笑清酤空。

两虎斗中野，利乃归衡虞。
血肉相蹂躏，鼓吹行通衢。
独倚刚膂力，箕踞倾百壶。
未必非祸福，凡百持尔躯。
吾闻虎畏罴，吹竹不枝梧。

光风荡繁囿，丹绿缀柔柯。
游子去万里，空闺敛翠娥。
行云落江水，酒尽不成歌。
鸡飞与狗走，妾命独奈何。

槁梧蒙绂冕，峥嵘化侯王。
餐饵先百牢，兰烟浮玉房。
儿女何所见，拜跪色甚庄。
四海正聋瞽，威灵尔翕张。
哀哉杞梓材，弃捐官道旁。

赠段十

相识风尘下，斯文伯仲间。
骑驴逢圣日，扪虱对秋山。
忠信偏成拙，支离最得闲。
秦川贵公子，早计适荆蛮。

论曰：金宣宗畏蒙古之逼，南迁于汴，河朔残民往往自相团结，各保一方。朝议择其中有威望者假一事权，能复一道，即授以本道观察使，能捍州郡，即授以兵佐。又有征略、安抚、招抚等使之称。王玄佐，盖辽东显宦，为众望所归，故授以宣抚之职。彼时辽东地方虽为元兵所逼，而未为所取。故宰相累书促之镇，盖宣宗之用玄佐与招抚河朔之用意一也。宣宗之世，外畏元兵之逼，国疆日蹙，内无贤宰，以为之辅；政事弛废，终以召之，咎由自取。玄佐《河之坊》之作，盖咏宣宗迁汴事，汴地近黄河，故取河坊命篇。其曰，国既覆矣，视尔瞢瞢；又曰，偃仰在位，不知匪臧，不顾其行；又曰，谇曰哲矣，孰秉其咎；又曰，啫啫啫啫，颜之觍矣。责备于时宰者深矣。篇末复申之以“保尔有位，慎尔为犹。”则其平日为谋之不臧，亦可见矣。

《感遇》四首，所云两虎斗中野者，指宋金相攻也，利乃归衡虞者，指元人坐收其利也。金室削弱，蒙古日强，宋人结元以攻金，何异引虎以拒狼，卒致两伤，此非致愚而何？宜玄佐之慨乎言之也。鸡飞与狗走，喻在朝之无人，亦如女子遇人不淑，第诿之命而已。槁梧蒙冕，杞梓被弃。不肖者在位，贤者屏而勿用，时政之非，不问可知。宜乎玄佐不拜命而超然远引也。

《赠段十》诗，忠信偏成拙之语，不知所指。秦川贵公子，早计适荆蛮，亦伤乱避世之意。统观诸诗，哀而不伤，怨而不怒，深得风人之旨，论其格调，亦嗣宗《咏怀》、渊明《饮酒》之流，其在吾辽东先哲中惟李铁君差可比拟，其品诣之高既相若，其诗才之雄，亦相伯仲也。金代又有王政、王遵古父子，熊岳人，遵古世称辽东夫子，官博州，滓而浍亦以博学醇行为博州刺史所迎。岂浍为遵古之族耶。遵古之子庭筠，以文学显于金代。其余文学之士，附见《中州集》者，尚十数辈，余所知者仅此，其姓氏湮没不彰者，不知凡几，故特表而出之。

静晤室日记

金毓黻撰（吉林省社会科学院藏本）

【**静晤室日记**卷五九，二九页】蒲鲜万奴割据事，散见于金、元二史及《黑鞑事略》《高丽史》等书，而屠氏《蒙兀儿史记》辑为专传，此可贵也。万奴，女真人，乙亥宣宗贞祐三年（一二一五），据东京叛，自称天王，国号大真，建元天泰。丁丑兴定元年（一二一七），转入女真故地，自称东夏国，改金上京会宁府曰开元，都之，别置南京即元南京万户府地。癸巳哀宗天兴二年（一二三三），万奴被擒，凡僭号十有九年而亡。据此则在宁安出土之谋克印，背镌天泰十八年造，与史正合。今日承吴向之先生指示乃得了然，数载之疑，一朝冰释，为之称快。

【**静晤室日记**卷七二，四八页】车中，晤东宁县长刘君泽汉，字晓峰，下九台人。谈及近年东宁县出土古印一，文曰“大同”年印，背有小篆字，已为某军官持去。商会会长王君拓印数纸，以其一贻刘君，允异日转赠于余。此诚重要史料也，不可不纪。

辞　源

（商务印书馆本）

【**辞源**辰一〇〇页，**东真**】东真，国名，即东方女真之意。金之季世，蒲鲜万奴据今吉林延吉道及朝鲜咸镜道，称帝，国号东真，后为蒙古所灭。

中国古今地名大辞典

谢寿昌等著

【**中国古今地名大辞典**四八七页，**东真国**】东真国，即东方女真之意。金之季世，蒲鲜万奴据今吉林延吉道及朝鲜咸镜道，称帝，国号东夏，亦曰东真，后为蒙古所灭。

辞 海

（民族分册，上海辞书出版社）

【**辞海**民族分册，**大真，**七九页】 金宣宗贞祐三年（元太祖十年，一二一五年）宣抚蒲鲜万奴据辽东自立，称“天王”，国号大真。次年（一二一六年）降元。历史上也叫东真。同年又背元自立，称东夏。哀宗天兴二年（元太宗五年，一二三三年）元兵擒万奴，余众降元。

中国历史大辞典通讯

中国社会科学院中国历史大辞典编纂处
一九八三年第二期

【**中国历史大辞典通讯**词条选登，**东真国，**七页】 东真国原称大真国，改称东夏国，俗名东真国，又名女真国。创始人蒲鲜万奴，金辽东宣抚使，受命选精锐屯沈州、广宁，讨契丹耶律留哥叛军。贞祐三年（一二一五），叛金自立，称天王，国号大真，建元天泰。次年，降于蒙古，旋又叛去，复称东夏。势力所及，西北至上京城（今黑龙江阿城县白城子），西南至婆速路（今辽宁丹东市九连城）兼及辽东半岛，东南到曷懒路与恤品路（今朝鲜咸镜南道咸兴府南五里古城及苏联滨海地区乌苏里斯克）。万奴前期的政治中心在咸平（今辽宁开原县老城镇），故史书又称之为咸平宣抚，后撤移南京（今吉林延吉市城子山古城）。东真国官制同于金朝，有尚书省左右丞相、都元帅或左右副元帅、宣徽院各官；军民按猛安谋克组织，与女真同。一般认为，金哀宗天兴二年（一二三三）被蒙古所灭，共存在十九年，但直至元世祖至元末年，高丽历史仍记有与东真交涉事宜。《元史·耶律留哥传》记元太宗七年（一二三五）有征东夏万奴国事，出土的东真官印还有较晚的大同十年款遗物，似说明东真国历史更长。学者推测，万奴被擒之后，蒙古仍用以镇抚其地，子孙承袭如藩国。（贾敬颜）

高丽史

（朝鲜）郑麟趾撰（国书刊行会本）

【**高丽史**卷二二，**高宗世家一**，一·三二九页】 三年（一二一六）闰七月丙戌，北界兵马使奏：金东京总管府奉圣旨移牒，略曰："昔有鞑靼恃凶入京，已与大军年前讲好去讫，而后契丹啸聚，蠹耗边方，杀戮我生灵，焚烧我仓廪，致皇天之厌秽，敛众怨以同归，胁从者倒戈而攻，同谋者倾军而服，既人心之戴归，全辽海以如初。惟叛贼万奴弃一方之重委，忘皇国之大恩，用心不臧，为天不祐。近被隆安府行省移剌全举大军征讨，旋不三月，应有贼徒尽行杀灭，虽有残零余党逃在山林，亡无日矣。既此贼之失利，舍贵邦以何之。窃恐巧言诈谋，间谍两国，旁生侵扰。若或过界，严设除虞，就便捉拿，牒送前来。近者契丹余寇西欲渡河，闻知鞑靼约会本朝大军挟攻掩杀，自知无所归，而奔波逃去，潜犯婆速境。自今已遣大军句当外，分头差有心力能干官，会合诸道大军，指日来到，一行军数浩大，窃恐阙误粮食并马军亟战致马匹瘦弱，以此今移牒，前去借粮储马匹，贵国宜量力起送前来，患难相救，忧乐相同，设有安危，难分彼此，愿虑远以信从，使回牒以速到。"时金宣抚蒲鲜万奴，据辽东，僭称天王，国号大真。

八月，乙丑，契丹遗种金山、金始二王子遣其将鹅儿、乞奴二人引兵数万渡鸭绿江，侵宁、朔、定、戎之境。己巳，以上将军卢元纯为中军兵马使、上将军吴应富为右军兵马使、大将军金就砺为后军兵马使御之。

辛未，北界边报再至，丹兵已屠宁德城，进围安、义、龟三州，又有兵自麟、龙两州界来攻铁、宣二州。乙亥，以朔州分道将军卢仁绥、昌州分道将军车德威不能御丹兵削职，以中郎将李希柱、金公奭皆借将军而遣之。契丹兵驰书报曰：大辽开国二百余年中，被女真侵犯又将百年，其女真所陷诸邑，尽行收复，惟婆速路一城不下，累次攻讨，方得乞降，官吏依旧任使，百姓亦依旧安业，尔若不降附，即遣大军杀戮，的无轻恕。

【**高丽史**卷二二，**高宗世家一**，一·三三〇页】 九月壬午，……朝阳镇奏：契丹兵至镇，甲仗别监、东大悲院录事刘性臧、副将李纯老等击杀二十九人，取旗帜、钲鼓，乃拜性臧司宰注簿、纯老大悲院录事。

戊子，金来远军移牒宁德城，约与夹攻契丹，仍索兵马刍粮。

壬辰，昌州分道将军金公奭与丹兵战于昌州，斩首四十二级；延州郎将玄章等屡战，斩杀七十余级，获牛马八十；云州副使薛得儒再战，杀五十余级。

己亥，西京兵与契丹战于朝阳丰端驿，斩一百六十余级，溺江死者亦众。

乙卯，西京兵至成州之狗浅，遇丹兵二千余人，交战，斩获共一百一十五人。

冬十一月庚寅，金移牒曰：鞑靼兵来攻大夫营，乘间入城，然已尽杀，尚恐余党逃入贵邦，烦请照会，堤防掩杀。

十二月丙寅，丹兵屠黄州。

【**高丽史**卷二二，**高宗世家一，**一·三三〇页】 四年（一二一七）春正月甲申，金来远城移牒宁德城曰："叛贼万奴本与契丹同心，若并军往侵贵邦，其患不小。且为贵邦所击，则必奔还我国，苟犯贵邦，宜急报之，我即出军掩击。"宁德城回牒曰："丹兵曾入我疆，屡致摧挫，若万奴继至，恐分我军力，以致丹寇复振。若侵上国，事在俄顷，未可及报，请予设兵马，遮阻万奴，使不至于敝邑，弊邑亦堤防丹兵，无使至于上国。"

癸巳，遣大将军吴寿祺以步卒数千防守东界，兼领其界诸军。

甲午，盐州人击走丹兵，献俘数十人。

丙申，遣右副承宣金仲龟以南道军马往击丹兵。

丁酉，……安西都护府与丹兵战，斩首百余级，来献。

二月戊午，定州分道将军朴儒驰报丹兵三万许，来寇烧栅。

【**高丽史**卷二二，**高宗世家一，**一·三三一页】 三月丙戌，……丹贼六人入国清寺，僧擒杀一人，余皆散走。又谍者三人入宣义门，门卒捕讯之，乃杨水尺及我降卒也。丹兵五六人又至，杀门卒三人，掳门外良家女一人而去。

己丑，丹兵寇牛峰县，遂趣临江长湍。

庚寅，命将军申宣胄、奇允伟、崔俊文等各帅其军，备丹兵于崇仁、弘仁二门外。丹兵至白领驿。

盗发纯陵。

癸巳，……命将军崔孝文、金阳与申宣胄等合兵备御。

丙申，宣胄等五将军不战奔还。

夏四月庚戌，丹兵五千余人至金郊驿。

戊午，更阅五军，以上将军吴应夫为中军兵马使、上将军崔元世为前军兵马使、借将军贡天源为左军兵马使、借将军吴仁永为右军兵马使、上将军柳敦植为后军兵马使，各率师出崇仁门以御之。

己未，金万奴兵来破大夫营。

戊辰，金兵九十余人渡鸭绿江入义州，分道将军丁公寿出兵御之。有虎头金牌官人弃兵跪曰："我元帅亏哥下也，夜与黄旗子军战，不克，来奔，愿将军活我。"

五月庚辰，丹兵陷东州。

罢吴应夫，以前军兵马使崔元世代之，上将军金就砺为前军兵马使。

壬午，丹兵数十骑寇城东籍田里。

癸未，丹兵掠桃源驿，吏得其文牒，略曰：两国相战，徒杀无辜之民，宜遣信实大臣，奉表归款。

甲申，以大将军池允深为杨广忠清道防御使，率道内兵及僧军以御丹贼。

癸巳，丹兵入原州，州人力战，却之，丹兵退，屯于横川。

乙未，以中军兵马使崔元世为兵部尚书，鹰扬军上将军后军兵马使柳敦植为监门卫，上将军左军兵马使贡天源降为大卿，以郑有麟代之。

丁酉，幸妙通寺，设摩利支天道场，以禳丹兵。

己亥，丹兵陷原州。

【**高丽史**卷二二，**高宗世家一，**一·三三二页】 秋七月丁丑，西北面兵马使奏：契丹二百余人寇清塞镇，判官周孝严、京将韩貂出战，擒男女二人、马十匹、铁甲、朱记银牌等物。王以孝严为兴王都监判官，貂为郎将。以前枢密院使赵冲为西北面兵马使。

庚辰，崔元世、金就砺追丹兵于忠、原二州间，战于麦谷，追至朴达岘，大败之，贼逾大关岭而遁。

八月壬子，交州防护兵马使吴寿祺与丹兵战，败绩。

癸亥，崔忠献奏：后军兵马使柳敦植遇贼逗留不战，请罢敦植及军内诸将军职，终身不叙。王从之。以敦植忠献外甥赦之。

九月辛巳，西北面兵马使报：女真黄旗子军自婆速府渡鸭绿江来屯古义州城。

丁酉，丹兵入义、静、麟三州及宁德城之界。

戊戌，……丹兵移牒请粮。

冬十月，庚申，赵冲与黄旗子军战于麟州，大败之。

十一月丙子，丹兵复聚寇高州、和州，以上将军文汉卿为中军兵马使、大将军柳敦植为后军兵马使、大将军奇允伟为加发兵马使，御之。

丙申，丹兵陷宁仁镇。

己亥，陷长平镇。

庚子，朔州分道将军白胤诱引丹兵二十余人饮之酒，乘其醉尽歼。

壬寅，以文汉卿为中军兵马使、贡天源为左军兵马使、李茂功为右军兵马使。丹兵陷豫州。

【**高丽史**卷二二，**高宗世家一，**一·三三三页】 五年（一二一八）夏四月丙寅，中军兵马使报：丹兵大至。

丁卯，以左谏议大夫金君绥代赵冲为西北面兵马使。

六月己未，北界分道将军丁公寿报：女真叛贼黄旗子贾裕来屯大夫营，请与相见，邀致鸭绿江宾馆宴慰，乘其醉擒裕等七人，又杀麾下二十余人。

金元帅亏哥下闻裕被擒，亲诣公寿谢之，欲结和亲，因请粮及马，公寿遂闻于朝，给米三百斛。

秋七月辛卯，以守司空赵冲为西北面元帅、金就砺为兵马使。

八月癸亥，丹兵寇扬州。

己巳，西海道防守军与丹兵战于谷州，斩首三百余级。

九月己丑，王施内帑、腰带、罗衫、戎衣、紫衫于神祠，以禳丹兵。

十二月己亥朔，蒙古元帅哈真及札剌率兵一万，与东真万奴所遣完颜子渊兵二万，声言讨丹贼，攻和、猛、顺、德四城，破之，直指江东城。

【**高丽史**卷二二，**高宗世家一，**一·三三三页】 六年（一二一九）春正月辛巳，赵冲、金就砺与哈真、子渊等合兵围江东城，贼开门出降。

庚寅，哈真遣蒲里岱完等十人赍诏来请讲和，王遣侍御史朴时允迎之，命文武官具冠带，自宣义门至十字街分立左右。蒲里岱完等至馆外迟留不入，曰国王须出迎。于是，使译者再三诘之，遂乘马入馆门。辛卯，王引见于大观殿，皆毛衣冠佩弓矢，直上殿，出怀中书，执王手授之。王乃变色，左右遑遽莫敢近。侍臣崔先旦泣曰："岂可使丑虏近至尊耶，设有荆轲之变，必不及矣。"遂请出蒲里岱完等更服我国衣冠入殿，行私礼，但揖而不拜，及还，赠金银器、绸布、水獭皮有差。

二月己未，哈真等还，以东真官人及傔从四十一人留义州，曰：尔等习高丽语，以待吾复来。

【**高丽史**卷二二，**高宗世家一，**一·三三四页】 八月壬辰，东北面兵马使报云：蒙古与东真国遣兵来屯镇溟城外，督纳岁贡。

九月辛丑，蒙古使十一人、东真国九人来。

【**高丽史**卷二二，**高宗世家一，**一·三三五页】 八年（一二二一）八月己未，蒙古使著古与等十三人、东真八人并妇女一人来。甲子，王迎诏于大观殿。蒙古、东真二十一人皆欲上殿传命，我国欲只许上价一人上殿，往复未决，日将昃，乃许八人升殿，传蒙古皇太弟钧旨，索獭皮一万领、细绸三千匹、细苎二千匹、绵子一万觔、龙团墨一千丁、笔二百管、纸十万张、紫草五觔、葒花、蓝筍、朱红各五十觔、雌黄、光漆、桐油各十觔。著古与等传旨讫，将下殿，各出怀中物投王前，皆年前所与粗绸布也，遂不赴宴。又出元帅扎剌及蒲黑带书各一通，皆征求獭皮、绵绸、绵子等物。

十二月壬辰，蒙古使三人、东真十七人来。

【**高丽史**卷二二，**高宗世家一，**一·三三六页】 十年（一二二三）五月甲子，……东真国遣侣信、阿典浑垣等八人来。

【**高丽史**卷二二，**高宗世家一，**一·三三七页】 十一年（一二二四）春正月丙午，蒙古使扎古也等十人来。

戊申，东真国遣使赍牒二道来。其一曰：蒙古成吉思师老绝域，不知所存，讹赤忻贪暴不仁，已绝旧好；其一曰：本国于青州、贵国于定州各置榷场，依前买卖。

癸丑，宰枢会崔瑀第议接蒙、真两国使之礼。蒙古使赍国赆礼物还，王命直门下省马希援送于西京。使至鸭绿江，弃绸布等物，但持獭皮而去。

三月癸卯，东真国使来。

己酉，……于哥下掳去静州人二百余口还。

十一月乙亥，蒙古使著古与等十人至咸新镇。

【**高丽史**卷二二，**高宗世家一，**一·三三七页】 十二年（一二二五）春正月癸未，蒙古使离西京渡鸭绿江，但赍国赆獭皮，其余绸布等物皆弃野而去，中途为盗所杀，蒙古反疑我，遂与之绝。

【**高丽史**卷二二，**高宗世家一，**一·三三八页】 六月辛卯，……东真人周汉投瑞昌镇，汉解小字文书，招致于京，使人传习，小字之学始此。

八月辛卯，东真兵百余寇朔州。

【**高丽史**卷二二，**高宗世家一，**一·三三九页】 十四年（一二二七）九月壬午，东界兵马使奏：东真寇定、长二州，遣右军兵马使上将军赵廉卿、知兵马事大将军金升俊、中军兵马使枢密院使丁公寿、知兵马事金良镜、后军兵马使上将军丁纯祐、知兵马事大将军金之成率三军御之。

十月庚戌，幸外帝释院，命宰枢设醮于天皇堂，以祈兵捷。

癸丑，又设无能胜道场于宣庆殿。

己未，三军自安边府直指贼屯所宜州。甲子，贼挑战，我军败绩。

十一月己丑，以郎将金利生为紫门指谕，利生尝领北界兵夜入和州城，与城中人并力固守，又出奇兵斩敌无虑千百，以功受是职。

癸巳，以前枢密院使金仲龟为西京留守。仲龟公忠节俭，所至有声，命下，朝野皆喜。贬丁公寿为南京留守，赵廉卿为溟州副使，流丁纯祐于白翎岛，以不能御贼也。

【**高丽史**卷二二，**高宗世家一，**一·三四〇页】 十五年（一二二八）六月壬子，东真矛克王奴卑司历高邻、干阑哥来投。

秋七月，庚子，东北面兵马使报：东真兵千余人来屯长平镇，议遣三军以御之。寻闻贼退，竟不行。

八月丙辰，诏曰："东真潜据近地，数寇边鄙，出军追讨，即辄遁去，迨军之还，复入穷裔，制御之术安在？书曰：'谋及卿士'，宜尔文武四品、台省六品以上，各以长策条上。"

【**高丽史**卷二二，**高宗世家一，**一·三四一页】 十六年（一二二九）二月壬子，东北面兵马使报：东真人到咸州请和亲，遣式目录事卢演往听约束。

五月甲戌，卢演还自东北面，时东界赴防将军金仲温诉演怯懦，不与东真约束。崔瑀怒，囚演于街衢所，以前巨济县令陈龙甲为长平镇将，约束东真。

五月戊寅，东真寇和州，掠牛马人口，陈龙甲遣人谕之，皆弃去。

六月辛亥，……北边人前别将锐爵反复多诈，犯罪曾配和州，自言知东真道路夷险远近。东北面兵马使崔宗梓信之，遣爵等三人入东真国听探消息。爵与东真言我国欲与和好，东真亦信其言，遣还爵一行人。待报国家，犹豫不报。东真以爵行诈，斩之。

【**高丽史**卷二二，**高宗世家一，**一·三四二页】 十六年（一二二九）秋七月壬辰，两府会崔瑀家，议备御东真之策。

八月，庚戌，有司劾崔宗梓擅遣锐爵于东真，以生边衅，左迁梁州副使。

癸亥，东真四十人托言追温迪罕至和州。

【**高丽史**卷二一，**高宗世家二，**一·三四三页】 十八年（一二三一）冬十月癸丑朔，蒙古二人持牒至平州，州即囚之，以闻，朝议纷纭，或云可杀，或云当问其由。乃遣殿中侍御史金孝印往问，其牒云：我兵初至咸新镇，迎降者皆不杀，汝国若不下，我终不返，降则当向东真去矣。

壬申，郎将池义深押平州所囚蒙古二人到京，一是蒙古人，一是女真人，自此国家始信蒙古兵也。

辛巳，东界和州驰报：东真兵寇和州，掳宣德都领而去。

【**高丽史**卷二三，**高宗世家二，**一·三四七页】 十九年（一二三二）三月丙戌，都旦又以馆舍寂寥，欲移寓人家，赠金酒器一事，纻布八十匹乃止。都旦本契丹人，性甚奸黠，往者请蒙兵到江东城灭其国兵者也。

【**高丽史**卷二三，**高宗世家二，**一·三四九页】 冬十一月，答蒙古沙打官人书曰：……上皇帝陈情表曰：下国有倾输之悬，胶漆益坚，上朝加谴责之威，雷霆忽震，闻命怖悸，失声吁呼。伏念臣猥以庸资寄于荒服，仰戴天临之德，举国聊生笃驰星拱之心，向风滋切，夫何征诘，若此稠重力所不堪，宜将诚告，言如可复，当以实陈。其诏旨所及，添助军兵，征讨万奴，事繄辟土，是居弊邑，本惟小国，况大军所过，遗民能有几人在者。尚疮痍之余，加之因饥疫而毙，故莫助天兵之用。无奈，违帝命之严，罪虽莫逃，情亦可恕。其亲身朝觐事，自闻继统，早合观光，矧外臣荣觐于九天，固所望也。……弊邑本海外之小邦也，自历世以来，必行事大之礼，然后能保有其国家，故顷尝臣事于大金。及金国鼎逸，然后朝贡之礼始废矣。越丙子岁，契丹大举兵阑入我境，横行肆暴。至己卯，我大国遣帅河称、扎剌领兵来救，一扫其类，小国以蒙赐不赀讲投拜之礼，遂向天盟告以万世和好为约，因请岁进贡赋所便。元帅曰：道路甚梗，你国必难于来往。每年我国遣使佐，不过十人，其来也，可赍持以去。至则道必取万奴之地境，你以此为验。其后使佐之来，一如所约，每我国辄付以国赆礼物输进阙下。独于甲申年，使臣著古与不以万奴之境，而从婆速路来焉，然依旧接遇甚谨。又付以国赆前去。其后使价之来者，稍至闲阔，小国窃怪其故，久而闻之，则于加下遮出中路杀了上件使臣所致也。如此已后，于加下伪作上国服样，入我北鄙，残败三城，万奴亦攻破东鄙二城，其服色亦如之，自是踵来侵我不绝。又万奴与上国使佐之向我国者，给言“高丽背你国，慎勿前去”，使佐不听，且欲知真伪，遂便行李，则先遣其麾下人，伪为我国服着及弓箭，遂伏兵于两国山谷之间，潜候行李，出射趁殨，因令伴行人报云高丽所作如此悖逆明矣，请停前去，固令还焉。然适有自万奴麾下逃来王好非者，细说其事，故我国得知之。无几何，闻大兵入境，小国以通好之故，殊不意上国之兵，而久乃知之，然莫识所以行兵之故，帅府撒礼塔大官人移文言，“你国杀我使臣著古与及射东路使臣何也，以此行兵问罪耳”，我国已曾知之缕细，故具以实对之。更行投拜之礼，大国亦详，两人所诈，豁然大寤，遂许班师矣，方大军之还国，寻遣两黏行李，奉进国信礼物于皇帝阁下，而君臣因相贺曰：比来以道路不通，阻修朝觐之礼，大乖从前和好之本意，常以此为虑。今既遣使达诚，则是固可贺，而又大国常以于加下万奴之罪归于我，我国无以自明，惧代他人受诬，而赖大军亲临根究，使上国之疑，涣然如冰释，则吾属知免矣，始可以宁心定虑，一专于奉事上朝之日也。……

【**高丽史**卷二三、**高宗世家二**，一·三五二页】 十二月，……答东真书曰：夫所谓蒙古者，猜忌莫甚，虽和之，不足以信之，则我朝之与好，非必出于本意。然如前书所通，越己卯岁，于江东城势有不得已，因有和好之约，是以年前其军马之来也。彼虽背盟弃信，肆虐如此，我朝以谓宁使曲在彼耳，庶不欲效尤故，遂接遇如初，以礼遣之。今国朝虽迁徙都邑，当其军马之来，则犹待之弥笃，而彼尚略不顾此意，横行远近外境，残暴寇掠，与昔尤甚。由是四方州郡，莫不婴城坚守，或阻水自固，以观其变，而彼益有吞啖之志，以图攻取，则其在列郡，岂必拘国之指挥，与交包祸之人，自速养虎被噬之患耶，于是，非特入守而已，或往往有因民之不忍，出与之战，杀获官人士卒，不为不多矣。至今年十二月十六日，水州属邑处仁部曲之小城，方与对战，射中魁帅撒礼塔，杀之，俘虏亦多，余众溃散。自是褫气不得安止，似已回军前去。然不以一时鸠集而归，或先行，或落后，欲东、欲北，故不可指定日期，又莫知向甚处去也，请贵国密令侦谍可也。

【**高丽史**卷二三，**高宗世家二，**一·三五三页】 二十年（一二三三）夏四月，蒙古诏曰："自平契丹贼杀札剌之后，未尝遣一介赴阙，罪一也；命使赍训言，省谕辄敢射回，罪二也；尔等谋害著古与，乃称万奴民户杀之，罪三也；命汝进军，仍令汝弼入朝，尔敢抗拒，窜诸海岛，罪四也；汝等民户不拘执见数辄敢妄奏，罪五也。"

【**高丽史**卷二三，**高宗世家二，**一·三五三页】 二十一年（一二三四）二月壬申，遣将军金宝鼎如蒙古军。是日，边报蒙兵留百余骑于东真，余皆引还。

【**高丽史**卷二三，**高宗世家二，**一·三五四页】 二十二年（一二三五）九月丙子，……蒙兵引东真兵攻陷龙津镇。

九月戊寅，东真兵陷镇溟城。李裕贞等击蒙兵于海平，败绩，一军尽没。

【**高丽史**卷二三，**高宗世家二，**一·三五五页】 二十三年（一二三六），八月戊子，东女真援兵百骑自耀德、静边趣永兴仓。

【**高丽史**卷二三，**高宗世家二，**一·三五八页】 三十四年（一三四七）三月，东真国千户牒云："我国人逃入贵国五十余人，可悉送还。"回牒云："自贵国至我疆，山长路险，空旷无人，往来道绝，贵国妄称推究逃入，或称山猎越境横行，其于帝旨各安土着之意何如。"自今无故越境，一皆禁断。

【**高丽史**卷二三，**高宗世家二，**一·三五九页】 三十六年（一二四九）九月己巳朔，东真兵入东州境，遣别抄兵御之。

辛卯，指谕朴天府，率别抄兵与东真战于高城、杆城，皆破之。

【**高丽史**卷二三，**高宗世家二，**一·三五九页】 三十七年（一二五〇）二月甲辰，东界兵马使报，东真兵二百骑入境。

【**高丽史**卷二四，**高宗世家三，**一·三六一页】 三十九年（一二五二）五月，癸巳，……东界兵马使驰奏，东真兵二千入境。

【**高丽史**卷二四，**高宗世家三，**一·三六二页】 四十年（一二五三）二月辛卯，东界兵马使驰报，东真三百骑围登州。

夏四月甲寅，原州民被掳蒙古者还言，阿母侃、洪福源诣帝所言，高丽筑重城，无出陆归款意。帝命皇弟松柱帅兵一万，道东真国入东界，阿母侃、洪福源领麾下兵趣北界，皆屯大伊州。

【**高丽史**卷二四，**高宗世家三，**一·三六六页】 四十一年（一二五四）九月辛丑，东界兵马使报，东真兵又多入境。

【**高丽史**卷二四，**高宗世家三，**一·三六九页】 四十二年（一二五五）五月辛亥，东界兵马使报，东真兵百余骑入高、和州。

【**高丽史**卷二四，**高宗世家三，**一·三七一页】 四十四年（一二五七）闰四月甲午，……东真寇东州界。

五月戊午，……东北面兵马使报，分司御史安禧设伏于永丰山谷挟击东真兵，获兵仗鞍马及所虏男女牛马等物。

丁卯，东北面兵马使报，东真兵三千余骑入登州。

【**高丽史**卷二四，**高宗世家三，**一·三七五页】 四十五年（一二五八）十二月丙子，……东真国以舟师来围高城县之松岛，焚烧战舰。

【**高丽史**卷二四，**高宗世家三，**一·三七五页】 四十六年（一二五九）春正月丁未，……东真寇金刚城，遣别抄三千人救之。

【**高丽史**卷二四，**高宗世家三，**一·三七七页】 六月壬寅，王（即高宗）薨于柳璥第，……史臣曰：高宗之世，内有权臣相继擅执国命，外有女真、蒙古遣兵岁侵，当时国势岌岌殆哉，然王小心守法，包羞忍耻，故得全宝位，而终见政归王室，敌至则坚城固守，退则遣使通好，至遣太子执贽亲朝，故卒使社稷不殒，而传祚有永云。

【**高丽史**卷二五，**元宗世家一，**一·三八七页】 三年（一二六二）秋七月壬寅，朴伦还自蒙古，帝赐王锦九匹。诏曰："来表称，女真侵汝边境，掳掠人民，事已闻知。前日北鄙叛逆，想卿已悉，既而诸王有言。先以听信一二奸人之语，遂成过恶，引咎请和为辞，因之按甲。不意去岁辄来犯我边民，致有摇动，连兵交乱之际，小人乘而作过者有之，交兵之事为不详者，此之谓也。寻当究问而遣出之。"又诏云："据来使奏告，每岁朝见，来时，地里窎远，骑坐马匹多有失盗去处，乞禁约事。准奏，仰各处达鲁花赤管军管民官员人等，今后如遇高丽差使臣来时，经过去处官为差人防护传送，无令一行鞍马诸物疏失。"又诏云："据来使奏告，本国所产鹰鹘，每岁进奉乞依数给付铺马及无令人遮挡事。准奏，仰各处达鲁花赤管民官，如高丽国进奉鹰鹘来时，官司验鹰鹘数日，应副与铺头口者，仍仰不以是何人等，无得遮挡。"

【**高丽史**卷二六，**元宗世家二，**一·三九七页】 九年（一二六八）三月壬申，蒙古遣北京路总管兼大定府尹于也孙脱、礼部郎中孟甲等来，诏曰："朕惟天道难谌，人道贵诚，而卿之事朕，率以饰辞见欺，朕若受其欺而不言，是朕亦不以诚遇卿也，故于卿弟淐面数其事无有所隐。……惟我太祖成吉思皇帝制度，凡内属之国，纳质、助军、输粮、设驿、供户数籍、置达鲁花赤，已尝明谕之矣。继有来章称，俟民生稍集，然后唯命是从。稽留至今，不以诚言见报……"

【**高丽史**卷二六，**元宗世家二，**一·四〇四页】 十一年（一二七〇）夏四月辛卯，东界安集使报，东女真寇边，掳九十余人。

【**高丽史**卷二七，**元宗世家三，**一·四一八页】 十三年（一二七二）夏四月丁巳，遣谏议大夫郭汝弼如元，请减军料。表曰："近承省旨，据盐白州等军奏请，令每军一名添支粮一㪷，每月通支四㪷。小邦元来百姓凋残，不得力农，自家朝夕犹且难给。况出水以来，军马粮料急于中外，收敛甚艰。而前年四月……，尝蒙圣慈令输东真料米七千硕，添助粮料，感荷殊深，遣人往审，输来道涂辽远险阻，空旷无人，海陆俱为未便，加以小邦马牛寡少，凡所输中外粮饷，人自负戴，则其往东真输致甚难，今此困穷情状，不得预奏，而设有后责，何辞以对。四海既为一家，则上朝军马洎兹土百姓，皆一皇帝之人民，安有逋逖耶。伏望念可哀之状，推同视之仁，许从便近以转粮，倘纾民困，当与孑遗而延喘，永沐圣恩。"

【**高丽史**卷二九，**忠烈王世家二，**一·四五八页】 七年（一二八一）二月辛巳，哈伯那如东界，阅女真军。

【**高丽史**卷三〇，**忠烈王世家三，**一·四六六页】 十一年（一二八五）三月己丑，……元断事官及辽东宣慰使遣使东真北面，刷出本国逋逃人口。

【**高丽史**卷三〇，**忠烈王世家三，**一·四六七页】 十二年（一二八六）秋七月癸酉，辽东府总管六十奉诏归女真，王出迎于西郊。

八月戊戌，遣副知密直司事金忻往东真推刷流民。

【**高丽史**卷三〇，**忠烈王世家三，**一·四六九页】 十三年（一二八七）九月庚子，东真骨嵬国万户帖木儿领蛮军一千人罢戍还元，来谒公主。

【**高丽史**卷五八，**地理志三，**二·二六八页】 东界，本高句丽旧地。成宗十四年（九九五），分境内为十道，以和州、溟州等郡县为朔方道。靖宗二年（一〇三六），称东界。与北界为两界。文宗元年（一〇四七），称东北面。或称东面、东路、东北路、东北界。后咸州以北，没于东女真。睿宗二年（一一〇七），以平章事尹瓘为元帅，知枢密院事吴延宠副之，率兵击逐女真，置九城，立碑于公崄镇之先春岭以为界，至明宗八年（一一七八），称沿海溟州道。高宗四十五年（一二五八），蒙古兵来侵，龙津县人赵晖、定州人卓青叛，杀兵马使慎执平，以和州以北附于蒙古，蒙古乃置双城总管府于和州，以晖为总管、青为千户以治之。

【**高丽史**卷五八，**地理志三，**二·二七二页】 咸州大都督府，久为女真所据，睿宗二年（一一〇七），命元帅尹瓘等率兵击逐，三年（一一〇八），置州为大都督府，号镇东军，筑大城，徙南界丁户一千九百四十八以实之。四年（一一〇九），撤城，以其地还女真，后又没于元，称哈兰府。

英州，睿宗三年（一一〇八），置州，为防御使，号安岭军。四年（一一〇九），撤城，以其地还女真，后并于吉州。

吉州，久为女真所据，号弓汉村，睿宗三年（一一〇八），置州，为防御使。六年（一一一一）筑中城，寻以地还女真，后没于元，称海洋。一云三海阳。

【**高丽史**卷五八，**地理志三**，二·二七三页】 福州，久为女真所据，号吴林金村，睿宗三年（一一〇八），置州，为防御使。四年（一一〇九），撤城，以其地还女真，后没于元，称秃鲁兀。

公崄镇，睿宗三年（一一〇八），筑城置镇，为防御使，六年（一一一一），筑山城一云孔州，一云匡州；一云在先春岭东南、白头山东北，一云在苏下江边。

通泰镇，睿宗三年（一一〇八），筑城置镇。四年（一一〇九），撤城，以其地还女真。

崇宁镇，睿宗四年（一一〇九）撤城，以其地还女真。

真阳镇，睿宗四年（一一〇九）撤城，以其地还女真。

宣化镇，睿宗四年（一一〇九）撤城，以其地还女真，后收复并于吉州。

按：旧史，九城之地，久为女真所据。睿宗二年（一一〇七）命元帅尹瓘、副元帅吴延宠率兵十七万击逐女真，分兵略地，东至火串岭，北至弓汉岭，西至蒙罗骨岭，以为我疆。于蒙罗骨岭下筑城郭九百九十间，号英州；火串山下筑九百九十二间，号雄州；吴林金村筑七百七十四间，号福州；弓汉村筑六百七十间，号吉州。三年（一一〇八）二月，城咸州及公崄镇，三月筑宜州、通泰、平戎三城。于是，女真失其窟穴，誓欲报复，乃引远地群酋，连岁来侵，我兵丧失者亦多，且拓地既广，九城相距辽远，女真数设伏丛薄，抄掠往来，国家调兵多端，州外骚扰。四年（一一〇九），女真亦遣使请和，于是，始自吉中，以次收入九城战具资粮于内地，遂撤崇宁、通泰、真阳三镇及英、福二州城，又撤咸、雄二州及宣化镇城以还之。以此考之，咸、英、雄、福、吉、宜六州及公崄、通泰、平戎三镇，此九城之数也。其撤城还女真之时，则无宜州及公崄、平戎二镇，而崇宁、真阳、宣化三镇，乃加现焉，置户之数又各不同，是可疑也。睿宗三年（一一〇八）二月，都钤辖林彦作《英州记》云：今新置六城：一曰镇东军咸州大都督府，兵民一千九百四十八丁户；二曰安岭军英州防御使，兵民一千二百三十八丁户；三曰宁海军雄州防御使，兵民一千四百三十六丁户；四曰吉州防御使，兵民六百八十丁户；五曰福州防御使，兵民六百三十二丁户；六曰公崄镇防御使，兵民五百三十二丁户。又闵渍所撰《纲目》云：尹瓘筑九城，徙南界民实之，号咸州曰镇东军，置户一万三千，号英州曰安岭军，雄州曰宁海军，各户一万，福、吉、宜三镇各置户七千，公崄岭、通泰、平戎三镇各置户五千。且宜州之地在定州以南，不必击逐女真而后置也。岂非适至是乃创筑城堡，故并称为九城，而不在撤去之数欤。

【**高丽史**卷五八，**地理志三**，二·二七四页】 北青州府，久为女真所据，九城时名号未详，后没于元，称三散。

甲州府，本虚川府，久为女真所据，屡经兵火，无人居，恭让王三年（一三九一）始称甲州。

【**高丽史**卷一〇二，**金仁镜传，**三·一九五页】 金仁镜初名良镜，……仁镜才识精敏，善隶书。明宗时，中乙科第二人，直史馆累转起居舍人。高宗初，赵冲讨契丹兵于江东城，辟仁镜为判官。时蒙古元帅哈真、东真元帅完颜子渊请兵粮，冲欲诇之，难其人，仁镜请行。冲曰："幕中筹策，君所职耳，冒险往谍，非素习也，何敢请为？"仁镜曰："尝闻蒙古布阵，取法孙吴，予少读六书，熟知之，故敢请。"冲乃许之，即遣仁镜率精兵一千，输米一千石与之。会哈真、子渊攻契丹兵于岱州，屯州西秃山，仁镜领兵往见之。两元帅张乐宴慰，极欢而罢。仁镜就州西门外结方阵。两元帅登高而望，蒙古四十六人被甲带剑，相对而立，仁镜使才人列军前，鼓噪作杂戏，又使善射者二十余人，一时俱射，矢入州城，契丹登城望者皆奔避。两元帅叹军容整肃，复邀仁镜，置之上座，更宴慰。转礼部郎中，论功擢枢密院右承宣。十四年，东真寇定、长二州，仁镜知中军兵马事，与战于宜州，败绩。明年，被谗贬尚州牧使，故旧无一人相送者，唯门生饯于郊。仁镜有诗云："一鞭几尽扫胡尘，万里南荒作逐臣。玉笋门生多出饯，感深难禁泪沾巾。"

【**高丽史**卷一〇三，**赵冲传，**三·二〇五页】 女真黄旗子军渡鸭绿江来屯麟、龙、静三州境，冲与战，斩获五千一十余级，又战于麟州暗林平，大败之，杀虏及溺江死者，不可胜数，仅三百骑遁去。即复冲职。明年（一二一七），以守司空尚书左仆射召还。贼日炽，官军懦弱，不能制，复以冲为西北面元帅，金就砺为兵马使，借将军郑通宝为前军，吴寿祺为左军，申宣胄为右军，李霖为后军，李迪儒入知兵马事，授钺遣之。

初，冲恨败军，作诗曰："万里霜蹄容一蹶，悲鸣不觉换时节。倘教造父更加鞭，踏蹦沙场摧枯月。"至是，部伍整齐，号令严明，秋毫不犯，诸将莫敢以书生易之。冲等道长湍至洞州，遇贼东谷，擒其毛克高延、千户阿老，次成州以待诸道兵。庆尚道按察使李勣引兵来，遇贼，不得前，遣将军李敦守、金季凤击之，以迎勣。既而，贼从二道俱指中军，我张左右翼鼓而前，贼军望风而溃。敦守等与勣来会。录事申仲谐分其兵，输军食。贼又要之，将军朴义邻败之于秃山，贼散而复集骑数万，尽锐来攻我，又败之，亚将脱剌逃归。贼魁又欲引还，虑我要其归路，入保江东城。蒙古太祖遣元帅哈真及札剌率兵一万，与东真万奴所遣完颜子渊兵二万，声言讨契丹贼，攻和、孟、顺、德四城，破之，直指江东。会天大雪，饷道不继，贼坚壁以疲之。哈真患之，遣通事赵仲祥与我德州进士任庆和来牒元帅府曰：皇帝以契丹兵逃在尔国，于今三年未能扫灭，故遣兵讨之，尔国惟资粮是助，无致欠阙。仍请兵，其辞甚严，且言帝命破贼之后，约为兄弟。于是，以尚书省牒答曰：大国兴兵，救患弊封，凡所指挥，悉皆应副。冲即输米一千石，遣中军判官金良镜率精兵一千护送。及良镜至，蒙古、东真两元帅邀置上坐，宴慰曰：两国结为兄弟，当白国王，受文牒来，则我且还奏皇帝。时蒙古、东真虽以讨贼救我为名，然蒙古于夷狄最凶悍，且未尝与我有旧好，以故中外震骇，疑其非实，朝议亦依违未报，遂稽往犒，冲独不疑，驰闻不已。蒙古怒其缓，诃责甚急，冲辄随宜和解之。明年，冲与哈真、子渊等攻江东城，破之，哈真等还，冲送至义州，哈真执冲手，泣下不能别。蒙古军夺我诸将马以行，冲诘之曰：此皆官马，虽死纳皮，不可夺也。蒙古信之。有一将军受银给马，蒙古以冲言为诬，复多夺马去。子渊颇知人，谓我人曰：汝国师奇伟，非常人也，汝国有此帅，天之赐之。冲尝被酒枕其膝而睡，子渊恐其惊寤，略不动，左右请易以枕，子渊终不肯。其忠义恩信之感动人者如此。

【**高丽史**卷一〇三，**金就砺传，**三·二〇六页】 高宗三年（一二一六），契丹遗种金山王子、金始王子胁河朔民，自称大辽收国王，建元天成。蒙古大举伐之。二王子席卷而来，与金兵三万战于开州馆，金兵不克，退守大夫营。二王子进攻之，遣人告北界兵马使云："尔不送粮助我，我必侵夺汝疆，我于后日树黄旗，汝来听皇帝诏，若不来，将加兵于汝。"至其日，果树黄旗，兵马使不往。明日，使其将鹅儿、乞奴引兵数万渡鸭绿江攻宁、朔等镇，掠城外财谷畜产而去。又明日，阑入义、静、朔、昌、云、燕等州，宣、德、定、戎、宁、朔诸镇，皆以妻子自随，弥漫山野，恣取禾谷牛马而食之，居月余，食尽，移入云中道。于是，以上将军卢元纯为中军兵马使，知御史台事白守贞知兵马使，左谏议大夫金蕴珠为副使，上将军吴应夫为右军兵马使，崔宗峻知兵马事，侍郎庾世谦为副使，就砺为后军兵马使，崔正华知兵马事，陈淑为副使，十三领军及神骑属焉。三军启行，至朝阳镇，朝阳人报贼已近，三军各遣别抄一百、神骑四十人，至阿尔川边，与贼战，官军稍却，神骑郎将丁纯祐突入贼中，斩持纛者，贼奔溃，乘胜斩八十余级，虏二十余人，并获杨水尺一人，得牛马数百匹，符印、器杖甚众，乃拜纯祐为将军。三军又与贼战连州东洞，斩百余级。贼三百余人来屯龟州直洞村，军候员吴应儒率步卒三千五百人衔枚击之，散员咸洪宰、甄国宝、李稷，校尉任宗庇等斩二百五十余级，虏三千余人，得牛马、战具、银牒、铜印亦多。三军又战于龟州三岐驿，二日斩二百一十余级，虏三十九人。将军李阳升亦破贼于长兴驿。贼自昌州移屯延州之开平、原林两驿，终日络绎不绝。官军遣神骑将追之，遇贼，与战于新里，斩一百九十级。官军进次延州，以光裕、延寿、周氏、光世、君悌、赵雄等六将守狮子岩，永麟、迪夫、文备三将守扬州，翼日，九将战于朝宗戍，斩获七百六十余人，得马、骡、牛及牌印、兵仗无算。贼不复分兵，聚屯开平驿。诸军莫敢前，右军据西山之麓，中军受敌于野，小退，屯独山。就砺拔剑策马，与将军奇存靖直冲贼围，出入奋击，贼兵溃，追过开平驿。贼设伏驿北，急击中军，就砺回击之，贼又溃。元纯夜谓就砺曰："彼众我寡，右军又不至，始赍三日粮耳，今已尽，不如退居延州城，以俟后便。"就砺曰："我军屡捷，斗志尚锐，请乘其锋，一战而后议之。"贼布阵墨匠之野，军势甚盛。元纯驰召就砺，且扬黑帜为信，士卒冒白刃争赴，无不以一当百，就砺与文备横截贼阵，所向披靡，三合三克。就砺长子死。贼奔入香山，烧普贤寺，官军追击之，斩获总二千四百余人，溺死南江者，亦以千数，余众夜遁昌州，妇女小儿委弃路旁，号哭声如万牛。有一人弃兵自称官人，直前请曰："我等扰贵国边疆，固有罪矣，妇子何知，请无庸尽杀，且无薄我，我则克日自返矣。"就砺使谓之曰："汝言何可信，与之酒，快饮而去。"俄而，鹅儿、乞奴送符文，陈乞如其所言。三军各遣二千人蹑其后，见贼所弃资粮、器杖狼藉于道，牛马或斫其腰，或刺其后，盖使得之不可复用也。所遣六千人战于清塞镇，擒杀过当，平虏镇都领禄进亦击杀七十余级，贼遂逾清塞镇遁去。或云香山之战，贼将只奴中箭死，金山总领其众。或云擒一妇人云"我是鹅儿妻，吾夫初入药山寺，见杀只奴，兼领其军"。官军至次延州。又闻贼兵后至者大入境，唯留内厢自卫，其余悉发，后军独遇于杨州，擒杀数十百级。两军先回博州。就砺护辎重徐行，至沙岘浦，贼突出狙击，就砺告急于两军，两军守便宜不出，就砺力战却之，卒护辎重而至。元纯出迎西门外，贺曰："卒遇强敌，能摧其锋，使三军负荷之士，无一毫之失，公之力也。"马上举酒为寿，两军将士及诸城父老皆叩头曰："今者与强寇角立，而自战其地，可谓难矣。而于开平墨匠香山原林之役，后军每为先锋，以小击众，使我老弱存其性命，顾无以报，但祝寿而已。"贼复聚众，连日耀兵于昌州门外。贼百五十人犯昌州，官军击走之。官军屯博州，夜遣卒袭贼于兴郊驿，虏四十余人。明日，夜战于洪法寺，克之。又明日，将军金公奭与贼百余人战于州城门外，杀获五十余人，公奭手斩带银牌者，官军入城休卒。贼夜涉清川江，指西京。官军与贼战于渭州城外，败绩，将军李阳升等千余人死，京都闻之，哭者满城。贼至西京城外，屠安定林原驿及昆华、妙德、花原等寺，官军不能沮遏。贼履冰渡大同江，遂入于西海道，屠黄州。明年（一二一七），就拜就砺金吾卫上将军，又遣承宣金仲龟领南道兵以会。仲龟与贼战陶公驿，败绩。初，中军奏请济师，以左承宣车倜为前军兵马使、大将军李傅知兵马事、礼部侍郎金君绥为副使，上将军宋臣卿为左军兵马使、将军崔愈恭知兵马事、刑部侍郎李实椿为副使，并前三军为五军。至是，五军次于安州太祖滩，与战，大败奔还。贼乘胜驰突，就砺与文备、仁谦逆击之，仁谦中流矢死，就砺奋剑独拒，枪矢交贯于身，病疮而还。贼追官军至宣义门而退，遂寇牛峰，趣临江、长湍。于是更阅五军，以吴应夫为中军兵马使，大将军李茂功知兵马事，少府监权浚为副使；上将军崔元世为前军兵马使，郭公仪知兵马事，户部侍郎金奕舆为副使；借将军贡天源为左军兵马使，司宰卿崔义知兵马事，将作监李绩为副使；借上将军吴仁永为右军兵马使，借卫尉卿宋安国知兵马事，侍郎秦世仪为副使；上将军柳敦植为后军兵马使，崔宗峻知兵马事，陈淑为副使，以御之。五军不发，唯敦植发向交河。应夫使人阻之曰："贼在积城场，可回军。"敦植不听，请四军合攻贼，四军从之。行至积城，不见贼，贼陷东州，忠献奏曰："契丹兵过东州，势将南下。五军逗留不战，徒费粮饷，请罢应夫，夺子婿职，以前军兵马使崔元世代之，以就砺为前军兵马使。"王从之。贼指交河，过澄波渡，官军与战于楮村，却走之。官军奏捷，云贼至丰壤县晓星岘，官军欲战，将渡横滩，贼兵尾追击之，左军先战，败走，中军、后军自山外出贼背，击却之，追至卢元驿宜义场，斩馘甚多，牛马衣粮尽弃而去。时有队正安彭祖中矢而还，曰贼兵被杀唯二人，余死者皆我军也。前军、右军战于砥平县，败之，获马千余匹。贼陷安阳都护府，执按察使鲁周翰，杀之，官属亦多死。贼入原州，州人久与贼相持，凡九战，食尽力穷，无外援，城遂陷。前军、右军败绩，以大将军任辅为东南道加发兵马使，选城中公私奴隶充部伍以遣之。前军、右军遇贼于杨根、砥平，屡战，取金银牌及伞子。忠献褒之，以郭公仪为卫尉卿，右军兵马使吴孝贞为上将军。公仪曾坐赃免，以功复职。官军追贼至黄骊县法泉寺，移次秃岾。元世曰："明日之路有二歧，吾行如何则可。"就砺曰："分军犄角，不亦可乎！"元世从之。翼日，会于麦谷，与战，斩获三百余级，追于堤州之川，流尸蔽川而下。后三日，追至朴达岘，任辅亦将兵来会，元世谓就砺曰："岭上非大军所止。"欲退屯山下。就砺曰："用兵之术，虽贵人和，地利亦不可轻，贼若先据此岭，我在其下，猿猱之捷亦不得过，况于人乎！"官军遂登岭而宿。质明，贼果进军于岭之南，先使数万人分登左右峰，欲争要害。就砺使将军申德威、李克仁当左，崔俊文、周公裔当右，就砺从中，鼓之，士皆殊死战，官军望之，亦大呼争前，贼大溃，老弱男女、兵仗辎重狼藉委弃。贼由是不果南下，皆东走。追至溟州大关山岭，将卒怯懦，退屯，旬日乃进，贼已逾岭矣。中军、左军、前军复退贼至溟州毛老院，败之，获玉带、金银牌、器仗。贼围溟州。四军追之，后军不及，屯刚州，右军与贼战于登州，败绩，阵主吴守贞死。贼趋咸州，遂入女真地，官军退缩莫有追蹑者。就砺承中军牒，移兵定州，使觇贼，返曰："贼在咸州，与我比境，鸡犬之声相闻。"就砺筑鹿角垣，三周其隍，留李克仁、卢纯祐、申德威、朴蕤等四将守之，移据兴元镇。贼得女真兵，复振，长驱而来。就砺回军，遇于豫州柽川交绥而退。忽遘疾，将佐请归就医药，答曰："宁为边城鬼，岂可求安于家乎！"疾甚，敕归京理疾，肩舆至京，累月乃瘳。就砺所留兵战于渭州，败绩。贼复聚，寇高州、和州，陷宁仁、长平二镇，又陷豫州。于是，罢五军及加发兵，置三军，以文汉卿为中军兵马使，李实椿知兵马事，李得乔为副使；贡天源为左军兵马使，宋安国知兵马事，金奕舆为副使；李茂功为右军兵马使，权濬知兵马事，金沿亮为副使。明年（一二一八），贼又大至，以守司空赵冲为西北面元帅，就砺为兵马使，借将军郑通宝为前军，吴寿祺为左军，申宣胄为右军，李霖为后军，李迪儒知兵马事，王亲授钺，遣之。冲、就砺等数与贼战，败之，贼势穷，入保江东城。哈真、札剌与完颜子渊追讨契丹，直指江东，遣人来请兵粮，诸将皆惮于行，就砺曰："国之利害，正在今日，若违彼意，后悔何及。"冲曰："是予意也，然此大事非其人不可遣。"就砺曰："事不辞难，臣子之分，吾虽不才，请为公一行。"冲曰："军中之事，徒倚公重，公去可乎？"明年（一二一九），就砺乃与知兵马事韩光衍领十将军兵及神骑大角内厢精卒往焉。哈真使通事赵仲祥语就砺曰："果与我结好，当先遥礼蒙古皇帝，次则礼万奴皇帝。"就砺曰："天无二日，民无二王，天下安有二帝耶！只拜蒙古帝。"就砺身长六尺五寸，以长而须过其腹，每盛服必使两婢子分举其须而后束带。哈真见状貌魁伟，又闻其言，大奇之，引与同坐，问年几何。就砺曰："近六十矣。"哈真曰："我未五十，既为一家，君其兄而我其弟乎！"使就砺东向坐。明日，又请其营，哈真曰："吾尝征伐六国，所阅贵人多矣，见兄之貌，何其奇欤。吾重兄之故，视麾下士卒亦如一家。"临别执手出门，扶腋上马。数日，冲亦至，哈真问："元帅年与兄孰长？"就砺曰："长于我矣。"乃引冲坐上座，曰："吾欲一言，恐为非礼，然于亲情，不宜自外，吾其坐两兄之间，如何？"就砺曰："是吾等所望，但未敢先言耳。"坐定，置酒作乐。蒙古之俗，好以銛刀刺肉，宾主相啖，往复不容瞥。我军士素号勇者，莫不有难色。冲、就砺跪起承迎，甚熟。哈真等极欢。哈真善饮，与冲校优劣，约不胜者罚之。冲引满辄釂，虽多无醉色。及阕举一杯，不饮曰："非不能饮，若胜而如约，则公必受罚矣，宁我见罚耳，主人而罚客可乎？"哈真重其言而大悦，约诘朝会江东城下，去城三百步而止。哈真自城南门至东南门凿池，广深十尺，西门以北委之完颜子渊，东门以北委之就砺，皆令凿隍以防逃逸，贼势窘，四十余人逾城降于蒙古军前。贼魁撼舍王子自缢死，其官人、军卒、妇女五万余人开城门出降。哈真与冲等行视投降之状，王子妻息及伪丞相、平章以下百余人皆斩于马前，其余悉宽其死，使诸军守之。哈真曰："我等来自万里，与贵国合力破贼，千载之幸也，礼当往拜国王，吾军颇众，难于远行，但遣使陈谢耳。"哈真、札剌请冲、就砺同盟曰："两国永为兄弟，万世子孙无忘今日。"冲设犒师宴。哈真以妇女童男七百口及吾民为贼掳掠者二百口归于我，以女子年十五左右者遗冲、就砺各九人，骏马各九匹，其余悉令自随。冲以契丹俘虏分送州县，择闲旷地居之，量给田土，业农为民，俗呼为契丹场。

【高丽史一〇三，**金就砺传，**三·二一一页**】** 时契丹余众窜伏宁远山中，时出钞盗为民患，就砺遣李景纯、李文彦击破之，北境以安。

【高丽史卷一〇三，**李勣传，**三·二一二页**】** 高宗三年（一二一六），金山兵犯境，勣为右军兵马判官，与贼战于豢猳驿，贼乘胜而进，我军奔北，勣独瞋目直前，手斩数级，遂叱众俱进，贼乃退，拜将作监，为左军兵马副使。战于广滩，先登，大捷，俘获甚众，王嘉之，授将军，固辞不受，出为庆尚道按察使。明年（一二一七），贼又大至，敕令诸道按察使率兵赴援，时贼遮屯要害，元帅密谕避之，勣曰："握兵赴战，惟恐不遇贼，遇而避之，非勇也。"直冲贼屯而行，果遇贼，与战，大胜，虏获无算。勣转军饷于顺州，贼自殷州出其不意急击之，麾下士不满百人，死战，却之。元帅登城望之，叹赏至垂涕。又明年（一二一八），召拜尚书左丞。是时，贼入保江东城，复以勣为兵马使，选精锐属之，勣辞以单骑赴之。及贼平，仍留为东北面兵马使。

【高丽史卷一三〇，**韩恂传，**三·六四四页**】** 韩恂、多智皆义州戍卒，恂为别将，智为郎将。高宗六年（一二一九），二人反，杀其防戍将军赵宣及其守李棣，自称元帅，署置监仓使及台官，擅发国仓，诸城响应。遣将军赵廉卿、郎中李公老招抚之。恂、智党五十余人至嘉州客舍曰："兵马使赵冲、金君绥、丁公寿等清白爱民，余皆贪残厚敛于民，剥肤椎髓，不堪其苦，乃至于此耳。"……先是，朔州分道将军黄龙弼性贪暴，用刑残酷，州人知龙弼意在求货，赂以官藏银器。龙弼巡至安北都护府，恂、智党来攻其府，齐声唱曰："朔州银器，宜速还之。"龙弼惭愤自刎。时北界诸城多为恂、智所陷，于是，命三军往讨。明年（一二二〇），恂、智等以清川江为界投东真，潜引金元帅于哥下令屯义州，自领诸城兵屯博州，相为声援。……九年（一二二二），恂、智党复引东真兵万余入静州，遂侵义州，防守将军守延与战，败绩。麟州人谋与贼通，为内应，防守将军知之，出屯城外，以解其谋，勒兵掩袭东真兵，斩二百余级。王遣中军兵马使李迪儒、右军兵马使赵廉卿、后军兵马使金淑龙发西京兵追捕之。

【**高丽史**卷一三〇，**洪福源传**，三·六四五页】洪福源初名福良，本唐城人。其先徙居麟州，父大纯，为麟州都领。高宗五年（一二一八），元遣哈真、札剌攻契丹兵于江东城，大纯迎降。十八年（一二三一），撒礼塔大举入侵，福源又迎降于军。二十年（一二三三），福源为西京郎将，与毕贤甫杀宣谕使、大将军郑毅、朴禄全，据城反，崔怡遣家兵三千与北界兵马使闵曦讨之。获贤甫，送京，腰斩于市，福源逃入元，于是，擒其父大纯及子女、弟百寿，悉徙余民于海岛，西京遂为丘墟。福源在元为东京总管，领高丽军民，凡降附四十余城民，皆属焉。

【**高丽史**卷一三〇，**赵晖传**，三·六四七页】高宗四十五年（一二五八），蒙古兵大至，高、和、定、长、宜、文等十五州人入保猪岛。东北面兵马使慎执平以猪岛城大人少，守之甚难，遂以十五州人徙竹岛。岛狭隘，无井泉，人皆不欲，执平强驱纳之，人多逃散，入者十二三。粮储乏少，执平分遣别抄请粟于朝，催运他道，守备稍懈。晖与定州人卓青及登、文州诸城人合谋，引蒙古兵乘虚杀执平及登州副使朴仁起、和州副使金宣甫、京别抄等，遂攻高城，焚烧庐舍，杀掠人民。以和州迤北附于蒙古，蒙古乃置双城总管府于和州，以晖为总管、青为千户。明年（一二五九），晖党自称官人，引蒙古兵来攻寒溪城，防护别监安洪敏率夜别抄出击，尽歼之。王使郎将金器成、别将郭贞有赍国赆如蒙古屯所慰之，器成等至文州，晖党在宝龙驿与蒙古兵三十余人杀器成等并傔从十三人，掠国赆而去。晖党又引东真国兵屯春州泉谷村，有神义军五人，诈称蒙古将军罗大使者，驰入其屯曰："解尔弓剑，听元帅教命，高丽太子将入朝，汝何杀高丽使者，夺国赆乎？尔罪当死。"皆伏地股栗。于是挥鞭召别抄四面攻之，无一脱者，遂得国赆及器成等衣物而还。

【**高丽史**卷一三七，**辛禑传五**，三·七四九页】辛禑十四年（一三八八），大明欲建铁岭卫，禑遣密直提学朴宜中表请曰："昊天广大，覆育无遗；帝王作兴，疆理必正。兹殚卑悃，仰渎聪闻。奥惟弊邦，僻在遐壤，褊小实同于墨志，峭峣何异于石田。况从东隅，以至北鄙，介居山海，形势甚偏，传自祖宗，区域有定。切照铁岭迤北，历文、高、和、定、咸等诸州，以至公崄镇，自来系是本国之地，至辽乾统七年（一一〇七）有东女真等作乱，夺据咸州迤北之地，睿王告辽请讨，遣兵克复，就筑咸州及公崄镇等城。及至元初戊午年间，蒙古散吉大王、普只官人等领兵收附女真之时，有本国定州叛民卓青、龙津县人赵晖以和州迤北之地迎降，闻知金朝辽东咸州路附近沈州有双城县，因本国咸州近处和州有旧筑小城二座，蒙聋奏请，遂将和州冒称双城，以赵晖为双城总管，卓青为千户，管辖人民。至正十六年间，申达元朝，将上项总管、千户等革职罢仕，和州迤北还属本国，至今除授州县官员，管辖人民。由叛贼而侵削，控大邦以复归。今钦见奉：铁岭迤北、迤东、迤西元属开元所管军民，仍属辽东。钦此。铁岭之山距王京仅三百里，公崄之镇限边界非一二年。其在先臣，幸逢昭代，职罔愆于侯度，地既入于版图；还及微躯，优蒙睿泽，特下十行之诏，俾同一视之仁。伏望陛下度扩包容，德敦抚绥，遂使数州之地，仍为下国之疆。臣谨当益感再造之恩，恒祝万年之寿。”

【**高丽史**卷一三七，**辛禑传五，**三·七五〇页】 十四年（一三八八）三月，西北面都安抚使崔元沚报："辽东都司遣指挥二人以兵千余来至江界，将立铁岭卫。帝豫设本卫镇抚等官皆自辽东。自辽东至铁岭置七十站，站置百户。"禑自东江还，马上泣曰："群臣不听吾攻辽之计，使至于此。"遂征八道精兵……

史 集

（波斯）拉施特著　余大均、周建奇译（商务印书馆本）

【**史集**第一卷第二分册，二二六页】 一二一一年春，成吉思汗要发兵出征乞合国，他深怕溃散的诸部落会重新联合起来举行叛乱，便首先派出被称为答兰—秃儿合黑—脱忽察儿的弘吉剌惕部人脱忽察儿率领着两千人到河的下游去担任巡哨，为的是他自己到乞合国去时，将脱忽察儿留在后方防备大乱，并守护他的斡耳朵。当他采取了这些预防措施，把军队组织起来后，便于同年秋天顺利地出征乞合、哈剌契丹、女真诸地以及蒙古人称做札兀忽惕、汉人用汉语称做乞合的地区去了……现在还让我们来〔记述〕成吉思汗远征乞台的历史吧。成吉思汗发兵出征后，首先来到了塔勒湖，占领了大水泺和白登城。他们从那里前进，攻占了乌沙堡、昌州、桓州、抚州诸城。

成吉思汗的儿子术赤、察合台、窝阔台攻占了云内、东胜、武州、宣州（朔州）、宁州（丰州）诸城。他们占领了属于女真人的一座名叫西京的大城，该城有许多宏丽的房屋，还将该城所辖据说包括七十万户人的地区整个占领了。他们没有遍历这个地区就离去了。同年秋天，他派遣哲别去攻打女真大城——东京城。哲别到了那里，没有围城就折返，慢慢地后退了。消息一站站地传了过去："军队已回去了，走得很远了。"当哲别走了五十程，使居民确信军队已经退走了时，他留下辎重，挑了些快马出发了。他日夜急驰，出其不意地突然来到城下，将城攻了下来。同时，成吉思汗驻军于抚州城下，将城围攻了下来。女真军异密九斤……招讨……万奴……监军等万夫长，率领大军前来了。他们停驻在哈剌温—只敦附近的野狐岭（如今合罕的军队在这里度夏），摆开了战阵。乞台军统帅巴胡沙和参政同女真军统帅九斤进行商议。他〔对九斤〕说：“成吉思汗的军队洗劫了抚州城，瓜分了战利品。他们漫不经心地牧马于山麓下，消息不灵。如果我们突然向他们进攻，就可以把他们击溃。”九斤答道：“他那里很巩固，我们同增援来的马步大军一起出动吧！”他们商量好后，就出兵了。当成吉思汗得到消息时，〔他的〕军队煮好了食物，正在进餐。他们倒掉锅里的东西，急忙出发。他们出动两支队伍来到名叫桓州的地方，等候敌人来到。这时乞台阿勒坛汗军队的统帅九斤〔召见了其他异密们〕。当时，乞台、哈剌契丹和女真君主都是女真部人；女真部之前的乞台君主则属于哈剌契丹和乞台部落，有关记载见于乞台史中，可以从那里获悉详情。同成吉思汗及其军队作战的这位君主是女真部和女真地区人，为大金王，阿骨打的后裔。阿骨打是名字，其余部分为尊号。蒙古人将这个阿骨打称做合忽台，将属于他的后裔的所有君主都称做阿勒坛汗。与成吉思汗及窝阔台合罕作战的最后一个阿勒坛汗的名字，汉语作守绪。关于其生平结局，将于后文详述。以上〔对读者〕稍加阐述，〔现在〕还让我们言归正传。

当成吉思汗把军队分为两队，摆开战阵，监视着敌人的到来。阿勒坛汗军队人数很多，统帅九斤召来了另一个名叫明安的异密，对他说：“你以前到过蒙古人中间，认识成吉思汗，你去对他说：‘你看到我们这儿有什么不好的地方，而要带着军队来攻打我们呢？’如果他回答时出言粗鲁，你就指责他！”明安照着九斤的话到成吉思汗处去说了。成吉思汗下令将他抓住关押起来，等作战以后再来问他的话。当时两军相遇，厮杀起来。蒙古军尽管人数不多，却很快地击溃了乞台、哈剌契丹和女真军队。〔蒙古人〕杀了许多人，整个原野都充满了血腥气。他们向逃兵追去，一直追到会河堡地方，在那里遇上了统帅胡沙所率领的先头部队。〔蒙古人〕也将他们击溃了。这是一次很大的仗，很出名；直到如今成吉思汗野狐岭之战还为蒙古人所知，并引以为荣。这次战役消灭了乞台和女真的著名人物。成吉思汗从那里幸福如愿地回去了。他讯问了〔战前〕被抓起来加以〔看管〕的异密明安〔带来〕的话，对他说道：“我在哪一点上惹了你，你要当着大家的面说〔我〕的坏话？”明安说：“我早就想来归附你，但我怕他们怀疑我，不放我来。当九斤要派一个人来对你说这些话时，我就自告奋勇借这个机会到你这里来了。如果没有这个机会，我怎么能来呢？”成吉思汗赞许了他的话，将他释放了。……

接着，始自伊斯兰教历六〇九年九月的塔乞忽亦勒即鸡年（一二一三年）春三月，成吉思汗驻扎在上述中都城境内。阿勒坛汗就在这座城里。在其他异密参加下，他与其军队的统帅名叫九斤、号称元帅（意为统率全军的异密）者进行商议；九斤就是曾与成吉思汗打过一次仗的前述异密。〔提出的问题是：〕“蒙古军〔不习惯于〕天气热全都病倒了，现在我们就去同他们作战吗？”另一个官居宰相的异密福兴丞相说：“不行，我们征集来的军队，妻子、儿女都在外地，无法知道他们每个人的想法。如果我们败了，他们全部走散，即便我们把蒙古人打败了，我们的军队也全都跑到妻子、儿女处去了。祖宗社稷所在、帝王之尊，岂可为此孤注一掷！事情务必三思而行！现在只好遣使请降，等〔蒙古人〕退走后，我们再另作商议吧！”

阿勒坛汗同意了这些话，遂遣使到成吉思汗处，并将自己的女儿公主哈敦送了去。他派了一位德高望重、官居宰相的异密福兴丞相同自己的女儿一起前去。（使臣们）到了那里（成吉思汗的帐营里），传达了使命，献上那女子。成吉思汗对他们的俯首听命很满意，便回去了。上述异密送成吉思汗过“察木察勒”，直送到麻池地方而返。……

有一个哈剌契丹人留哥见乞台地区大乱，便将和哈剌契丹部牧地邻接的女真地区和大城夺取在手里。这些地区名叫东京和咸平。他自称辽王，意即“一国的算端”。哈剌契丹异密斫答和比涉儿从那里遣使向成吉思汗请降。由于阿勒坛汗太子及其异密们在中都城里，他们（使者）无法通过那里向成吉思汗表示臣服，便停留在中都的彼方。自称辽王者也遣使向成吉思汗请降。他亲自在使者之后，前来谒见成吉思汗，像拜见长辈那样地尊敬他，献上了礼物。成吉思汗很赏识他，封他为元帅（汉语万夫长之意）。还交给他镇守广〔宁〕和锦府两座大城及所辖地区。

阿勒坛汗向南京城进发后，封大异密万奴招讨使为管辖乞台全国的异密和都督。后来，由于告密人和进谗言者在〔阿勒坛汗〕面前告发了他，他被撤了职。这位〔异密〕便倒向成吉思汗方面，为他效劳。他来〔见成吉思汗〕之前，先派其子铁哥入侍。〔既而〕复叛，自称东真王（汉语“一国的算端”之意）。这些事都是由于成吉思汗征服了乞台和女真的大部分地区后发生的。阿勒坛汗是〔成吉思汗的〕死敌，〔他的〕异密和人民则动摇不定，一会儿倒向这边，一会儿又倒向那边，由于大部分领地和地区无人过问，每个异密就像诸侯割据时代那样地自立为王和成为某块领地上的君主。

东文选

（朝鲜）李奎报撰（国学刊行会本）

【东文选卷六一，**蒙古兵马元帅幕送酒果书，**都行省，七九三页**】** 某月日右谨致书于某官幕下："早春，伏惟钧候动止何若，瞻企瞻企。我国久为契丹侵扰，病左腹心，不能自除，岂意元帅阁下，将为小邦，扫清丑秽，举义远来，暴露草莽，职宜早致犒师之礼，少慰勤苦。然初不知大军入境之日，且系寇贼梗道，由是稽延，不以时修问于左右，窃思无状，良用兢惭，惟大度宽之。始闻贼徒入江东城自保，小国乃以为此已圈牢中物耳，不足患也。方遣人致谢，兼问起居，其使人未及上道，续有急报，果闻其党，出城自降，咸就枭俘，举国快心，异手同抃，此实大邦扶弱恤邻之义，而小国万世一遇之幸也。感荷大恩，罔知所报。今者伏承王旨，略备不腆酒果仪物等事，特差某某官等赍押奉送，其数目具在别栈，幸勿以微薄却之，亦不以迟缓罪之也，惶恐惶恐。"

【东文选卷六一，**答东真别纸，**七九九页**】** 夫所谓蒙古者，猜（忍）〔忌〕莫甚，虽和之，不足以信之，则我朝之与好，非必出于本意。然如前书所通，越己卯岁，于江东城，势有不得已，因有和好之约，是以年前其军马之来也。彼虽背盟弃信，肆皆如此，我朝以为宁使曲在彼耳，庶不欲效尤，故遂接遇如初，以礼遣之。今国朝虽迁徙都邑，当其军马之来，则犹待之弥笃，而彼尚略不顾此意，横行远近外境，残暴寇掠，与昔尤甚。由是四方州郡，莫不婴城坚守，或阻水自固，以观其变。而彼益有吞啖之志，以图攻取，则其在列郡，岂必拘国之指挥，与交包祸之人，自速养虎被噬之患耶，于是，非特入守而已，或往往有因民之不忍，出与之战，杀获官人及士卒，不为不多矣。至今年十二月十六日，水州属邑处仁部曲之小城，方与对战，射中魁帅沙打里杀之，俘虏亦多，余众溃散。自是褫气不得安止，似已回军前去，然不以一时鸠集而归，或先行或落后，欲东欲北，故不可指定日期，又莫知向甚处去也，请贵国密令侦牒可也。

【东文选卷六一，**回东夏国书，**八〇二页**】** 高丽国王某，谨回书于东夏国王殿下，承来示云：成吉思皇帝圣旨道与东夏国王准备亲见来者，高丽国依前一舔约和时分，亦一同将来为此准备前去，仍问或去以否者，切念小邦，介在海陬，地遐路阻，邈自古初，历事大国，朝觐之礼，未获躬亲。今闻成吉思皇帝，廓开圣绪，奄统绵区，日月所照，莫不宾服，顾惟孱微，夙荷覆露，庆抃之情，万倍常品，怀欲凫趋，住伸鸾贺，为日久矣。但道里攸远，山川阻修，古昔历事之时，使轺往来，尚且难涩，况不谷，国虽褊小，藩务所系，势不可一日旷职。倘或轻（虽）离守封，远涉万里，脱有不虞，恐累盛德，以此胆望翘倾，唯深兢灼耳。传有之，亲仁善邻，国之宝也。弊邦幸与贵国境连壤接，慰候相望，载惟善邻之意，彼此暗合，绝无一毫间异也，冀轸念而谅察之，岁序向阑，新正将启，伏惟千万自爱，谨启。

【**东文选**卷六一，**回东夏国书**，八〇三页】 右启：孟冬初寒，伏惟大王起居万福。今十月某日，宣差溪都不合等至，奉传钧旨，备审大王起居万福，喜慰无已。垂示催进礼物事，已于今年八月，宣差掉胡与赍大王钧旨来，粗具土物绵各色分染砧搒了，水獭皮绵纻布纸墨等，亦并择佳品。但我国地瘠民贫，岁入鲜寡，以此准备大艰，尚依前数，并回书即与宣差掉胡与已曾前去也。节次所要笔，本是黄鼠毛所制，而黄〔鼠〕〔非〕我国（鼠非）所有，以此不能应副，做店邸事，自是我国最切要底，虽无来谕，已有修葺之意矣。只缘年年贵国使来，辄有防卒，群聚随至，入境驻久，所经村驿，不无骚扰。由是民不乐沿路之居，而未果修葺耳，即今两国界畔，幸无艰梗之虞，虽无防卒，亦可前来，若不得已，须有防卒，两国自有疆界，贵国所领东真防卒，留于东真境内，不令寸步入我疆界，先以贵国人使过界日时，予牒我国，则我国境内，以我国之人，迎护一行，取接前来，则于理两得也。且两国相交之礼，须有定数，一年一度行李之来，既有前规。今者一行节级，分为两次，相继而来，并大王殿下差遣外别有人使来者，适此一年中已三度行李来矣。苟无定准行李之来，岁岁数数如此，则送迎之备，民疲财竭，渐恐不能支也。贵国宜依己卯年初定人数礼式，一年一度行李往来，甚为稳便，惟照谅之，谨启。

【**东文选**卷六一，**与中山、称海两官人书**，八〇三页】 孟夏渐热，伏惟长生天气力蒙古大朝国四侮皇帝福荫里大官人阁下起居千福。小邦全赖帅府抚存之惠，非特郡臣咸乐而已。至于匹夫匹妇，眠食得所，盛德之至，曷可言。曩者我国元帅，与上国元帅何称、札剌讲和投拜，其贡赋之（削）〔制〕，则成吉思皇帝有诏旨，岁遣十人赍来，以为恒式。故使臣著古与依前来持贡赋前去，中途被波速人所害，自尒路梗，更不往来。

【**东文选**卷六一，**答唐古官人书**，八〇五页】 曩者岁在己卯，投拜上国使佐十介，岁到小邦，亲自赍去为式，何图波速路人，遮出害上国，官军戾止，谨遣亲兄淮安公迎犒问慰，具说端由，官军释疑而返……

【**东文选**卷六二，**与吴悦官人书**，八〇六页】 小邦于己卯年，和称、札剌巡行投拜后其奉物件，成吉思皇帝有旨，上国使臣十人趁来交受赍去，以此为不易之式。间者波速路人，逞奸于中途，由是数年不得修风宜之享。

朝鲜李朝实录

【**朝鲜实录**太宗四年五月己未条】 圣朝洪武二十一年（一三八八）二月，承准户部咨该侍郎杨靖等官，钦奉太祖高皇帝圣旨，节该铁岭以北以东以西原属开原所管军民，仍属辽东所管。钦此。本国即将上项事因，差陪臣密直提学朴宜中赍擎表文，前赴朝廷控诉，乞将公崄镇以北还属辽东，公崄镇以南至铁岭还属本国。至当年六月十二日朴宜中回。

【朝鲜实录太宗五年三月丙午条**】** 朝廷使臣王教化的等三人奉敕书至，上迎于西郊，至无逸殿受敕。皇帝敕谕朝鲜国王，东开原、毛怜等处地面万户猛哥帖木儿能敬恭朕命，归心朝廷。今遣千户王教化的等赍敕劳之。道经王之国中，可遣一使与之同行。故敕。

【朝鲜实录太宗五年四月乙酉条**】** 朝廷使臣王可仁与巨阳人二十余到兼进骨看兀狄哈居处，欲招谕与之还朝也。耽州、耳州、阿赤郎耳、吾音会等处人往年与王教化的入朝者六人，帝赐衣，今与王可仁俱来。

【朝鲜实录太崇五年四月乙酉条**】** 王教化的等至野人地面。王教化的等月八日到吉州，先送伴人于童猛哥帖木儿、把儿逊等居处。猛哥帖木儿等云："我等顺事朝鲜二十余年矣，朝鲜向大明交亲如兄弟，我等何必别事大明乎！"月十四日，王教化的到吾音会，童猛哥帖木儿率管下人不肯迎命，把儿逊、著和阿兰三万户，路逢教化的伴人，言："我等事朝鲜，汝妄称使臣，乱杂往来。"拒而不对。到吾音会与猛哥帖木儿约云："不变素志，仰事朝鲜无贰心。"

【朝鲜实录太宗五年九月甲寅条**】** 吉州叠入殷实管下千户者安等十四户，男女并一百余人，节晚失农，每户一二人欲往旧居处捕鱼资生。以巨阳千户高时罗古及殷实一族，建州卫千户时家等，欲招安者安及仇老、甫安、骨看兀狄哈，与建州卫千户谈波老出来侍候，故未得入归捕鱼。

【朝鲜实录太宗七年三月己巳条**】** 建州卫指挥莽哥不花奏：洪武十九年（一三八六）间，有本处杨哈剌赴京，蒙除三万卫百户职事，洪武二十一年（一三八八）间，跟指挥候史家奴等于斡朵里开设衙门。后因三万卫复回开原立卫，起发人民之时，有百户杨哈剌等将带家小于土门地面一向寄住。洪武三十三年间，有朝鲜国万户锁矣交纳等，前来起取本官，连家小三十户，在本国后门阿汉地面住坐。

【朝鲜实录太宗七年四月壬子条**】** 崔咬纳供状：原系玄城付籍人氏。洪武五年（一三七二），兀狄哈达乙麻赤到来玄城地面，劫掠杀害。当有管下杨哈剌等，被兀狄哈掳掠前去。咬纳将引原管人户二十户，前来本国吉州阿罕地面住坐，小心谨慎，防倭有功，钦奉国王委付镜城等处万户职事。后于洪武二十三年亲往兀狄哈地面寻觅得杨哈剌九户，到来阿罕同住当差。

【朝鲜实录太宗十一年正月辛巳条**】** 东北面监司上言："野人来言，猛哥帖木儿将徙于深处，恐其乘时侵掠，益兵以御如何？”……赵英茂、李天祐进言曰：“今猛哥帖木儿虽令招抚，今将移徙于开元路，恐与种类以间道直向吉州，则镜城如囊中之物，又牧马南下，则端、青骚然矣。”

【朝鲜实录太宗十一年四月丙辰条】 东北面吾音会童猛哥帖木儿徙于开元路。吾音会，兀狄哈地名也。猛哥帖木儿尝侵庆源，畏其见伐，徙于凤州。凤州即开元，金于虚出所居。于虚出即帝三后之父也。

【朝鲜实录太宗十四年二月庚戌条】 永吉道都安抚使李从茂报：“自镜城二十五日程罗毛罗住兀良哈指挥阿老管下千户毛下也进言曰：‘女直都事也罗介率中原数多军人于前年（一四一二）正月云屯隐出来。自正月至四月，造大船及汲水小船各二百三十艘，载军人泛自松濶江历愁下江向愁滨江，将筑巨阳城、庆源、薰春城，实之以吾都里兀良哈。’上曰：‘此人等每以如此事来告。上国之兵虽来，岂以船过铁岭乎？此心虚语也。抑或中原边将造船于此地耳。’”

【朝鲜实录世宗五年四月】 开阳恒居女真杨木塔兀，因自中国之乱，未得安住，率妇人小儿共三百余名，欲居于古庆源。

【朝鲜实录世宗五年六月】 杨木塔兀亦率管下五百余户来屯豆满江外，此人掳掠中国开阳城而来矣。

【朝鲜实录世宗五年七月】 辽东开阳卫女直千户杨木塔兀，连家小军丁男妇共五百余名，亦于本年六月十九日前来，与猛哥帖木儿一起住坐。

【朝鲜实录世宗六年四月辛未条】 今四月十七日，小甫里口子对望越边兀良哈沈指挥，率军人十三名，将牛马并十三头来说：“吾等在前于建州卫奉州古城内居住二十余年。”

【朝鲜实录世宗六年八月戊申条】 司仆提调启：“前此咸吉道，良马多产者，乃因开原路相通，与鞑靼马孳息。今与开原不通，已五十年矣，鞑靼马绝种。且济州虽产马之地，体大性驯者不产，将来可虑。愿令庆源、镜城居人，于童猛哥帖木儿等处，以其所求之物，交易体大雌雄种马，孳息便宜。”

【朝鲜实录世宗十三年八月己亥条】 上谓安崇善曰：“毛怜卫在何处？”对曰：“臣未知之。”上曰：“其问于投化人以启。”即召崔于夫加、崔多毛好等问之。答云：“毛怜卫在古庆源、斡木河之间。前此波乙所为其卫主。波乙所子阿里，阿里子都乙好袭职为指挥。其地距新庆源三日程也。”……（上）又谓左右曰：“毛怜卫在何处？”许稠对曰：“臣不知的在何处，然近于斡木河。”

【朝鲜实录世宗十九年六月戊子条】 平安道都节制使李蕆上言：“……臣更招童豆里不花反复诘问之，其言曰：‘……予则李满住之切邻也，……予本生凤州，移于建州，居十二年而投化。’”

【**朝鲜实录**世祖五年三月壬辰条】……语加霜哈（兀狄哈之使）曰：“汝还语也堂其（兀狄哈酋长之名），我圣上（指世祖）神武定难，抚临东夏，靖绥四方，以至殊俗，一如国人，悉弃旧恶，保之若子，无有远迩，亦汝等所闻知也。”

【**朝鲜实录**世祖六年九月甲申条】……我太祖康献大王，起自朔方，奄有东夏，列圣承袭，凡所以抚恤野人者，视诸方尤笃，迨予承绪，诸种野人，莫不来朝。

【**朝鲜实录**成宗十六年十一月庚申条】永安道稳城得古印一事，以进。其一面书天泰四年月日。传曰，令弘文馆考年号以启。

东国舆地胜览

【**东国舆地胜览**卷五〇，**庆源·山川**，三八七页】愁滨江源出白头山，北流为苏下江，一作速平江，历公崄镇、先春岭，至巨阳，东流一百二十里，至阿敏入于海。

【**东国舆地胜览**卷五〇，**庆源·古迹**，三九〇页】巨阳城“巨”一作“开”。具城北九十里山上，有古石城，名曰于罗孙站。其北三十里有虚乙孙站。其北六十里有留善站，其东北七十里有土城古基，即巨阳城。内有两石柱，古悬钟处。高三尺，圆径四尺有奇，尝有庆源人庾诚者，至其城，碎其钟，用九马驮来，才十分之一。从者三十余人皆死，其遗铁置草中，人不敢取之。世传，城乃高丽尹瓘所筑，西距先春岭六十里许。

【**东国舆地胜览**卷五〇，**会宁·山川**，三九四页】白头山即长白山也，在府西七八日程。山凡三层，高二百里，横亘千里，其颠有潭，周八十里，南流为鸭绿江，北流为松花江，为混同江。东北流为苏下江，为速平江，东流为豆满江。《大明一统志》东流为阿也苦河，疑指速平江也。

【**东国舆地胜览**卷五〇，**会宁·古迹**，四〇〇页】公崄镇自高岭镇渡豆满江，逾古罗耳，历吾童站、英哥站，至苏下江，江滨有公崄镇古基，南临具州、探州，北接坚州。按：《高丽史·地理志》公崄镇，睿宗三年筑城置镇，为防御使，六年筑山城。注：一云孔州，一云匡州，一云在先春岭东南、白头山东北，一云在苏下江边。今既以庆源为孔州，则恐在先春岭东南、白头山东北、苏下江边者为是。然未可考。又《地理志》通泰、平戎、宗宁、真阳等镇，皆睿宗三年筑城，四年撤城还女真。其地面，今亦未可考。

【**东国舆地胜览**卷五〇，**会宁·古迹**，四〇〇页】先春岭在豆满江北七百里。尹瓘拓地至此，城公崄镇，遂立碑于岭上，刻曰高丽之境，碑之四面有书，皆为胡人剥去。

多桑蒙古史

（瑞典）多桑著　冯承钧译（中华书局本）

【**多桑蒙古史**六八页】蒙古初用兵时，得汪古部长阿剌忽失的斤之助。汪古部为金守御长城之北，兹叛金，引蒙古军入。

成吉思汗败金将定薛，取大水泺、丰利两地（一二一一年九月）。其将哲别进取屏障西京之乌沙堡，独吉千家奴、完颜胡沙未及设备，蒙古兵奄至，拔之，并下乌月营。蒙古军乘胜破西京东一程之白登城，遂攻西京。凡七日，胡沙虎弃城突围遁去。蒙古军以精骑三千蹑其后，进至中都以北不远之昌平州。金兵丧师大半，蒙古军遂取西京及宣德府（宣化府）、抚州。

金主命招讨使完颜九斤、完颜万奴率兵驻守西京东方不远之野狐岭，完颜胡沙率重兵为后继。成吉思汗闻金兵至，乃进兵貛儿觜。九斤遣麾下明安问蒙古举兵之故，明安反降于蒙古，以虚实告之，蒙古军遂与九斤等战。金兵大败，人马蹂躏，死者不可胜计。蒙古乘锐而前，胡沙畏其锋不敢拒战，引兵南行。蒙古兵踵击之，至浍河堡，金兵又大败，胡沙仅以身免。（十月）蒙古兵乘胜取德兴府（保安州）。游兵至居庸关，关在峻崖之上，有长约四程之峡道通中都。守将完颜福寿弃关遁，哲别克之。金中都戒严，禁男子不能辄出城。蒙古游骑至中都城下，金主欲南奔，会卫卒誓死迎战，蒙古兵损折颇多，金主乃止。寻以胡沙怯敌，降其官，将士以其罚轻，由是更不用命。（十一月）蒙古所向皆胜，遂袭金群牧监驱其马而去。

同时术赤、察合台、窝阔台三王各将一军取山西长城外之六州；别军徇下直隶北部，而至于海。

一二一二年春，蒙古兵取昌、桓二州。统将木忽黎取长城外黄河与桓州间诸堡以后，成吉思汗进围西京大同。金将纥石烈九斤即率重兵往救，成吉思汗大破之于貛儿觜。（八月）败金将奥屯之军，尽殪之。复攻西京，不能克，遂解围，率诸军退归长城以北。

成吉思汗之攻金也，辽东之契丹亦叛金助之。辽宗室耶律留哥者，仕金为北边千户。蒙古兵起，金人疑辽遗民有他志，留哥不自安，遁至隆安，聚众以叛。一二一二年初，遣使附于成吉思汗。会成吉思汗亦命按陈那颜往与之约共图金，留哥乃与按陈刑白马白牛，北望折矢以盟。金主遣完颜胡沙率军六十万讨留哥，并悬赏以购其首。留哥求救于其新主，成吉思汗以三千骑助之，留哥败金兵，以所俘辎重献蒙古主。（一二一三年一月）蒙古主遣统将哲别自中国率兵进取东京辽阳。哲别见城坚难下，欲以计取。即退数日程之地，留其辎重，选良马急驰还，乘金人不备，袭取其城。留哥即取契丹之地，从者甚众，成吉思汗命之为辽王。

【**多桑蒙古史**七一页】 时金人降蒙古者甚众。蒙古主分降军四十六都统，并蒙古军分道共进，留怯台、哈台二将窥中都之北。年终分兵为三道，进取黄河以北诸州。术赤、察合台、窝阔台三子将右翼，进取山西。拙赤哈撒儿将左翼，进取直隶沿海之地，大掠辽西一带。成吉思汗自与幼子拖雷将中军，徇直隶、山东，至于黄河。三蒙古军凡破金九十余城。时金中原诸路之兵皆佥往山后防遏，悉佥乡民为兵，上城守御。蒙古尽驱其家属来攻，父子兄弟往往遥呼相认，由是人无固志，故所至郡邑皆下。黄河以北能自保者，仅余九城。蒙古军在北方三省席卷金帛、子女、牛马、羊群而去。

【**多桑蒙古史**七二页】 蒙古统将木忽黎在此前侵金诸役中，为成吉思汗之副。兹命其进兵辽东，以援留哥。缘金兵已复取辽东之大半也。

谀闻琐录

（朝鲜）曹伸撰

【**谀闻琐录**】 成化乙巳〔成宗十六年、明宪宗二十一年，即一四八五年〕冬，镜城人耕田，得古印，以献。其篆文曰："引进使印。"其隅刻云："天泰四年记。"上（成宗）令弘文馆考之：引进使则高丽时官名，如今之通礼院左通；天泰则宋元辽金史皆无。

柳边纪略

（清）杨宾撰（辽海丛书本）

【**柳边纪略**卷三，一六页】 康熙丙寅年（一六八六），沙儿虎旧城去宁古塔四十里。掘一铜章，传送礼部，大若州印，面篆"合重浑谋克印"六字，背左一行楷书如面文，右一行刻"大同二年少府监造"八字。按：大同，辽太宗年号，而谋克则世传金爵也。金三百户置长曰谋克，十谋克置长曰猛安。（金）〔今〕观斯印，则金未建国号为辽属国时，已有斯爵，而后特广之耳。

宁安县志

（民国）王伯康等纂（民国十三年七月版）

【**宁安县志**卷三，**古迹·金石，**一七页下】 康熙丙寅年，沙儿虎旧城去宁古塔四十里掘一铜章，传送礼部，大若州（即）〔印〕，面篆“合重浑谋克印”（元）〔六〕字，背左一行楷书如（回）〔面〕文，右一行刻“大同二年少府监造”八字。按：辽太宗年号，而谋克则世传金爵也。今观斯印，则未建国号为辽属国时，已有斯爵，而后特广之耳。

【宁安县志卷三，**古迹·金石，**一八页上**】** 清光绪末，有人获小铜印一方，上镌一“[illegible]”字，得古镜一面，背“[illegible]”三字。李采访员钟华曾亲见之，此未识为何代物也。

【宁安县志卷三，**古迹·金石，**一八页下**】** 民国八年，有镜泊湖渔业公司执事梁昆山，在富宁公司北山，即吊水楼下游东山上之小古城内，获得古铜印一颗，印柄长方形，印面正方，印形宽长各二寸二分，背上刻有“天泰十八年造”字样。遍查辽金史，并无“天泰”年号，观其形质及字迹，似非官印，有人译曰吊仝圭阿邻谋亨之印，未知是否。或为高句丽故物耶。兹以重价购藏署中，并摄影于后，以资考证。与铁盔同印一纸。

考古资料

东夏国山城遗址调查考略

孙秀仁撰（《黑龙江日报》1962年6月11日）

在镜泊湖大瀑布（俗称吊水楼）东偏北约三公里处有一座山城遗址。附近居民称此城所在地为“城子后”。1960 年初春，我们省博物馆考古调查小组对该城进行了考察。

……此城位于山的顶巅。城内一马平川，已辟为耕地。

此城凭恃大瀑布迤北的牡丹江险段，巍然屹立在高出水面五十米的山顶上。山城最大限度地囊括了这座山顶部的所有平地。城（即山顶）的东、北、西三面为深沟和峭壁。大江由南方来，东转旋复南折，呈大半环状，形成了这座山城的天然屏障。

城垣用土筑，夹有块石，依山势而曲折起伏。城中有中墙一道，横贯山城的东西，将山城隔成南北两半。中墙残高 1.5 米，稍偏西设一门。中墙北门西侧，距墙 2 米有长方形土垣残迹，内有乱石。城的南墙，高出城内地面三米，比城外地面高 5 米，基阔 10 米。从南墙的西端起，向东共有六座土堞，依次排列。南墙中部有一道瓮门，又稍东有缺口，系后人为出入城址方便所开掘，非当时所有。在城外西南角衔接有三道断垣，各呈东西向与南墙并列，断垣每墙之东端均设一堞，似为烘托瓮门而设，西墙不够高厚，东墙更不如西墙，至于充代北墙的深沟和峭壁的顶部，更不见有墙的残迹，因此这高度 50 米的绝崖是断难攀越的。出瓮门向南有一条开阔的坡路，可通山下。全城只一瓮门，土堞 15 座，周长 3 公里。

出中墙缺口行 80 米，有三口废井，为石板和石块所填塞。城内遗有石臼两个，偶尔能拾到灰色布纹瓦残片。据云：1928 年有农民刘姓来城内开荒，从三口井中起出五六百斤废铜烂铁，其中有刀镞等兵器和三足铁锅。

关于东夏国都城的再探讨

景爱撰（《延边大学学报》1981年第4期）

在城内出土有天泰三年款的东夏官印、“南京镜子局”款的东夏铜镜、长命富贵款铜镜、福德长寿款铜镜以及多达三十二种的宋金铜钱，在城外的山上出土有天泰八年款的青铜印函盖等等大量的遗物。

东夏的官印和铜镜

王健群撰（《社会科学战线》1980年第2期）

南京路勾当公事之印　印面 6 厘米见方，厚 1.4 厘米，长方形握钮，钮高 3 厘米。印文篆书“南京路勾当公事之印”。印背左刻“天泰三年六月一日”。左侧面刻“南京行部造”，上侧面刻“南京路勾当公事印”。1958 年延吉市城子山出土。

兵马安抚使印　印面 7.5 厘米见方，印文篆书“兵马安抚使印”。厚 2 厘米。长方形握钮，钮高 3.5 厘米。印背右刻“南京行部”，左刻“天泰五年四月二十八日造”。侧刻“兵马安抚使印”。铜质，镀金。1962 年于吉林市征集。

铜镜　径长 7 厘米，缘厚 0.3 厘米。长板状握柄，已残断。素平缘，近缘处饰两道凸弦纹。内铸仙人渡海纹。镜背中央直行凸铸“南京路镜子局官押”数字，括以方格。1958 年于长春市征集。据捐献人谈，此镜得自延吉市城子山。

黑龙江古代官印集

杨虎等撰（黑龙江人民出版社本）

万户王字号印　万户王（编者按：“王”为“天”之误）字号印，印文汉字九叠篆“万户王（天）字号印”，印背刻“天泰二年六月日”“北京行六部造”，侧刻“万户印”，1975 年 5 月，海林县（现为市）长汀公社新胜大村出土。

此印现藏于黑龙江省文物考古工作队。参见杨虎等《黑龙江古代官印集》。

勾当公事天字号之印 1976 年，在吉林省珲春县三家子公社斐优城内发现“勾当公事天字号之印”,印背刻“天泰二年三月 ×× 日所造”,侧刻“××× 印”。

此印现藏于吉林省延边州博物馆。

古州之印 1984 年 7 月,在黑龙江省牡丹江市北郊发现一枚“古州之印”。印背左侧刻“应办所造”，右侧刻“天泰二年二月二十五日”。

此印现藏于黑龙江省博物馆。参见《北方文物》1985 年第 3 期,樊万象《古州之印与地望》。

南京路勾当公事之印 1954 年 7 月，在吉林省延吉市城子山山城发现一枚“南京路勾当公事之印”，背刻“天泰三年六月一日”，侧刻“南京行部造南京路勾当公事印”。

此印现藏于吉林省博物馆。

参见王健群《东夏的官印和铜镜》，载《社会科学战线》1980 年 2 期。

监造提控所印 1977 年 4 月，在黑龙江省哈尔滨市依兰县城北发现一枚“监造提控所印”，背刻“天泰四年六月造”。侧刻“监造提控所印”。

此印现藏于黑龙江省依兰县文物管理所。

参见《黑龙江古代官印集》第 71—72 页。

副统所印 1973 年 4 月，在吉林省延边州珲春县三家子公社斐优城内发现一枚“副统所印”，背刻“天泰四年”。

此印现藏于吉林省博物馆。

兵马按抚使印 1962 年，在吉林市发现一枚“兵马安抚使印”，背刻“天泰五年四月二十八日造南京行部”，侧刻“兵马安抚使印。”

此印现藏于吉林省博物馆。

参见王健群《东夏的官印和铜镜》，载《社会科学战线》1980 年 2 期。

夺与古阿邻谋克之印 1970 年，在黑龙江省哈尔滨市巴彦县松花江乡发现一枚“夺与古阿邻谋克之印”。背刻“天泰七年十二月少府监造”，侧刻“夺与古阿邻毛克印”。

此印现藏于黑龙江省博物馆。

参见《黑龙江古代官印集》第 39 页。

印记 明治四十二年（1909 年），在吉林省延吉市东城子山山城发现一枚“印记”（实际仅是一枚印盖）,背刻“天泰八年二月份四品印二寸三分二厘五毫官”。

此印记不知去向。参见《满洲历史地理》第 2 卷,《东真国疆域》一文。

不匋古阿邻谋克之印 民国八年（1919年），在黑龙江省宁安县城子后古城发现一枚“不匋古阿邻谋克之印”。背刻“天泰十八年”。

此印不知去向。参见《宁安县志》,《文物参考资料》1957年11期。

吏部主事之印 1975年6月,在吉林省延吉市发现一枚“吏部主事之印”，背刻“天泰九年六月份少府监造”，侧刻“吏部主事之印”。

此印现藏于吉林省延边州博物馆。

行军万户之印 1975年，在吉林省延边州珲春市三家子公社斐优城内发现一枚“行军万户之印”，背刻“天泰九年七月份少府监造”。

此印现藏于吉林省延边州博物馆。

行军万户之印 1980年8月，在吉林省珲春市三家子公社斐优城内发现一枚“行军万户之印”,背刻“天泰九年七月份少府监造”,侧刻“行军万户印”。

此印现藏于吉林省延边州博物馆（此印与上印名称同，大小不同）。参见《吉林省考古学会通讯》第1期。

军政之印 1950年，在吉林省通化市柳河县凉水河镇发现一枚“军政之印”，背刻“天泰十四年十月”。

此印不知去向。参见罗福颐《古玺印概论》。

尚书礼部之印 1980年，在吉林省珲春市三家子公社斐优城内发现一枚“尚书礼部之印”，背刻“大同二年八月日少府监造”。

此印现藏于吉林省延边州博物馆。参见《吉林省考古学会通讯》第1期。

勾当公事致字号之印 1972年,在黑龙江省牡丹江市穆棱县发现一枚“勾当公事致字号之印”，背刻“大同四年月日礼部造”。

此印现藏于黑龙江省牡丹江市文物管理所。

会州广盈仓印 1977年5月，在黑龙江省依兰县演武基公社幸福大队发现一枚“会州广盈仓印”,背刻“大同四年九月日礼部造”,侧刻“会州广盈仓”。

此印现藏于依兰县文物管理所。参见《黑龙江古代官印集》第102页。

会州劝农之印 1957年,在吉林省农安县柳条沟乡青山口屯发现一枚“会州劝农之印”，背刻“大同四年九月”字样。

此印现藏于吉林大学历史系。参见谔士《记吉林农安出土金会州劝农官印》，载《考古》1961年1期。

知审计院事印 ×××年,在×地发现“知审计院事印”一颗,背刻“大同五年五月礼部造”，侧刻“知审计院事印”。

此印现藏于辽宁省博物馆。

德虎鲁府军政之印 民国十二年（1923年），在吉林省珲春县东北城墙砬子古城内发现一枚“德虎鲁府军政之印”，背刻“大同六年礼部造”字样。

此印现不知去向。参见金毓黻《东北古印钩沉》。

勾当公事之印 1975 年 9 月，在吉林省延吉市城子山山城发现一枚“勾当公事之印”，背刻“大同七年七月礼部造”。

此印现藏于吉林省延边州博物馆。

勾当公事之印 1966 年，在吉林省辉南县辉发城长春堡北下坎发现一枚“勾当公事之印”，背刻“大同七年七月礼部造”字样。

此印现藏于吉林省博物馆。

副统所印 1980 年 8 月，在吉林省珲春县三家子公社斐优城内发现一枚“副统所印”，背刻“大同八年四月日”，侧刻“副统印”。

此印现藏于吉林省延边州博物馆。参见《吉林省考古学会通讯》1 期。

勾当公事之印 民国二十年六月（1931 年），在吉林省珲春县八连城发现一枚“勾当公事之印”，背刻“大同八年六月”，侧刻“勾当公事”。

此印不知去向。参见斋藤甚兵卫《“间岛”の史迹》《珲春县乡土志》。

总押所印 1969 年，在吉林省延吉县桃源公社太阳大队发现一枚“总押所印”，背刻“大同十年七月礼部造”，侧刻“总押印”。

此印现藏于吉林省延边州博物馆。

副统所印 1973 年，在吉林省敦化县大蒲柴河公社马圈子古城发现一枚“副统所印”，背刻“大同十年七月礼部造”，侧刻“副统印”。

此印现藏于吉林省延边州博物馆。

注：关于天泰、大同官印的著述，参看张绍维、李莲《东夏年号的研究》，载《史学集刊》1983 年第 3 期。另据张英《东夏国纪年》(《吉林省博物馆研究》)，还发现一颗大同二年官印、两颗大同四年官印、一颗大同八年官印。

“北京验记”金代铜镜

张泰湘　陶刚撰（《求是学刊》1982年第3期）

近来，在海林县大海林林业局地区出土了一批金代铜镜。这批铜镜共有 6 面，5 面完整，1 面残半；均为圆镜，大小不一，纹饰各异。其中最重要的是一面带有“北京验记”字款的人物故事镜。

此镜圆纽，镜背上的图案比较别致：右侧为一妇女似在织布；前面为一妇人手托一卷布匹，两小儿一前一后，随同妇人向织布妇女走去；左上侧为一圈栏，栏中种有花木；右上侧为一摇曳不停的小树，树上花儿朵朵，并有绿叶相扶。画面充满了生活气息。

东夏年号的研究

张绍维　李莲撰（《史学集刊》1983年第3期）

迄今已经发现的有天泰年款的官印，总计有十四方（见表一 1—14 项）。其中“二年”二方，“三年”一方，“四年”三方，“五年”一方，“七年”一方，“八年”一方，“九年”三方，“十四年”一方，“十八年”一方。

大同年款的官印在吉林、黑龙江不断出土，目前已知有十三方之多（参见表一第 15—27 项），……总计“二年”两见，四“年”三见，“五年”一见，“六年”三（一）见，“七年”两见，“八年”两见，“十年”两见。

边刻天泰、大同年款古代官印著录（表一）

官印名称	印背、印侧刻款	长×宽×高（cm）	发现时间	地点	现藏单位	备注
万户天字号印	背：天泰二年六月日北京行六部造 侧：万户印	7×7×4	1975年5月	海林县长汀公社新胜大队	黑龙江省文物考古工作队	《黑龙江古代官印集》
勾当公事天字号之印	背：天泰二年三月××日所造 侧：×××印	6×6×5	1976年	珲春县三家子公社斐优城内	吉林省延边州博物馆	藏号20
南京路勾当公事之印	背：天泰三年六月一日南京路勾当公事印 侧：南京行部造	6×6	1954年7月	延吉县城子山山城	吉林省博物馆	藏品853号；王健群：《东夏的官印和铜镜》，《社会科学战线》80年2期

续表

引进使印	背：天泰四年		成化乙巳年（1485年）	朝鲜咸镜北道稳城		曹伸：《谀闻琐录》《朝鲜实录》
监造提控所印	背：天泰四年六月造 侧：监造提控所印	7×7×4.7	1977年4月	依兰县城北	黑龙江省依兰县文物管理所	《黑龙江古代官印集》
副统所印	背：天泰四年	6.6×6.6×4.1	1973年4月	珲春县三家子公社斐优城内	吉林省博物馆	藏品1001号
军政之印	背：天泰十四年十月（十四年应为四年之误读）	7.5×6.9	1950年	柳河县凉水河镇		罗福颐：《古玺印概论》
兵马按抚使印	背：天泰五年四月二十八日造南京行部 侧：兵马按抚使印	7.5×7.5	1962年	吉林市	吉林省博物馆	鎏金铜印。藏品号1006；《东夏的官印和铜镜》
夺与古阿邻谋克之印	背：天泰七年十二月少府监造 侧：夺与古阿邻毛克印	6.5×6.5×4	1970年	巴彦县松花江公社	黑龙江省博物馆	《黑龙江古代官印集》
印记	背：天泰八年二月份四品印二寸三分二厘五毫官		明治四十二年（1909年）	延吉县城子山山城		《间岛省古迹调查报告》《满洲历史地理》
不匐古阿邻谋克之印	背：天泰十八年（应为天泰八年之误读）	6.5×6.5	民国八年（1919年）	宁安县城子后古城		《宁安县志》《文物参考资料》1957年11期

续表

吏部主事之印	背：天泰九年六月份少府监造 侧：吏部主事之印	5.7×5.7×5.3	1975年6月	延吉市	吉林省延边州博物馆	藏品23号
行军万户之印	背：天泰九年七月份少府监造	6.5×6.5	1975年	珲春县三家子公社斐优城内	吉林省延边州博物馆	藏品22号（柄残）
行军万户之印	背：天泰九年七月份少府监造 侧：行军万户印	6.6×6.6×4.5	1980年8月	珲春县三家子公社斐优城内	吉林省延边州博物馆	吉林省考古学会：《吉林省考古学会通讯》1期
合重浑谋克印	背：大同二年少府监造		康熙丙寅年（1686年）	海林县		杨宾：《柳边纪略》
尚书礼部之印	背：大同二年八月日少府监造	7.5×7.5×5.8	1980年	珲春县三家子公社斐优城内	吉林省延边州博物馆	吉林省考古学会：《吉林省考古学会通讯》1期
勾当公事致字号之印	背：大同四年月日礼部造		1972年	穆棱县	牡丹江市文物管理所	
会州广盈仓印	背：大同四年九月日礼部造 侧：会州广盈仓	5×5×4.5	1977年5月	依兰县演武基公社幸福大队	依兰县文物管理所	《黑龙江古代官印集》
会州劝农之印	背：大同四年九月	5×5×4.5	1957年	农安县柳条沟乡青山口屯	吉林大学历史系	谔士：《记吉林农安出土金会州劝农官印》，《考古》1961年1期

续表

知审计院事印	背：大同五年五月礼部造 侧：知审计院事印	7×7×4.5			辽宁省博物馆	藏品3351号
德虎鲁府军政之印	背：大同六年礼部造	6.5×6.5	民国十二年（1923年）	珲春县东北二百十里城墙砬子古城内		金毓黻：《东北古印钩沉》
勾当公事之印	背：大同七年七月礼部造	5.6×5.6×5	1975年9月	延吉市城子山山城	吉林省延边州博物馆	藏品21号
勾当公事之印	背：大同七年七月礼部造	5.7×5.7×5.2	1966年	辉南县辉发城长春堡北下坎	吉林省博物馆	藏品984号
副统所印	背：大同八年四月日 侧：副统印	6.8×6.8×5.4	1980年8月	珲春县三家子公社斐优城内	吉林省延边州博物馆	吉林省考古学会：《吉林省考古学会通讯》1期
勾当公事之印	背：大同八年六月 侧：勾当公事	5.5×5.5	民国二十年六月（1931年）	珲春县八连城		斋藤甚兵卫：《“间岛”の史迹》《珲春县乡土志》
总押所印	背：大同十年七月礼部造 侧：总押印	6.5×6.5×5.6	1969年	延吉县桃源公社太阳大队	吉林省延边州博物馆	藏品18号
副统所印	背：大同十年七月礼部造 侧：副统印	6.5×6.5×5.2	1973年	敦化县大蒲柴河公社马圈子古城	吉林省延边州博物馆	藏品19号

东夏国的铜官印

许玉林撰（《辽金契丹女真史研究动态》1984年第2期）

辽宁省博物馆收藏一枚方形印面，长方形纽的铜官印。印背右边刻有“大同五年五月”，左边刻有“礼部造”，左侧刻有“知审计院部”等字。印文为篆书：“知审计院事印。”

龙井县文物志

吉林省文物志编委会主编

【龙井县文物志五五页**】 太阳古城** 城址在桃源乡太阳村村北河岸台地上，距村落500米，布尔哈通河环流于城址的北、东、南三面，长图铁路在城址西由北向南通过，相距100米。

城呈长方形，北墙的西端微微突出，方向175度，周长361米，东墙105米，南墙73米，西墙110米，北墙70米。城墙用土石混筑。在城内偏南部有一道东西向城垣，把城分割成南北两部分。

城内辟为水田，城墙墙基变为池埂，上面堆积有不少石块，城墙已失去原貌。在东、南、北三面墙上不见豁口，唯西墙上有两处豁口，宽各15米，一个在西墙的北部，可进城的北区，一个在西墙的中部，可入城的南区，似为门址。

1972年，延边博物馆曾对城址进行过调查，采集到莲花纹瓦当、指压纹板瓦。1984年，文物普查队又在城里采集到笔管纹板瓦和青灰色砖块以及大量的青灰色陶器口沿，口沿均为圆唇折沿。

在该城西南2000米处有一石棺墓群。延边博物馆曾清理了1座墓，其形制与和龙县北大渤海古墓相似。

上述器物，均为渤海时期的典型文物，附近又有渤海时期的墓群。由此推断，该城应建于渤海时期。

1974年，当地群众在城内，采集一方铜印，是“大同十年礼部造”的“总押之印”。大同年号的铜印，在延边地区出土不少。史学界对大同年号的看法有所分歧。有人认为是东夏国的年号，有人认为是1233年东夏国国王蒲鲜万奴被俘后，其后裔改用的年号。不论哪一种说法，此印都与东夏国有关。由此推断，该城在东夏国时期也可能沿用。

该城位于布尔哈通河西岸，是延吉通往敦化的交通要冲之地，可能是控扼这条交通要道上的军事城堡。

【龙井县文物志六〇页**】 船口山城** 山城位于开山屯镇北7500米船口村五屯西北300米处，属光开乡所辖。

山城一带，西有一东南—西北向的山沟，俗称北獐沟。东500米有图们江北向流下，西北有起伏的山峦相连，城东山下有图们市至开山屯镇公路。山城南面有南北长500余米、东西宽3500米的图们江冲积小盆地。这里土地肥沃，气候温和，是光开乡著名的产稻区之一。

此城址由东南城和西北城两部分组成。城址近菱形，方向140度。东南城周长1960米，西北城周长1814米。城墙高度约为4米。城依山脊的走向而筑。东南城的东部，因山坡坡降度较大，未见城墙痕迹。西北城的西北墙东北段，筑于略缓的山脊上，因而城墙最高，墙外高7.1米，内高5.7米，底宽26.1米，上宽1米。西北城的东北墙衔接于东南城的西北墙偏东北处，其西南墙与东南城则是隔一山涧而相连，山涧末端在西北城和东南城瓮门衔接处。由此而东北有一道人工开凿的壕沟，长450米，宽16米。壕沟从西北城的东北墙东段穿出，与西北城外的另一山沟连通，成为西北城通往城外的唯一通道。西北城的西北墙，筑有3个向外隆凸的土台，无门址设施。东南城的西北墙中部略偏东北设有一瓮门，瓮门东北亦见两个隆凸的土台。东南城的西南墙、南墙，各有一小山涧。东南城为主城，西北城应是附属城。

东南城近西角处有一大型建筑址，32块础石以东西向排列成3行，附近散存有指压纹板瓦、平头板瓦、滴水瓦、鬼面瓦当、轮制泥质灰陶器底等遗物，这里是山城的中心。城西角处亦见一小方形土围建筑痕迹，从此南望，可一览小平原之景象，似为哨卡。大型建筑址的东北有一较平缓的坡地，拾有泥质灰陶环耳、陶片等，还能隐约看见若干低矮的小土墙痕迹。这里应是主要居住区。

城外遗存，在东南城的西部不足500米的另一山头上，有1座烽火台。

船口古城应为渤海始建，辽、金时期继续沿用的古城。

【龙井县文物志六二页**】 城子沟山城** 城址在桃源乡太阳村城子沟，距太阳村西南2500米。城子沟呈簸箕状，沟口在北，沟内地势南高北低，一小溪由南向北流入布尔哈通河。布尔哈通河离城子沟沟口只有1000米。沟外，马蹄形的山岗环绕沟的东、西、南三面，沟外山势险峻陡峭，从外部不易攻入。城墙修筑在山岗的脊背上，墙身为土石混筑。

城呈不规则的椭圆形，周长2500米，南北各有1门，南门外有瓮城，呈方形，门址面向西南。城墙上共设有7个马面，其中4个伸出墙外，3个伸进墙内。城内坡地和平地曾辟作耕地，现在除一部分仍为耕地外，大部分变成撂荒地，上面散存有灰色陶片。在靠近东、西、南三面的坡地上有不少建筑址，三五成行，从上而下排列，形成台阶。

1973年，延边博物馆对城址作过调查，在南门附近采集两块擂石。擂石做球状，一大一小，大者直径17厘米，小者直径12厘米。

从该城既有马面、瓮城，又出土过擂石等情况分析，城子沟山城应是辽、金时期的古城。城子沟山城修筑在布尔哈通河流域，当是交通要道上的军事重镇。

【龙井县文物志六三页**】 白石砬子山城** 山城位于桃源乡太阳村东南1500米白石砬子山上，故称白石砬子山城。因城址在桃源屯附近，过去有人称桃源山城。

白石砬子山势南高北低，是一条耸立于群峰之中的山岗，山岗的北端有一平整的台地和一山峰。白石砬子山城就修在这里。山城的地势西高东低，西南有一山峰，山峰的东、南、北三面为缓坡地，坡地末端有平整的台地。台地的东、南、北三面山势很陡，布尔哈通河在其周边山麓下流过，台地高出河滩20多米。台地南边河滩上有桃源乡水电站。台地北边山脚下有长图铁路通过。

城呈不规则的长方形，周长1675米，城墙修筑在台地的东、南、北三面边缘上和西边山峰的山脊上，用土石修筑。东墙中部有瓮门，门面向北。在城的东南、东北、西北角均有角楼遗址；在城的东北部有长方形城垣，东西长125米，南北宽90米，底宽2米，高1米。在城的中部有一池子，椭圆形，直径20~30米。在城的西南部有建筑址。

城内曾辟为耕地，现变成撂荒地和松树林，已有不少建筑址被毁掉。

在城内未采集遗物，但从城有瓮城、角楼、马面等情况推断，该城应是辽、金时期的古城。

【龙井县文物志六四页**】 偏脸山城** 城址在铜佛乡永胜村东偏脸山上，距乡所在地铜佛寺东3000米。偏脸山为耸立在一山岔末端的孤山，海拔358米，高出附近河滩约100米。山顶北高南低，背风向阳。山势险峻，东、南、北三面为峭壁悬崖，西面与漫岗连接，地势平缓。南约300米处有布尔哈通河由西向东流去。河的南北两岸为平整的水田地。东北两面有很深的沟壑，沟里的小溪，往南注入布尔哈通河。

城呈不规则的圆角长方形，周长 380 米。城内有一道东西向城垣，把城分成南北两区。城墙用土石混筑，破坏严重，底宽 7 米，高 1~2 米。西墙上有 3 个马面，均伸出墙外。城门设在北墙的西端，宽 6 米。

日伪统治时期，日本学者对这一城址作过调查，并把情况写入《间岛》一书中，命名为太平沟山城子，断代为金代。

在 1984 年的调查中，采集到有托柱痕的白瓷碗底、饰方形压印纹陶片、卷沿侈口陶器口沿和石臼。这些均为金代文物。又从城有马面的情况看，偏脸城应是金代古城。

【龙井县文物志六五页**】 三山洞山城** 城址在朝阳乡三峰村三山洞北山山顶上，城内有三山洞原始文化遗存。山城地势险要，东北两面陡峭，西面接漫岗较平缓，南面为陡坡地，南距 500 米有三山洞村落。山顶北高南低。城墙修筑在山顶周边边缘上。

城呈簸箕形，周长 2075 米，城墙用土石混筑，宽 4 米，高 1~1.5 米，在西面的墙上有一缺口。从山下通往山顶的大车道通过这一缺口，似为当年的门道址。在此缺口外边采集到很多石球和石饼。石球琢制，断面呈椭圆形，一头均有乳突，大小不一，大者径 5.7~7.6 厘米，小者径 2~4 厘米。石饼呈月饼状，打制，大小不一，大者径 7~9.3 厘米，厚 2~3 厘米，小者径 4.6 厘米，厚 0.6~0.7 厘米。石球和石饼,在延边地区是首次发现,似为擂石,但不知用法。

城内有两道石墙，宽 1~1.5 米，高 0.1~0.5 米。石墙以北部山峰为基点呈扇边形。

日伪统治时期,日本学者对该山城作过调查,并从群众手中购得两枚铁镞。一枚为四菱式，一枚为扁平式，均为辽金时期遗物。

从上述情况分析，三山洞山城应是辽金时代的古城。

【龙井县文物志六六页**】 城子山山城** 山城在延吉市东 10 千米长安镇磨盘村山城里屯西城子山上，因山上有古城，故称城子山。

城子山略呈马蹄形，在东、东北两处有沟壑，沟里各有一小溪。西北有一山峰耸立，它是城子山的主峰，海拔 390 米，其南还有一山峰，东有一山峰，海拔 277 米，东南还有一山峰。在这 4 个山峰之间，除两处沟壑外，均以山岗连接，形成四峰两沟四面坡三个台地。台地在四面坡地中间，台地都微斜缓，分布在山城的西北、中部和东南。山的东、南两面山势险峻，西、北两面稍缓，西面接漫岗，北面临小河沟。在东、南两面山麓下有长图铁路由西向东后折向北延伸，往南有布尔哈通河顺着铁路奔流。在东南1000米处有海兰江由南向北注入布尔哈通河。布尔哈通河南岸和海兰江两岸为冲积盆地。在东南2千米海兰江西岸有一座古城为渤海始建，辽金时期沿用的土城。山北为峡谷，谷里有一小溪，由西向东流入布尔哈通河。往北有高岗，高岗顶部东端有古遗址。遗址东坡有上山下山的“之”字形古道。

城子山山城,就是利用这优越的城子山地势修筑。山城呈不规则的椭圆形。城墙除西面一山峰伸入城内外，其余地段均修筑在山峰和漫岗的脊背上，周长4454米。城墙用石块砌筑,后用土覆盖,基宽5~7米,高1~3米。东、东北、西、东南均有城门址。除东南门外，均有瓮城。在西门外，有一道土筑城垣，呈“∧”形,墙的一段方向205度,延伸30米,另一段方向105度,延伸40米。在东南门内又有一段城垣残段，呈“∧”形，其中一边墙，方向100度，延伸40米；另一边墙，方向190度，延伸40米，于25米处有一缺口，宽1米。

城内中部台地上有宫殿址，殿基为台阶式，共9阶，其中6阶较为明显，布列有础石，由东南向西北方向呈一字排列，距离为12.5米、22米、22.5米、19米、22米、15米不等。础石的排列，大致呈长方形，大小不等，大致相仿。其中1件，长60厘米，宽50厘米，厚15~28厘米。殿址上，还散存有青灰色布纹瓦和陶片。当地群众在殿址附近，发现“兵马安抚使之印”。

在殿址东南200米处，散存有大量的红色网格纹或绳纹瓦片，与集安县丸都山城出土的同类瓦相同。

城内西北部台地上，散存着大量的瓦片，均为青灰色，有指压纹板瓦和波纹勾滴。“南京路勾当公事之印”，就是在这里采集的。

城内东南部台地上，也散存一些瓦片，数量不多。

城内四面坡地上，也散存瓦片，说明这里也有建筑址。

多年来,在城子山山城中出土了大量的文物,其中有瓦、铜器、铁器、瓷器、陶器和玉器等。

瓦分三种：一种为高句丽的网格纹、席纹、绳纹板瓦；第二种为渤海的指压纹板瓦；第三种为辽金时期的边缘饰波纹、面上饰锯齿或梅花纹的勾滴。

铜器种类很多。主要有铜印、铜镜和铜钱等。

铜印有东夏国的“南京路勾当公事之印”“兵马安抚使之印”和“勾当公事之印”。

铜镜有“长命富贵”镜、“德富长寿”方镜。

除此之外，还出土铜砝码、小铜人像、小铜兔、铜象棋子等铜制品。

铁器有高句丽的铁锅、金代的铁镞、马镫、车辖、铁斧、铁矛等。

陶器有高句丽汉式提梁罐以及渤海、辽金时期的灰陶片。采集的陶片均为器底和口沿。器底均为平底。口沿大致分为两种：一种为圆唇折沿；另一种为圆唇卷沿。

瓷器有白瓷片，钧窑生产的小瓷碟等。

除上述器物外，还出土捶衣砧板，雕有凸圆圈的石础、石磨、石臼、玉带饰、鸳鸯佩、玛瑙佩饰等。

从城墙的修筑方法和出土文物分析，城子山山城可能始建于高句丽，后来由渤海、辽金、东夏国沿用，到了东夏国时期成了行都南京的治所。

【龙井县文物志六九页**】** **养参峰山城** 养参峰山城位于智新乡城南村西南5000米处养参峰山巅。养参峰东南及南为连绵起伏、层峦叠嶂的群山，西山下2000米为德寿村，东北可远眺智新乡六道河上游盆地。此处山高水低，沟岔交错，居高临下，是一处较险要的战略要地。

山城居于山峰制高点东侧稍凹的坡地上。平面略呈掌形，西高东低，顺山脊走向修筑城墙，以此环抱山城。墙以土修筑，高1~2米不等，周长1952米，墙内侧多呈土壕状，宽2~3米，深1米，大体走向同城墙平行。城墙上还建有土台，凹坑状设施，北墙外尚有附加城墙。土台共有5处，均在较大的城墙转折点高处，相继位于城东南、正南、正西和东北角上。土台平面多呈半圆形，突出城墙外2~5米，内有土坑状设施遗迹，推测其作用可能同平原城角楼或马面相同。凹坑状设施均分布在与城墙平行的土壕内侧近处。多呈圆形，直径2米，深0.5~1米，共发现33处，多集中于山坡较缓的北部和西北部城墙内侧，与主要防御方向有关。附加城墙设施，发现1处，在北城墙中段，平面呈弓背形，其两头直接附于主干城墙内侧，长24米，同主干城墙间隔8米。

城门有东门1处，宽3米，城门南北连接着沿山坡向里修筑的城墙。城门还筑有附加城墙一道，其残长达40米，基宽5米，高2.5米，与原城墙相隔4米。在城门外南侧有直径达10米的圆形土墙设施。并在城门内南北两侧道旁也修有长方形或椭圆的土筑设施3处，其中1处南北长8米，东西宽6米，内呈凹坑状，周围呈土坑状。

居住址在距城门150米处坡地的南北两侧。在废弃的耕地地面上呈现出台阶状平面。

城内遗物稀少，其中1件为平底器残件，因其残而无法辨认器形。据在此城内种过地的农民反映，城内曾经出土过铁镞等遗物。并在距城3000米的东北山下长丰洞附近出土过辽金时期的金属锅。

【龙井县文物志七一页**】** **清水山城** 山城在三合镇清水村清水洞屯西北

2000 米，东距三合镇约 6000 米。

城址修筑在巍峨雄壮的金山山脉的南端，海拔 500 米。城西有一图们江支流南向流下，自城南 2000 米处折东流过 5000 米后，汇入图们江，城东有起伏的山脉，地势较缓。

城址依山势而修筑。城址略呈掌形，方向 150 度，土石混筑，城墙周长 2053 米，高度 2~5 米，上宽 1~3 米，基宽 10~17 米。古山城正中有一较深的山涧，俗称古城沟。沟向为东南—西北向。城墙自近沟末端处，沿陡立的山坡分别向东北、东南修筑，至山脊后，就分别沿山脊走向修筑，直到会合为止。

城墙为内外的自然山土所筑。北部修筑较高，达 5 米余。北墙外亦见一道高约 1 米的矮墙。北墙正中有一门址，并有瓮城。北墙东段有两个隆起的土包，可起到马面作用。在北墙与东北墙相连处有一形如瓮城设施，但不见通往城外的门道，而在城内侧西南向 10 米处，有两个相连的 5 米 ×5 米的簸箕状凹坑，这里应是主要防御区。东北墙上亦见隆起的小土包，可能是军事设施。

城内围绕沟的末端，有一处较大的平地。沟末端左侧平台上为主要建筑址，现有础石和灰色布纹板瓦若干。据当地老农说，该城址曾出土过铜佛 1 尊，在伪满时带到朝鲜卖给会宁郡博物馆，买主只付伪币 5 角钱。还出土过许多铜钱，现下落不明。沟末端右侧平台地上有一低矮的土筑围墙。

【龙井县文物志九九页**】 长城遗迹** 长城遗迹蜿蜒于和龙、龙井两县和延吉市的北部山区，土石混筑，大部分地段修筑在山脊或山脊的一侧，部分地段跨越山岭、峡谷和河川。长城呈弧形，似为古代拱卫海兰江和布尔哈通河盆地的军事建筑设施。

据目前调查的情况看，长城经由如下几处。

长城自和龙县八家子乡的丰产开始，中间经由和龙县西城乡的明岩，龙门乡的亚东、龙门，龙井县细鳞河乡的长城、日新、文化、小北，桃源乡的大箕、廉明、官道、官船，铜佛乡的泗水，朝阳乡的石山，八道乡的互助、双凤，延吉市烟集乡的平峰山、台岩、南溪、利民，兴全乡的红旗（清茶馆）、广兴，龙井县长安镇的磨盘，最后到达龙井县长安镇鸡林北山。

在长城的左右两侧，筑有数十座墩台，少数被现代利用作为竖立测量标志架用，多数废弃。目前发现的有 3 座遗址：

第一座在和龙县亚东村亚东水库南海兰江支流头道江右岸台地上，南有头道至长仁江的公路。公路两旁高山耸立，东有开阔的头道平原，北为河川峡谷，地势险要。遗址土筑，长方形，长 1 米，宽 14 米，墙基宽 6 米，上宽

2 米，高 2.1 米。南墙上有豁口，似出入口。

第二座在延吉市烟集乡平峰山腰台地上，石块砌筑，长方形，东西长 21 米，南北宽 10 米，墙宽 1 米，高 0.5~1 米，中间有一道南北向墙，把遗址分隔为二。西墙外，还附有东西长 8 米，南北宽 6 米的建筑址。

第三座在龙井县长安镇鸡林村北山上，石筑，长方形，西南向，长 27~32 米，宽 18~20 米。墙宽 2 米，高 1~1.5 米。在西南墙上，有一豁口，宽 4 米，似为出入口。遗址居高临下，控扼海兰江和布尔哈通河之间的通路。

上述 3 座遗址，从其规模、所处的地理环境分析，应是与长城有关的戍堡。

在长城附近有不少古城：

1. 渤海中京显德府遗址和龙县西古城，距长城东 1000 米。

2. 明岩古城，位于长城东 1000 米。

3. 和龙县东古城，有人认为是金代曷懒路治所，位于长城东南 1500 米。

4. 大灰屯古城，系渤海古城，位于长城西 2500 米。

5. 泗水渤海、辽金遗址，位于长城南 2500 米。

6. 台岩渤海、辽金古城，位于长城南 1500 米。

7. 南溪渤海古城，位于长城附近。

8. 城子山山城，东夏国行都南京城址。长城在其北 1000 米，东 2000 米处迂回延伸。

对长城的调查尚未完成，长城的两端延伸何处，尚不清楚。

【龙井县文物志一〇二页**】 南京路勾当公事之印** 1954 年 7 月出土于长安镇城子山山城。印文汉字九叠篆“南京路勾当公事之印”，背刻“天泰三年六月一日”“南京路勾当公事印”，侧刻“南京行部造”。印面呈方形，边长 6 厘米，印背施一长方板状纽。现藏吉林省博物馆，藏号 853。

勾当公事之印 1957 年 9 月出土于长安镇城子山山城。印文汉字九叠篆“勾当公事之印”，背刻“大同七年七月”“礼部造”。印面呈方形，边长 5.6 厘米，印背施一长方形板纽。通高 5 厘米，现藏延边博物馆，藏号 21。

【龙井县文物志一〇三页**】 总押所印** 1969 年出土于桃源乡太阳古城。印文汉字九叠篆“总押所印”，背刻“大同十年七月”“礼部造”，侧刻“总押印”。印面呈方形，边长 6.5 厘米，背施一长方形板纽。通高 5.6 厘米。现藏延边博物馆，藏号 18。

【龙井县文物志一〇七页**】 小缠枝纹镜** 长安镇城子山山城出土。面微凸，缘较窄，背有小半圆形桥纽，饰有缠枝花花纹。缘厚 4.5 厘米、内厚 0.28 厘米、直径 7.55 厘米。此镜较小，不宜室内悬挂，便于随身携带。此镜应为东夏国文物。

现藏延边博物馆，藏号 509。

小海兽葡萄纹镜　长安镇城子山山城出土。镜面微凸，小窄缘，缘内饰一圈缠枝纹带，背有半圆形桥纽，饰有海兽 8 只，以及葡萄状纹样。缘厚 0.39 厘米、内厚 1 厘米、直径 5.9 厘米。为东夏国文物。现藏延边博物馆，藏号 510。

【龙井县文物志一〇九页**】　小铜兔**　长安镇城子山山城出土。青铜质铸成。昂首竖耳，作奔跳状，雕工甚细，毛茸可见。兔腹背有一相通的长方形穿孔，可穿系革带，应为佩饰。此兔当为东夏国文物。1962 年延边大学移交延边博物馆收藏，藏号 520。

母子小铜像饰　长安镇城子山山城出土。母亲面颊丰腴，着裙裾，系双发髻，作站立状。左前方雕一小儿亲昵地抱着母亲的左腿，表现了母子之情。发髻上有一小长方形孔，可系绳于其中。此饰件造型生动，形象逼真，将母子之情刻画得淋漓尽致，是一件极好的工艺品。通高 5 厘米。1962 年延边大学移交给延边博物馆收藏，藏号 518。

占卜器　1964 年 4 月出土于磨盘村城子山山城。圆形，上下两端有方环耳，下耳残，正面是十二干支图，背面纹饰不清。直径 5.38 厘米、厚 0.15 厘米、耳宽 1.58 厘米、长 0.75 厘米。此器为东夏国文物。现藏延边博物馆。

【龙井县文物志一一三页**】　小瓷碟**　长安镇城子山山城出土。地方钧窑制品，外壁为豆绿色釉，碟盘无釉，釉亦不及底，盘径 8 厘米、底径 5.5 厘米、通高 1.5 厘米。现藏延边博物馆，藏号 532。

【龙井县文物志一一六页**】　玉雕鱼佩饰**　长安镇城子山山城出土。佩饰通体晶白，制工精细，形如浮游的鲤鱼，头部残。金代习见于鲤鱼纹饰，并且常常把千姿百态、栩栩如生的鲤鱼形象，铸于铜镜之上，加以欣赏。但将其雕刻成佩饰还不多见。残长 4.7 厘米。此应为东夏国文物。现藏延边博物馆，藏号 524。

白玉玛瑙带饰　长安镇城子山山城出土。总计 8 件，四种形式。近长方体 4 件，桃形 1 件，柿蒂形 2 件，玉扣 1 件。其中，有一件为青玉质，表面磨光，中凸边凹。两短边正中各钻一方形穿孔。里面还有两对圆形穿孔。是为嵌系带上的装饰。长 4 厘米、宽 3.5 厘米、厚 0.7 厘米。另一件较别致的是带石墨细粒黑点，近圭形的软玉带饰，上端有一穿孔，下端有二穿孔。长 5.2 厘米、宽 1.7 厘米、厚 0.8 厘米。其他 6 件除心形带饰和带扣为玉制品外，均为玛瑙制品。现藏延边博物馆，藏号 526。

【龙井县文物志一一七页**】　水晶双鸳鸯佩饰**　长安镇城子山山城出土。整体近舟形，两鸳鸯首首相对，相互依偎，羽毛丰满，眼鼻清晰，两鸳鸯之间有一腹首相通的圆孔，可系带子于其中。长 5 厘米、厚 2 厘米、高 3 厘米、孔径 0.4 厘米，为东夏国文物。1962 年延边大学移交延边博物馆收藏，藏号 17。

珲春县文物志

吉林省文物志编委会编

【珲春县文物志四〇页**】 斐优城** 亦书裴优城，又名高力城。位于珲春河下游冲积平原的三家子乡古城村。城址西北 1000 米有图们江由北向南奔流，东北 10 千米是珲春镇，东部和北部伸展着大片肥田沃野，北行 5000 米是著名的八连城。

斐优城与温特赫部城一墙相连，斐优城的南墙就是温特赫部城的北墙，并列成东北向与西南向两座城垣。在斐优城内外和城墙断面上发现不少渤海遗物，证明斐优城是辽金时期在渤海旧城的基础上加以改建的。《珲春古城考》记载："斐优城正西县治三十里，四方形长宽各一百八十丈，墙址高三尺许，外有隍，宽二丈五尺，深及三四尺。四面各一门，南门外有瓮城，上列土垒十九。"

斐优城呈不规则的方形，周长 2023 米，东墙长 520 米，西墙长 521 米，南墙长 460 米，北墙长 522 米。城墙系黄土分层夯筑，保存较好，高 3.6 米，底宽 9 米，顶宽 1~1.5 米。现在四面城墙上有十多处豁口，西门与南门址较明显，皆有瓮城遗迹；东、北二墙中部的缺口似城门址，但无瓮城迹象。四角各有一个角楼，城四周共有 14 个马面，城墙外 8 米处有明显的护城河遗迹。古城形制具有常见的辽金古城特征。

在城内外，除出土一些渤海莲花纹瓦当和辽金时代滴水瓦、瓦片、陶片外，还出土 9 方铜印，其中有崇庆年号的"勾当公事威字号之印"、天泰年号的"副统所印""行军万户之印"、大同年号的"副统所印"和"尚书礼部之印"等。此外还出土两颗人纽小铜印（印记）。据考证，"天泰"与"大同"两个年号，是金末蒲鲜万奴所建的东夏国先后使用过的年号，从而证明斐优城是金代古城，后为金末东夏国所据。据《明太祖实录》记载，元代曾设有奚关总管府，又据李朝《龙飞御天歌》记载："奚关城东距薰春江（珲春河）七里，西距豆满江（图们江）五里。"斐优城可能是元代奚关总管府治所。斐优城一直沿用到明代。

【珲春县文物志四二页**】 萨其城** 位于珲春河下游三角形冲积平原东北边缘的南山上。山城似拔地而起，楔入平原。北距杨泡乡杨木林子村落1500米许。城北6000米有珲春河自东向西流。南山的东脉自然形成的两个山口——小汪沟和大汪沟，面对泡子沿村。紧贴南山西麓的一条大道，向南通往松林村。

《珲春县志·古迹》记载："萨其城东南距县治二十五里，在泡子沿南山之麓，就斜坡而筑。四围崇岗环接，城垣即因其高下，三面萦带溪水。东门一，临小湾沟；南二门，临石灰窑沟；西门一，临博和河；北门一，傍山麓。城内面积尚未勘丈。有一小山上留废井二，瞭望台一。"

萨其城乃石筑山城，依起伏的山脊筑成城垣，形状很不规则。其周长约7000米，城墙高约2~3米不等，城墙外侧山的坡度为30~40度，形势颇为险要。紧贴墙内侧有宽2~5米的壕沟，似战时的交通壕。城内分东、西二沟岔，东沟长，西沟短，沟口向西北，宽约200米；沟口中间筑一条东西向长70米、高10米的石墙，横堵沟口，当是北门的辅助防御设施，北门即在此沟口。石墙东部还有一处宽约30米的缺口，城内的一条清澈小溪，穿过缺口，向北流去。在山城之东有一漫长的古代壕沟，此长壕从河北哈达门东荒沟过来，经过泡子沿到此山上与城相接，又过南沟延伸到苏联境内。

全城发现门址5处（东、西各1，南2，北1），各宽8米。北门址是出入山城的重要孔道，出门便是村镇密集的平原，故在北门址内特筑石墙，加强守护。距北门内东南300米的一座小山上，设有瞭望台。登上这个瞭望台，北门外的动向一览在目，亦起监护北门的作用。西门址设在山峦之上，出入西门要走斜陡的小路；西门监守山城西部，具有当关之势。

在山城西南角和东南角各有一处瞭望台。两处瞭望台都是利用突悬外伸百余米的山峰修建而成。西南角瞭望台，高约3米，直径30米，周围绕以石墙。登上此瞭望台，珲春河下游东北部平原的一切，清晰可见。当天气晴朗时，视野可扩大到12.5千米外的珲春镇。两处瞭望台，在军事上起着瞭望作用。

在城内发现两处遗址：一在城内瞭望台小山的西麓；一在其北缓坡之上。小山西麓遗址面积，南北50~60米，东西30米。在遗址地面上散存着较多的灰色和褐色凸面为绳纹、凹面为布纹的板瓦块和筒瓦块，还有指压纹板瓦、灰色席纹板瓦、斜方格纹板瓦和褐色网格纹板瓦、褐色"之"字形纹板瓦，其中较珍贵的是一片带字瓦，灰色，残长21.5厘米、厚2.5厘米，印有凸起的“王”字，下一字残缺。发现的陶器是少量的轮制陶口沿和器耳。口沿，黄灰色，卷缘，侈口，壁厚1厘米；陶耳，黄褐色，平舌状横耳，尖部切齐，耳长5厘米、宽1厘米、壁厚0.7厘米。另据当地群众说，五十年代山城内出土过铁箭头，已散失无存。

山城出土的瓦块形制和花纹，同相距500米的杨木林子渤海寺庙址出土遗物相同，定该城为渤海时期的山城当无误。又据萨其城是构筑在形势险要的山脊上，攻防设施部署谨严得当，并直接控制珲春河下游冲积平原水陆要冲，雄视人口密集的村镇，所以，此城应是渤海时期的军事要塞。

【珲春县文物志四八页**】　通肯山山城**　山城位于春化乡蓝家蹚子村北约7000米。北距黑龙江省宁安县界仅5000米，东1500米有三人沟河由北往南奔腾流去，东隔3000米与红砬子山相对，山城东、西为山谷，高出地面约300米，珲春至东宁公路经过城西约1000米处，南部可远望草坪一带。

山城依非常险峻的自然山势而筑。东、南两面为悬崖峭壁，高约150米，西面山坡亦甚陡，唯北部连山较为平坦。城内地势北部略高，东南部较平缓，西侧为漫坡。城形不规整，南北长约1000米，东西宽约600米，周长约5000米。东、南二面只见悬崖，不见城墙，在转角处或山的边缘向外突出处，有土垒或石垒，附近还有凹坑等痕迹。西、北两面，城墙以石块垒砌，基宽8米，顶宽4米，外侧高达5~8米，内侧2米许，今多已塌落，但尚能窥见当年城之险要和壮观。在北部和西南部各有一大缺口，当是门址。在遗址中部稍偏北处，有房基1处，大石堆1处，小石堆30余处。房基北依高约4米的土岗，以石块垒砌，其范围长约45米、宽约15米，断续不连。大石堆径约5米，高约2米，疑为积石墓。城内亦见近代人们活动迹象……据群众讲，十多年前在大石堆附近见过带把的三足铁鼎，今下落不明。

从地理位置上看，通肯山山城处在从珲春通往东宁、双城子一带的陆路交通要冲，今公路也经此地，清代驿站高力营屯在其北约1500米处，山城当是古代扼守交通的军事要塞。

【珲春县文物志四九页**】　城墙砬子山城**　山城位于距珲春县城东北100千米，春化乡草坪村东1500米的城墙砬子山上。城墙砬子山高崇险峻，登攀艰难，只有东面稍缓，有斜陡的山路可行，山城即修筑在巍然的山脊上。山城东、南两面草帽顶子河环流其下，西面珲春河由北向南流过，在西部河谷盆地中珲春至东宁公路由南向北穿过。城东南1000米为分水岭，是通往海参崴[①]方

① 今为：符拉迪沃斯托克。

面的古道。西南2500米，与营城子古城相对。

城内分成两个沟岔，沟口均在西，南沟叫头道关，北沟叫二道关，二道关比较宽敞，两沟是天然的险要关口。头道关沟口，石垒墙残基尚清晰可辨；二道关沟口北侧，现成为采石场。山城东部不见修城痕迹，仅见日伪时期修筑的碉堡、掩体、战壕等设施。

该城东西2千米，南北3千米，周长约10千米，是这一带最大的古城。《珲春古城考》记载："城墙砬子城东北距县治二百里。在东土门子东北，建于山脊，巍然高耸。城之幅员最为广阔，东西四里余，南北约六里有奇。城内街衢洞达隐约可见，东门一，濒青泥湾河，北门有重垣，外垣俗称头道关，内垣称二道关，外垣皆垒石而成，近年居民掘取，供建筑之用，故已剥落，城内半经垦辟。"这段记载与山城的实际情况基本符合。

城内林深叶茂，地面被厚厚的落叶和丛生的杂草覆盖，不见遗址或遗物。《珲春县志》记载，民国十二年城内居民张春曾掘得铜印一方，印方形直纽，印文为"德虎鲁府军政之印"，印纽旁镌刻"大同六年，礼部造"字样。此印当是金末东夏国的遗物。

【珲春县文物志五〇页】 营城子古城 城址位于春化乡北约7500米，珲春河上游河谷盆地的南端。珲春至东宁公路从其西侧50米处旁越。南距东兴镇（旧名东土门子）2000米，北距草坪屯1500米，东北2500米隔河与城墙砬子山城相望。南300米有东西向平岗，东距500米珲春河由北向南流去，到南1500米处与草帽顶子河汇合。

城址大体面向南，东墙早年被水冲毁，其余三面保存尚好。城的平面略呈东西向的不规则圆角长方形，东宽西窄，城周残长930米，南墙残长354米，西墙长203米，北墙长373米。城垣由土石混筑，其宽约13米，高3~4米，顶宽1.5米。南墙中部有一门址，外有瓮城，瓮城较完整。在西墙偏南亦有一门址，外面瓮城残迹隐约可见。城墙尚存12个马面，间距不等，南墙有3个，西墙有3个，北墙有6个。西南角有角楼址。城西200米处有一高约10余米的小山包，顶部有土垒，当是瞭望台。

城内外早辟为耕地。城内础石、石块等多被移往城外，看不出建筑遗址残迹。据《"间岛"の史迹》记载，1942年日人斋藤甚兵卫在城内东南隅曾发掘一处建筑址，础石排列有序，其础石群规模，东西长8.8米、南北宽8.5米。城内偏东尚有一口圆形竖井，井壁石砌，深3米许，直径0.7米。据传中华人民共和国成立前有一家住户，用过此井。城内地面散布着残碎的瓦片、陶片和瓷片。瓦片灰色，里有布纹，采集到变体莲瓣纹瓦当、兽面瓦当、滴水瓦等。陶器为泥质灰陶，其中见有卷沿、双唇等器口和平底钵、碗、罐之类器底。该城曾出土一把七星铁剑。

从城的形制和出土文物观察，营城子古城当始建于渤海时期，辽金时期改筑沿用。它同城墙砬子山城一样，都是当年扼守通往双城子、海参崴一带交通要冲的军事重镇。

【珲春县文物志五二页**】** **草帽顶子古城堡** 遗址在春化乡桦树村和草帽顶子村之间高约50米的南北走向的山岗上。东临青泥瓦河，距草帽顶子二队屯1000米，再往东3500米有高耸在群山之中的草帽顶子山峰。西临蓝家蹚子河。两河皆由北向南流，两岸为河谷平地。南约500米可至巍峨耸立的城墙砬子山北麓，北500米有过岭的大车道。

山岗顶部较平坦宽敞，东西两面为漫坡，城堡即修筑在这里。

城堡平面呈南北长的椭圆形，长径45米，短径35米，周长为135米。城垣以土石混筑，残高1~2米，门址在西部。外有宽5米，深1米许的壕堑环绕城周。城内平整，在厚约15厘米的表土层下，有约10厘米厚的文化层，内含泥质灰陶片。采集的有敛口方唇、侈口折唇陶器口沿和平底斜壁陶器底等，皆为轮制。根据地望和采集遗物推断，可能是辽金时期的军事城堡。

弓形山城 城址位于距春化乡西北25千米处的原大北城屯北山西南坡上。此山末端向西南突出，俗称王八脖子。周围是绵延起伏的群山。400米许西土门子河从北绕过山城向东流去。原来的大北城屯就在该城的东南500米许的河北岸。大北城因有此山城而得名。今村落已迁移，无人居住。

此城沿山的西南坡修至山顶。城内地势南部坡度较小约15度，北部坡度渐大约30度，西南边缘较陡，高出地面15~30米。城墙土筑，宽5~6米，高1~2.5米不等，周长约1000米。城形不规整，南北长，东西窄，东墙南端较直且高，其余三面略呈弧形，整个平面形状近似弓形，故名弓形山城。城东南角和西南角各有石垒，似角楼，今多遭破坏。东南石垒有现代利用的痕迹，从此往东挖有一条现代壕沟。东墙外顺墙有两条人工挖掘的壕沟，总宽7米，深约2米。南墙中有三处缺口，中部缺口似门址。

城内偏南部稍平缓处有四排东西向阶梯式房场，每排房场东西长20米、南北宽6米许，当是兵营址。在城内未发现任何遗物。据群众讲，城内曾出铁锅等文物。

《珲春古城考》记载："弓形山城土名王八脖子，东北距县治二百二十里，城建山上，宽二十五丈，南北极长处二百五十丈，为长方形。墙址尚留三四尺许。东西两端各有一门，南临东西河坎，无墙，北面墙垣弯抱如弓。"同实地调查结果基本相符。

此城建年无考，从地理位置上看，正处于西土门子河谷的一个沟口，可通往汪清县的复兴、罗子沟及黑龙江省东宁县一带。弓形山城可能是扼守这条古代交通要道的军事戍堡。从城的形制上看，疑是辽金时期的古城。

【珲春县文物志五三页**】 沙河子山城** 山城在春化乡梨树沟屯西北 1500 米珲春河大桥之西的山岭上，又名红溪河土城，或称太平川山城。东距春化乡所在地 5000 米，西南距小六道沟屯 1500 米。城的东南两面为较开阔的河谷平地，东侧是断崖绝壁，珲春河环流其下。珲春至春化公路经过城东南山脚下。西北与连绵起伏的群山相接。城西即沙河子沟。山城位于群山末端向东南突出的山上。山城地势由北向南逐低，北部最高处距河床约 80 米。城内为一山谷，沟口在西南部，城墙即修在山谷周围的山脊上。城垣土筑，基宽 5~8 米，残高 1~3 米，周长约 1700 米。在城墙的拐角处或山峰上均有土垒，共 10 余处，当是角楼或马面，亦用作烽火台或瞭望台。靠城墙内侧有宽 4 米许的通道。西南沟口处城垣两重，外垣较直，长 95 米，内垣略呈弧形，其西侧毁坏较甚。两重城垣各有豁口 2 处，沟内溪水均流经东侧豁口，豁口可能是当年的排水口，后来被流水冲刷扩大，西侧的豁口当是门址。在城内东北部缓坡上见有多处遗址。小土城一个，呈方形，边长 25 米，残高 1~2 米；浅坑房址七八处；排列有础石的建筑址 2 处。1972 年曾在这里采集到金代花沿瓦。在沟口西侧的缓坡上有许多居住址，见到泥质灰陶残片，其中有平底器底和卷沿器口等。

从城北部最高峰处起，顺西北下坡有一道长约 80 米较直的墙，顶宽 7 米许，中间挖有壕堑，似一城外的通道。

《珲春古城考》记载："红溪河土城，城在小六道沟东北谷地。东北距县治一百七十华里，宽八十五丈，长七十五丈，东南北因山为城，高下环拱，西面当峪岈之口，形势险要。城址高五六尺许。西垣二重，外垣门二，相距十丈余。内垣一门，城内沿墙有孔道，广及二丈许。房屋故基，排列有序。东濒山根，红溪河环流其下。登城北山顶，可俯瞰全城，古时必为重镇。"

据《"间岛"の史迹》记载，1942 年日本人斋藤甚兵卫曾对此城进行考古调查并测绘。他在城内发掘一处遗址，东西长 5~7 米，南北长 7~8 米，是一处建筑址，础石排列有序，出土少量布纹里灰瓦片。1941 年 7 月，日军在城内举行军事演习时，曾掘得一铁剑，长 56 厘米、刃长 40 厘米、刃部最宽处 6.5 厘米、厚 0.5 厘米。同年 7 月，在城东壁崖下修路工事中曾发现铜印一方，印文为"菜栏河谋克印"，纽旁阴刻"□定十八年三月，礼部造"字样。

从城的形制、附近的小六道沟、闹枝沟等地辽金遗址分布，特别是菜栏河谋克印的出土等情况考察，此城无疑是金代的城址，但建年无可考。菜栏河，应是当地地名，金代，珲春一带为合懒路辖地。从此推断，沙河子山城可能是金代合懒路总管府属下的莱栏河谋克城。从地理位置上看，山城位于由珲春通往黑龙江省东宁、今苏联双城子、海参崴方面的古代交通要冲，必为金代扼守珲春河通路的军事重镇。

【珲春县文物志五五页**】 大六道沟古城堡** 位于春化乡西南约 10 千米珲春河和大六道沟河汇合处东北的南团山上（又名小平顶山）。山的东、南、北三面为 40~50 度的陡坡，西北稍缓，山顶较平坦，南团山遗址就在这里。古城堡西南距珲春 87 千米，西北距大六道沟村 1 千米。四周为绵延的群山，东、南两面是狭长的珲春河河谷平地。珲春至春化公路在其南约 50 米处经过，西为大六道沟沟口，大六道沟河从西山根流过。

《珲春古城考》《珲春县志》《珲春乡土志》等书记载："小平顶山城，在大六道沟口东北。距县治一百六十里。依山建筑，山顶宽平。为天然堡垒。城形椭圆，纵横各二十丈。墙垣渐就湮灭，仅留形迹。东临河沟，南临大道。"

通过 1979 年和 1983 年两次对该城普查证明，确已"墙垣渐就湮灭"。古城堡全被树木杂草所掩盖，唯东部尚见一小土包，径约 20 米，高约 1 米许，可能是当时的烽火台。在现场采集有泥质陶片若干，其中有小平底陶器底，侈口壶（？）口部残片，有压印的小方格纹陶片等辽金时期的遗物。1972 年吉林省博物馆调查时，曾在城内发现渤海遗物。

根据珲春河上游到下游多分布渤海、辽金古城和遗址以及城堡东北 5 千米内外小六道沟附近有辽金时期沙河子山城、小六道沟遗址、闹枝沟遗址的情况看，此古城堡当是渤海、辽金时期的扼守珲春河流域通路的军事城堡。

【珲春县文物志五七页**】 干沟子山城** 山城址位于距珲春县城东北 25 千米干沟子沟口东北山上。西南距东红屯 1000 米，北连山岭，南为珲春河河谷平地，距山城 1000 米的珲春河由东向西蜿蜒流去，隔河与小红旗河古城堡相对，一松亭村坐落在东 1000 米山下的平地上，西临干沟子河。

山城依险要的自然山势而筑，形状不规整，西、北两面略直，东南呈弧形，城墙基本上属于土筑，有些地方亦有土石混筑的，东西两面城墙高达 6~7 米，南、北两面城墙较低，不甚明显，周长约 2500 米。东、西各有一门。城内遍生草木，落叶成毡。

城内略偏北有一山谷，沟口在西，谷口城墙二重，第二道墙修在城内，呈弧形。在外墙上有缺口二处，沟内溪水流经南侧缺口，由于雨水冲刷及历年采金破坏，导致缺口又宽又深。北侧缺口宽 6 米许，今为车道，当是门址。在城墙转角处的山峰上有土垒或石垒共 7 处，应是马面或角楼。东北和西南角山峰最高，登临能俯瞰城内全貌。城内南侧为漫坡，向南逐高，此处遗址分布较多，有边长 5~8 米方形小围墙，及圆形凹浅坑，其内散存少量泥质陶片等遗物，当是房场。在距西南角楼址东北 200 米处的缓坡有一边长 40 米的小土城，内有五排东西向房址。

据当地群众反映，城内曾出土过擂石（石弹，重 5~10 斤不等）、三楞铁镞、扁平双叉铁镞、铁锅、带字石块、瓦片等物。采集文物有“熙宁重宝”1 枚；车辖残件一，齿轮状，残长 9 厘米、宽 5 厘米、厚 1 厘米；泥质敛口卷沿陶罐残片 2 件。

据《珲春县志》记载，民国年间，居民张春在城内垦地掘得一枚铜镜，“径五寸许，柄长三寸许，镜背有树一，弯形，有一人（似图本中神像，头顶有圆光）坐树下，一人扶伞（仪仗属之伞形未支开），有飞鹤一龟一向之坐树之上，有日月悬空，均隆起，镜面平滑无文字。”似金代“神仙故事”镜。此镜今下落不明。

《珲春古城考》记载：“干沟子山城，就东北坡横冈建筑，东北距县治四十华里，宽二百五十丈，长三百丈，东北二门，临二道河大川，西门一，依干沟子山麓。址高五六尺不等。城内市街屋舍，遗迹宛然，有础石二十七，观其形制，建筑之宏，可以想见。前次往勘，发现钩戟二具，锈蚀过半，城外正东有土垒二，北垒一，西北垒三，居民掘地，曾得铜镜一”“干沟子沟口古城堡，城址纵横各十丈，盖堡垒也。为山城之外障，址高二三尺许，西北有门一”。

从城的形制及出土文物推断，该城为金代的古城。目前虽无文献记载可查，但看其地望，险要的形势和规模，城内外遗址和堡垒的分布等情况，必是金代扼守珲春河流域交通的一座军事重镇。

【珲春县文物志五八页**】 小红旗河古城堡** 遗址在杨泡乡小红旗河二队屯西北 1000 米处的平岗上。山岗顶部开阔平坦，遗址北紧临边坎，坎甚陡峭，高约 30 米，坎下为珲春河河滩，过河西北 1500 米与干沟子山城相互对应。西为深 10 余米自然形成的长沟，东为深 5 米左右的人工挖掘的沟壑，南面修有土筑城墙，宽 5 米，现高 1 米许，墙外挖有宽 1 米左右的壕沟。城堡略呈方形，边长 80 米许，城堡内地势较平坦，未见任何设施或遗物残迹。从地望上看，当是辽金时期与干沟子山城共负扼守珲春河通路的军事城堡。

【珲春县文物志五九页**】 古“边墙”“边壕”**“边墙”“边壕”，俗称“长城”或“高丽边”。位于珲春平原北部。老爷岭向西南延伸的各条支脉，迤南地势逐低，其边缘为丘陵地带，“边墙”“边壕”即修筑在这里。东从哈达门乡和平村西山经过涌新、涌川，再经镇郊的车大人沟地方，直至英安乡关门咀子西山，大致东西向横跨三个山岭、三个沟，总长约 25 千米。“边墙”均土筑，多湮圮，断续不连，只有跨越山岭的地方尚明显，保存较好的是涌新东山城墙，基宽 8 米，高 1~1.5 米，壕宽 6~7 米，深 1~2 米不等，墙和壕大致方向是一致的，但有分有合，不完全一致。城墙所经过的临近山顶皆有土垒或石垒，有的地方双垒并峙，共发现 8 处。大者直径约 30 米，高约 2~3 米，有的外绕一道围墙；小者直径 15 米、高 2 米许，这些设施当是烽火台或瞭望台。据当地群众介绍，西部从关门咀子向西南甩弯子方向逶迤，这里是险山峻岭，不见城墙，只见土垒。在关门咀子沟口东山顶上亦有一石垒，山顶东部有几处以石块垒砌的设施，似建筑址。东部的和平东山亦有土垒两处，这条山脉一直延伸到珲春河边。再往东有山城、城堡多处，但未见“长城”之类设施。

《珲春古城考》记载：“边壕，珲春北境东自中俄分界之分水岭起（拉字界碑北）有边墙一道。向西北行每隔十里有土筑堡垒一，或双垒并峙，高约丈许，其基广一丈五六尺。又自勇智乡洛特河子山起，并见边墙蜿蜒，堡垒接续，至兴仁乡之水湾子随山高下，值高山之顶，常有巨垒建其上。更向西北，在德惠乡方面，又有壕堑，深约六七尺、三四尺不等，堑左犹存边墙形迹。由密江屯迤西，至珲春与汪清分界之黑滴达，循图们江岸山岭西南，筑有石墙，高及丈许，远至汪清县界之孤山子北，凉水泉子街始尽。又石头河窟窿山顶亦有土筑边墙，迤逦而西，至延吉县境。上述墙堡，是否互相联属，以年久湮没，若断若续，难以指认。或谓金源之兴，与高丽争界，此实当交战之冲，古垒纵横，即其遗迹云。”

【珲春县文物志八九页**】 副统所印** 斐优城附近出土“副统所印”共两方。其一，吉林省博物馆所藏，印面方形，边长 6.6 厘米，梯形板纽，纽高 3.7 厘米。印文为九叠篆文“副统所印”，印背右侧阴刻“天泰”二字。其二，1980 年 8 月初，三家子乡古城村四队社员，在距斐优城东南墙 64 米处挖电柱时发现。印面方形，边长 6.8 厘米、厚 1.6 厘米。板纽呈梯形，印文为汉字九叠篆文“副统所印”。印的右侧面阴刻“副统印”，印背左侧阴刻“大同八年四月日”，印纽顶阴刻“上”字。

斐优城出土的“副统所印”，刻有蒲鲜万奴的天泰、大同年号，无疑是金末东夏国的遗物。

【珲春县文物志九〇页**】 勾当公事之印** 青铜质。印面方形，边长 5.8 厘米、厚 1.8 厘米、板纽高 3.5 厘米。印文为九叠篆文“勾当公事之印”六字。印背左侧阴刻“勾当公事”四字，无年款。此印出土于三家子乡斐优城附近，当为金代之印，也有可能是金末东夏国之印。现收藏于吉林省博物馆。

【珲春县文物志九〇页**】 勾当公事天字号之印** 1976 年在三家子乡古城村

斐优古城址南门东侧菜地出土。印面方形，边长 6 厘米、厚 1.6 厘米；板纽呈梯形，印面微隆起。印文为镌刻汉文九叠篆“勾当公事天字号之印”。印背右边阴刻“天泰二年三月日”，左边阴刻“□□所造”。纽顶阴刻“上”字。

“勾当公事天字号之印”，乃金末蒲鲜万奴所建的封建割据政权东夏国之遗物。此印出土说明，东夏国官职沿用金制，今珲春三家子一带当是蒲鲜万奴的辖境并设有官府。

【珲春县文物志九一页**】 尚书礼部之印** 1980 年在三家子乡古城村四队距斐优城南墙 64 米处出土。印面方形，边长 7.5 厘米、厚 1.8 厘米，板纽高 3.8 厘米、底宽 3.2 厘米、顶宽 3 厘米，印重 1075 克。印文为汉字九叠篆“尚书礼部之印”，印左侧面阴刻“尚书礼部印”，印背右侧刻“大同二年八月日”，左侧阴刻“少府监造”，印纽顶刻“上礼”二字。

金末东夏国割据政权，行金制，故有尚书礼部之印。

【珲春县文物志九二页**】 行军万户之印** 珲春县出土“行军万户印”共三方，均出土于三家子乡斐优古城址内外，印形、印文、边款、铸造年月完全一致。

其一，1980 年古城村四队社员，在距斐优城东南墙外 64 米处挖电柱坑时发现。印面方形，直径 6.3 厘米、厚 1.6 厘米，板纽是梯形，高 2.6 厘米、厚 1.5 厘米、底宽 3.1 厘米、顶宽 2.7 厘米，印重 675 克。印文为汉字九叠篆“行军万户之印”六字。左侧面阴刻“行军万户印”，印背右边阴刻“天泰九年七月份”，左边阴刻“少府监造”四字，纽顶阴刻“上”字。

其二，1975 年古城村一社员在斐优城西南角外 50 米左右地方挖土积肥时出土。印纽残缺。

其三，1981 年 4 月古城村一社员在斐优城内翻地时发现。

珲春出土的“行军万户之印”，年号为天泰九年（1223），是蒲鲜万奴所建东夏国的武官之印。

和龙县文物志

吉林省文物志编委会编

【和龙县文物志五七页**】 东古城** 坐落在头道平原东端的东城乡，距和龙镇 34000 米。距城南 1500 米处有海兰江自西向东流去，北依兴城村，西距渤海中京遗址 15000 米。

东古城因与西古城相对而得名。

古城保存较完好。城址方位10度，呈方形，东西墙各长525米，南北墙各长515米，周长2080米，墙基宽10~12米，顶宽2~3米，残高2米许。城墙四面留有引水渠道口数处，从断面看，城垣呈梯形，系黄土板筑夯实，土质纯净，但夯层不甚明显。

在城墙外侧，均筑有等距的隆起马面。马面比墙顶略高，除北墙因兴建水利设施部分遭破坏外，其余城墙上的马面依然清晰可见。马面共有18个，直径20~25米，高2.2~2.5米不等，其中东墙及南墙各有4个，西墙及北墙各有5个马面，间距为70~80米。

城之四角均有角楼建筑，比马面略大且高，其中东南角和西南角的角楼保存较好，直径为30~40米，最高2.8米。

城门有二，开在东、南城垣中部，宽达6米。门外均设瓮城；瓮城呈半圆形，各有出入口，其中东瓮城出入口开在东北，南瓮城出入口开在偏东处，瓮城长约65米，半径为35米。

城外有护城河环绕，护城河宽约10米，深度不详。

近年，在城东门外侧的水渠旁，发现一人工凿制精细的方体石板，可能是建筑础石。

在城外距南墙300米处的兴城九队附近出土一琢制方形石函，函盖无存，通体长约70厘米、宽65厘米、高40厘米。距西南10千米许的东南沟口山腰处有一寺庙建筑。上述遗迹可能与东古城有一定的联系。

城内暴露遗物比较少，只在城墙附近零星散见青灰色筒瓦和板瓦残片，陶器发现极少。日伪时期，日本人在城内曾采集“寿”字纹瓦当、兽面瓦当等。当地农民还在古城附近发现石羊（石羊在“文革”期间丢失）。有关资料记载，东古城曾出土铜印三方，一为刻有大定三年年号的“知审计院事印”；二为贞祐二年的“上京路万户纽字号印”；三为“副统所印”，年号不详。铜印皆已散失。

东古城是目前我州（指延边）保存最好，而且规模较大的平原城之一。从城的形制、布局看，与珲春斐优城、汪清罗子沟古城相仿，当为辽金时期所建。

【和龙县文物志六一页】 八家子山城 山城修筑在八家子镇南山山顶。城西为深渊峡谷，南部有连绵起伏的山地，北依悬崖陡壁，崖下北约50米有朝（阳川）和（龙）铁路东西向通过。山城东北约6000米处是渤海的西古城，北约1000米有渤海时期的北大古墓群。

山城略呈不规则的“凹”字形，周长约1500米。城墙大部为土筑，只局部地段用土石混筑。西、南、北三面城垣均利用险要的自然山势而筑。由于自然的和人为的破坏，山城已非昔日面貌。南墙长约 100 米左右，已荡然无存，其余保存较好。保存最好的地段是山城的东墙，修筑在较缓的坡地上，墙基宽 3 余米、高约 1.2~1.5 米。城门址可辨认出 1 处，修在东墙的偏北部，门址宽约 10 米，在门址两侧暴露数块石头，用途不详。于门址的内外可观察到经人工修整的遗迹。城内地势南高北低，有几处坡度较缓地带已辟为耕地。在近西墙约 40 米南部、南墙约 30 米北部这两处，都有较高的山丘，是城的制高点。山丘顶有人工修筑的遗迹，似当年的烽火台或瞭望哨所。

据当地群众介绍，过去山城内有一古井，现无迹可寻。在距城的北墙约 70 余米地方有两处似水池的遗迹。

【和龙县文物志七〇页**】 和龙境内"古长城"**"古长城"，当地俗称"万里长城""边墙"等。它起筑于海兰江北岸土山乡东山村二道沟的山坡。这里悬崖陡壁，地势险要，是扼守通往和龙、福洞的交通要冲。"古长城"穿越土山、西城、龙门三乡，横跨亚东水库，然后向北龙井县细鳞河乡的长城村方向延伸。

"古长城"蜿蜒于崇山峻岭之间，仅在和龙境内，就长达 20 余千米。城垣多见土筑，亦有石砌或土石混筑的。现在，保存较好的地段有：西城乡的明岩至邱山西部；邱山西山顶至土山乡的东山村二道沟口；龙门乡的亚东水库南、北两侧等处。其余墙段多已湮没无存。从保存尚好的墙垣观察，墙基一般宽 5~7 米，顶宽 1~3 米，高约 1~2.5 米。在"古长城"经过的地带，还可以见到烽火台遗迹，共发现 5 处，其形制相似，但大小不一，皆分布于"古长城"的内侧。

【和龙县文物志七一页**】 青龙"边壕"**"边壕"位于龙门乡青龙村南至西城乡的獐项村北部之间。它横穿两乡的陡峭山岭，越过长仁江水，总长约 5 千米。当地俗称为"边壕岭""土长城"。

"边壕"已遭严重破坏，仅有几处修筑在险要地势上的地段保存较好。壕墙系土筑，有的地段为土石混筑，但不很长。墙基宽约 3~5 米，顶宽 1~2 米，残高 1.5~2 米左右。在"边壕"所经过的附近较高山峰上，筑有烽火台。目前只发现两座，形制相仿，直径约 10 余米、高约 2 米左右，两座相距 2 千米。

青龙"边壕"在历史文献中无记载，临近未发现其他文物。"边壕"可能是古代军事上的防御设施，关于建筑的年代，有待进一步考证。

安图县文物志

吉林省文物志编委会主编

【安图县文物志四七页**】 五峰山城** 五峰山城位于长兴乡五峰村北500米，临近岛（安）明（月镇）公路的一座高山上。东部延伸着开阔的岛安盆地，南部有人烟稠密的五峰村，西部是狭长的窝集沟，沟西端为裕民村。北为层峦起伏的群山。城中心是一个天然的山谷，中有一小溪向南湍流。

山城依山脊的走向修筑城墙，平面略呈树叶状，西南向220度，墙为土石混筑，周长约2000米，城墙虽经风雨剥蚀，但保存较好，依然壁垒坚固，雄伟壮观。山城城门址在西南部自然形成的豁口处，宽为17米，出城门即达窝集沟。为拱卫城门，又依次加筑一道城墙，两墙相距150米。在东墙中部和北部，即山城制高点，各建筑一瞭望台，登临其上，山城四至一览在目，能发挥监视敌情的作用。在城墙四壁发现马面4个，角楼1个。

城内各类遗址仍有迹可寻，北墙下有一东西约30米、南北约20米的平台，上面散存较多的砖瓦类建筑材料，这当是山城的重要建筑址之一。距此建筑址西南30米处有一圆形坑，直径8米、深1.5米，可能是山城当年的蓄水池。距蓄水池东50米处发现一座小土城，东西长19米，南北宽18米，残高1米，门址设在南墙正中。这个建筑址有可能是山城权要人物的府第。通过第二道城墙北行，能看见山谷两侧人工修筑的数处平台，并留有房场遗迹。在房场遗迹上，能采集到瓦片、陶片、灰色砖块等遗物。这些房场显然是山城的兵营或居民的居住址。

据五峰村居民说，早年在山城捡到过铁镞。

山城地形险要，扼控岛安至明月镇的古代交通要道，雄视西南部窝集沟群落，山城应是古代一军事要塞。根据出土文物和城的形制推断，山城可能始建于渤海，辽金时期加以改筑，继续沿用。

【安图县文物志五〇页**】 五虎山山城** 五虎山位于茶条沟东南5千米处。从远处望去，有东西向依次相连的五个山峰，巍峨耸立在群峰之中，高约300~400米，人们称作五虎山，亦称五峰山。此地正是长（春）图（们）铁路榆树川车站和茶条沟车站间崇岗环接的山区，布尔哈通河和铁路从五虎山西部峡谷中迂回穿过。山东部有越岭的盘旋汽车公路。山城修筑在五虎山由东第二峰至第四峰间山脊和两山峰向西南延伸的支脉山脊上。因山势变化，城略呈半月形，周长约 5 千米。城内为狭窄的沟壑，沟口在西南，沟东北部分成南、北两岔，沟内小溪急流，在西南沟外注入布尔哈通河。

此城是利用极其险峻的自然山脊而修筑的，除了不易攀登的高峰和悬崖峭壁外，均用石块垒砌城墙，但多已坍塌。在南墙中部尚留有较完整的一段，长约 15 米，墙外侧高 1.7 米，内侧高 0.6 米，顶宽 1.2 米。

城门有二：其一在西南部沟内，距沟口约 500 米处，宽 3 米，两侧用基宽 7 米、高 3.5 米的石墙横堵山沟，北侧墙长 20 米，南侧墙长 100 米，其末端均接在石砬子上。沟内溪水流过此豁口，当年可能既是排水道又是通道。其二在北部第三峰和第四峰间的山口处，也有石筑墙，中有一缺口，宽约 2 米，当是门址，紧靠西侧有一径约 7 米、高 5 米的石砬子，可能用作哨卡。门址外面附有略呈半圆形的石砌瓮城，中部有缺口，两缺口间距为 14 米。从此门顺沟往南下，就是城内，现在村民登山砍柴均通过此地。

城墙上有瞭望台或马面等设施。在第二峰和第三峰之间山口处的城墙上，附有向外突出的半圆形石墙，径 10 米，墙宽 5 米。第二山峰北侧有向北延伸 7 米的石墙，高 2~3 米，宽 3 米，似瞭望台，站在这里，北部左右二沟尽收眼底。第二山峰和南墙上有三处向外突出的城墙，当是瞭望台或马面。从第二峰到第一峰间有一道高半米许的土墙，可能是把第一峰作为城外的瞭望台，此土墙是来往的通道。

城内有房场遗址 10 余处，类似积石墓的石堆亦有 10 余处，这些都分布在靠近河沟的两侧坡地上。有些房场为台阶式，靠河的一侧用石头砌成台阶；还有些是把坡地挖成簸箕状，这些房场规模较大。另外有径约 5 米的凹坑。在离西南门址东约 200 米处沟南侧的高约 10 米的缓坡上，有一人工削平的平台，东西长 30 米，南北宽 8 米。

根据城的形制和附近的古迹分布情况推断，可能是渤海时期的古城，辽金时期仍然沿用。此地是从图们江流域通往敦化、吉林一带的必经之地，五虎山城必为古代扼守水陆交通的军事重镇。

【安图县文物志六三页**】** **长兴东山烽火台** 长兴乡所在地对面隔河谷平地，有一条南北向起伏的山峦。其中一座紧临布尔哈通河的突兀山峰，名曰东山，烽火台即修筑于此峰之上。登上东山西部的锯齿牙山，西南部的大砬子后山，南部高耸的丰产后山，北部窝集沟的裕民村，长兴乡所在地及其迤东迤西的村落，均清晰可见。东山上共有两座烽火台。一座在东山山巅的西侧，呈椭圆形，南北径 18 米，东西径 24 米，北高南低，内有凹坑，用于燃火。烽火台四壁用杂石垒砌，较为坚固。东南两壁垒石高度 2 米，西北两壁依陡峭的山崖垒石加高。

另一座相隔西部烽火台 26 米，亦是椭圆形烽火台，东西径 12 米，南北径 5.5 米，北壁高度为 1.5 米，东、西、南三壁因受自然力的破坏，仅存痕迹。

从岛安村经长兴乡至明月镇，从长兴乡西行经锯齿山山腰通路至亮兵乡的凤栖、东明村，原有两条古道。东山烽火台所处地理位置，明显地能起瞭望警戒作用。从烽火台周围多渤海、辽金时期遗址来看，东山烽火台可能是渤海始筑，辽金沿用的军事设施。

汪清县文物志

吉林省文物志编委会主编

【汪清县文物志五八页**】 罗子沟古城** 古城位于罗子沟乡所在地，东南 500 米许有绥芬河自西南向东北方向流过，东北 2500 米处有老母猪河由北向南流入绥芬河。罗子沟为绥芬河上游的冲积平原，四周群山环抱，百年前叫作绥芬大甸子，后又简称绥芬，因该地山砬子多又称砬子沟，以后朝鲜族逐渐迁入，朝鲜语“砬”和“罗”同音，遂通用罗子沟一名。古城就在罗子沟平原的东北。

这座古城呈长方形，方位正南，周长 1060 米。南北墙长 286 米，东西墙长 244 米。南墙中间有一门址，宽约 10 米，外有瓮城。城墙残高不等，最高处可达 4.8 米，底宽 12 米，顶宽约 1 米，为夯土板筑，夯层 10~12 厘米。东墙和西墙各有两个马面，北墙有三个马面，南墙有两个马面，四角有角楼，城外四周有护城河。据当地七十多岁老人讲，当年护城河沟深约 2 米许，现在只能看出一些痕迹。

古城经历了七八百年的岁月，因自然水土流失和人为因素的损害，已破坏得相当严重。东墙南段已不见，西墙南段已毁，南墙两个马面被挖掘得所剩无几，除东北角楼址尚存外，其他部分均看不清楚。北墙因乡粮库在墙外修筑了围墙，所以保存较完好。

1960 年，州文物普查队在古城内采集到灰色、没有边框的兽面纹瓦当、板瓦、筒瓦、滴水瓦以及北宋年间“宣和通宝”铜钱。

1979 年吉林省考古训练班汪清队又一次对古城进行调查，乡粮库的同志捐献出该城内出土的一面圆形金代铜镜。背部边刻“沤鲁抹官𠆳”字样。

古城内东南角延至城外东北角 150 米的条状地带，散布许多原始社会遗物……

根据古城的形制以及城内出土遗物推断，该城属辽金时期。

【汪清县文物志六〇页**】 广兴山城** 广兴山城位于蛤蟆塘乡新兴村广兴屯西北的后山上。山城东南 1 千米许为乡和村所在地，现称蛤蟆塘屯。山城南有前河自西向东流去，汪清至西阳的公路在山城南 500 米处的山麓下通过。

该城依山势修筑在一个近似马蹄形的山峦上，形势非常险要。东西北三墙沿山脊起伏，东西墙延伸到南边的两个沟口，南墙横跨在中间的山峦上，到东西沟口形成两座南门，门各宽 17 米。墙为土筑，残高约 0.5 米，顶宽约 2 米，周长为 2288 米。城西北方，一条经人工整修宽约 3 米的土道沿山脊而行，群众称为古道，可通往 5 千米外的东四方台山城，城内东、西、北坡上，可以看到明显的阶梯式建筑遗址。地面上散布较多的是陶片，采集到素面黑褐色陶罐残片，陶罐为圆唇卷沿，肩部饰四个钮状器耳，平底，具有辽金器物特点。还采集到北宋“崇宁重宝”“天圣通宝”铜钱各一枚。山城附近，当地群众还拾得金代铜印一方。

山城第一道沟口内，发现少量的夹砂红褐陶片，应是原始社会遗物。

从山城的形制特点以及采集到的陶片、宋代铜钱、金代铜印等物推断，该城当是辽金时期的山城。

【汪清县文物志六二页**】 东四方台山城** 山城位于蛤蟆塘乡中部高达 956 米东四方台山顶上。东四方台在东阳屯北 5 千米许，是汪清县境内海拔最高的山峰之一。晴日，山顶无云；阴雨天，云雾缭绕，真实地反映着全县西部地区气象的征候。东、西四方台中间，数条小溪汇成小河，湍急地向山下流去，至东阳屯西南 500 米处汇入前河。

东四方台山顶有 5000 余米广阔平坦地带，呈不规则四边形，因其相近的两个四方台位于东部，故名东四方台。山城依山顶陡峭地带和边缘悬崖，以土或石筑墙，除东北角一段几百米的山砬子外，其余几千米均用土筑，西墙修得特别坚固。现存墙底宽约 15 米，顶宽约 3 米。在西北角平坦的地方，城外还挖了一道护城沟，一直延伸至山坡陡处。城门开在东边山沟里，宽约 5 米。山城每一个转角点与凸出点均修有角楼，城里还有两道内城，其中一处是建筑址，周围修筑方形围墙。城里还有古井遗址一处。现在城内遍生树木，凹处有地下水涌出，汇成小溪流往山下。可见当年的四方台山城相当坚固、险要。

山城南部因火山爆发而塌陷，形成一条30~40米宽的深沟，使山城分为两部分，上、下高差70~80米，塌陷部分又分裂成若干大板块，断续不平。

东四方台山城是汪清境内山城中最大的一座。它处在陡峭、高峻的山顶上，地理位置十分重要，可以据险自守，又可以控制前河和后河几千米范围。向东沿山脊古道可通往5千多米外广兴山城，从西侧山麓下往南，能到东阳屯西辽金建筑址。

1975年，西阳村小学生在山城内掘出一个金代六耳铁锅，现藏于延边博物馆。另外，东四方台曾出土过"大定通宝""开元通宝""天显通宝"等宋代铜钱。根据山城形制、出土器物，以及与广兴辽金山城、东阳辽金建筑址的联系来看，东四方台山城应是辽金时期的山城。

据考证，该山城与东阳屯西辽金建筑址在元代曾继续沿用，称东洋州，是元代从啖吉（今敦化）至开元路线上一个重要驿站。

【汪清县文物志六四页**】 北城子山城** 山城位于东新乡新华村北城子屯东北250米的北山坡上。山城西部和北部有天桥岭至张家店的森林铁路，桦皮甸子河由北绕山麓向西南流去。

山城呈不规则的五边形，周长375米，东侧不远断崖处，有护城墙一道，形势险要，似戍堡。城墙与护城墙均为土筑，城墙底宽4~5米，顶宽1米，高0.5~1.5米。护城墙底宽3~4米，上宽0.5~1米，长190米。

城内长满树木，落叶堆积厚，不易辨认遗物。1983年5月，州文物普查队在北城子屯征集一件山城出土的铁制兵器三股叉，有的社员还在城内捡到过二股叉和柳叶状铁箭头等遗物。三股叉中间叉较长，锋部为矛状，两侧叉为凿状，通体扁平，有铤，铤部往下渐窄薄，通长23.7厘米，宽4.6厘米。从这件兵器和社员拾到的其他遗物看，都具有辽金时期的特征，该城当为辽金山城。

广兴建筑址 广兴建筑址位于蛤蟆塘乡广兴屯南250米的水田地里。遗址南400米处有前河在山脚下自西向东流过，该建筑址西北500米许，即是广兴屯后山辽金山城。

在遗址内有15块排列有序的础石，东南角一块被移动已不在原位，西南角一块础石已不存在，东第一排第二础石前有一块大础石和小石头。据现在的迹象可以猜测，这里础石排列原是四行，每行四块，础石间距为2米左右。据当地群众介绍，该建筑址原有不少玄武岩石臼。在水田地田埂上，现在还能见到无指压纹的板瓦和不带榫头的筒瓦。在广兴村北部，还曾采集到"天圣通宝"币一枚。该建筑址距广兴村后山辽金山城很近，又采集辽金时期遗物，应是与广兴辽金山城同期建筑址。

【汪清县文物志六五页**】 东阳建筑址** 东阳建筑址位于蛤蟆塘乡东阳村西500米，距前河北岸约300米的二级台地上。北有东四方台山，汪清至西阳的公路在建筑址南7~8米处通过。

该建筑址四围有围墙，南北墙各长72米，东墙长60米，西墙长43米，周长242米。门址在东墙中部，宽约5米。墙基以石垒砌，上面用土堆筑，底宽5.5米，顶宽1.5米。城内侧有宽8米、深约1.5米的护城沟，绕围墙一周。城内现已开垦为耕地，原来的建筑础石大部分移到南墙内侧沟中，城内中部靠南原有三排础石，现留有6块。从这些遗迹来看，原来围墙内有东西长南北窄的大型雄伟建筑。

建筑址上散布有灰色板瓦、饰有辐射状纹和小方格凹纹带的滴水瓦、马蹄形建筑饰件，以及红褐色筒瓦、兽面瓦当等。

从采集到的文物特点来看，该建筑址构筑于辽金时期，后为元代所沿用。《析津志》载为东洋州，现已称东阳，在元代是一个重要驿站。

吉林东部延边地区发现古长城

友之撰（《辽金契丹女真史研究动态》1985年第1期）

延边古长城西起和龙县土山乡东山村二道沟的山坡上，向东北延伸到延吉市和龙井县（原称延吉县）境内，最后终止于龙井县长安乡磨盘山附近，全长约150000米。古长城穿过平地山谷，逶迤于崇山峻岭之中。有的段落为土筑，有的段落为石砌，有的段落为土石混建，在平地的段落，多为耕田所毁，其遗迹犹依稀可见。在山岭上的长城，保存较为完好，其中以龙井县细鳞河乡和铜佛乡境内保存的古长城最为完整，有的段落长达15000米以上。古长城残高约1~2米左右，顶宽2~3米左右，底宽4~5米左右。在古长城的内外，还建有烽火台（当地人称作墩台），已经发现的有14座。烽火台一般残高3米左右，周长约四五十米左右。

在当地群众口中，对这道古长城有“边壕”“边墙”“万里长城”等不同的说法，显然是与辽金边壕、明长城、清柳条边相混同，不足为信。

这道古长城略作弓形，东南与海兰河相接，将以布尔哈通河为中心的延吉盆地环绕起来。在这个包围圈中，有渤海中京显德府故址(今和龙县西古城)，有金末蒲鲜万奴东夏国的南京城故址（今龙井县城子山山城）。因此，有人认为延边古长城为中京显德府的卫城，有人认为它是蒲鲜万奴东夏国修的长城。

类似的古长城在黑龙江省东部牡丹江地区也曾经被发现。一道在牡丹江左岸支流海浪河的北岸，略呈东西走向；另一道在镜泊湖东岸的山村中，也是呈东西走向。牡丹江文管站的考古工作者对海浪河北岸的古长城进行了实地踏查，认为它是蒲鲜万奴东夏国的故迹。如果这种说法能够成立的话，那么，把延边古长城确定为蒲鲜万奴东夏国的意见，便很接近于事实了。

“古州之印”与地望

樊万象撰（《北方文物》1985年第3期）

1984 年 7 月 4 日，牡丹江铁路医院职工任广才同志在市北郊八达沟口公路左侧的坡地中，发现一方完整的铜印。笔者和罗葆森同志于 2 月 17 日对出印现场作了调查。此印出土地南距市中心约 1 公里，东距牡丹江边墙东端约 15 公里，而紧临牡丹江北山的东山山脚，北距牡丹江边墙约 25 公里。

印呈方形，边长为 7 厘米，面铸汉字九叠篆书“古州之印”四个字。纽为长方形，顶刻“上”字，以示用印方向，纽前侧镌刻汉字行书“古州之印”。印背左侧刻“应办所造”四字，右侧有年款“天泰二年二月廿日”九字。印重 1.8 公斤。

此印铸工细致，沿袭金代铜印的风格，字体浑厚，笔迹清晰，年款确凿，制所明确。

猪儿年“副统之印”考略

张泰湘　柳成栋撰（《北方文物》1985年第3期）

近来在黑龙江省巴彦县征集到“副统之印”一方。该印是 1984 年育新小学教师董春辉在临城乡顺合村通往县城小路旁的树林中无意发现的，此处距县城正北 5 公里左右，离五岳河，即金之隈雅河不远。

印铜质，正方形，边 6.4 厘米、厚 1.4 厘米，印背边长 6 厘米，重 550 克。

印文为汉文九叠篆书“副统之印”四字。梯形纽，高 2.9 厘米、上宽 2.5 厘米、底宽 2.3 厘米、厚 1.2 厘米。纽顶略平，上前方有一“上”字，以示倒正。印背有阴刻楷书二行，印纽右侧一行五字，为“猪儿年八月”。印纽左侧一行二字，为“日造”。印前侧阴刻楷书“副统印”三字。印文九叠篆书清晰规整。从印的形制和风格来看，极像金代末期官印。

结合巴彦出土的天泰七年“夺与古阿邻谋克之印”，并闻近年在距出土“夺与古阿邻谋克之印”不远的福兴大队（管家窑屯）也出土了一方“猪儿年”纪年的“副统之印”（尚未征集到），其形制、铸造日期（据云为“猪儿年八月一日造”）均与前印相同，疑为同时铸造颁发。因此，可以再次证明蒲鲜万奴势力早已达到松花江中游。

东北史地考略

李健才著（吉林文史出版社本）

【东北史地考略十七，**关于东夏几个问题的探讨，**一八七页**】 克拉斯诺亚尔山城** 绥芬河从山城的北部、东部流过。山城从山脚下到山上，共有三层城墙，外城周长 8 千米，北、东两面环水，形势险要，当是一座军事重镇。

牡丹江边墙调查简报

牡丹江市文物管理站（《北方文物》1986年第3期）

牡丹江边墙，修筑在牡丹江市郊北部山区，距市中心约 25 千米，当地称为边墙岭。

牡丹江市北部，是张广才岭的东部余脉。整个山脉基本上是东西走向，西北高，东南低，沟谷中的山溪向东南流去，经佛塔密冲积台地注入牡丹江。南北山脉之间，多为沟谷隔开，形成长石、蛤蟆塘、三道关、半拉窝集等山谷。牡丹江边墙自江西村西沟北山主峰起蜿蜒起伏，向西北伸展，经过的主要山峰有新峰南岭、蛤蟆塘砬子、馒头砬子、岱王砬子、二人石南岭等。墙体一般在海拔 500~600 米的峰岭之上和沟谷之间，最后消逝在 740 米的西大砬北坡。

整个边墙位于牡丹江市与海林县东北部的交界处之间。东西两端随山体呈东西走向，中间跨沟越谷，为东南—西北走向，基本位置在东经 130 度与北纬 45 度之间。

牡丹江边墙，系就地取土采石修筑，两端多为土筑墙，而石筑墙较少；中部石筑墙多，而土筑墙较少。

土墙，墙体断面中不见夯层，这种墙多筑在土层较厚的山梁上和狭窄的沟谷中，个别地方筑在山坡处。

山梁上的土墙，筑在山梁外缘，土墙与山梁融为一体。从平面看，这种山梁有平、圆、凹三种状况。平顶山梁较宽，墙体内侧一般在 4 米以上，有的可达 7 米左右，比较宽敞；圆顶山梁较窄，墙体内侧一般在 3 米左右；凹顶山梁介于二者之间，墙体内侧一般在 3 米以上。凡山梁土墙，外坡险陡，易守难攻，内侧坡缓，上下方便。

沟谷中的土墙，除蛤蟆塘山谷一段土墙外，一般筑在两山之间的狭窄地方，沟谷深处土墙较高，虽经长期风雨剥蚀，现仍存留 1.8~2 米高，可以推知修筑时应在 4 米以上。墙底宽 5~7 米不等，顶宽 0.5~1.5 米左右。墙的外侧残留取土时形成的浅沟。土墙横断面为圆顶三角形。从平面看，沟谷中的墙体均向内侧凸出一个较大的弧形，宽度 40~60 米左右，呈反弓形，使两端形成两个类似马面的弯度，可以从两端控制沟底前方。

山坡土墙，一般筑在沟帮缓坡地带，借以与沟谷中土墙相连。当土墙拐向山头后，便以山头为墙，土墙便逐渐消逝。

此外，凡地势比较险要的土墙内侧，地面比较平坦或有缓坡的地方，均有距离不等的圆形土坑，大坑直径约 5 米，小坑直径约 3 米，深不到 1 米。土坑距离墙体 4~5 米不等。其排列形式，有的四五个呈一字形沿墙排列；有的三个一组呈三角形；有的四个一组呈方形；有的五个一组呈十字形；有的在漫坡上，呈不规则形。还有的在比较隐蔽的山坳里筑土坑和石壁圆坑，直径约 3 米，深 1~2 米左右。这里可能是守兵驻地，土坑为住房，石坑为蓄水池。

石墙，是用自然石块和人工劈凿石块，用干插石的方法砌筑的，一般都是可搬动的中小石块。根据地势，石墙的具体位置、长度、高低各不相同。有的长达 30 米，短的仅有 3~4 米；有的砌筑在几个并排兀立的砬子豁口之间，如馒头砬子东南部的山梁上，在五个 6~7 米高的岩石豁口上，砌筑了四段石墙，将豁口堵住。在蛤蟆塘砬子东侧，有一排长约百米的绝壁，犹如古城的残垣断壁，从上向下看，两侧陡峭险不可攀，岩顶不平之处和豁口，均以石块砌成平整的石墙，其上可以行人，也可以巡守，形成一道不可逾越的屏障。

边墙的中部，是从东南向西北斜行的跨沟越谷部分，山势险峻，沟谷纵横，墙多为石筑，其中保存完整的就是上述两段石墙，极为壮观。馒头砬子北侧的长墙，从山坡下部筑到峭壁之下，墙体外侧高 4 米左右，顶宽约 1 米，基宽 5 米左右。墙体内侧砌有二层台阶，第一层高约 2 米，第二层高约 1.5 米。在第二层墙体中发现了射洞（箭眼），比较完整的仅保存下来一个，呈斗形横砌在墙体之中，内口大于外口，高 50 厘米、厚 40 厘米；外口高 25 厘米、宽 30 厘米，上距墙顶 30 厘米。

附属设施除射洞以外，主要是马面。根据地势条件，马面的形制和布局也有区别。调查中发现以下几种情况：

土筑马面，多筑在坡度较小的山脚下，或平缓的山梁上，以及较宽的沟谷两侧的土墙中。一般与墙体等高，个别的高于墙体，向外突出呈凸字形，外侧高约 3 米左右，平面呈半圆或圆角梯形，内侧与墙体平直，开口处有低于墙体的凹坑。较大型的马面口宽 12 米，深 6.5 米左右；小型马面口宽 7 米，深 3~4 米，外侧高约 2 米。马面间距 50~100 米以上。

山头式马面，是将伸向山体拐弯处的高山头加以修整而成。平面呈半圆形，山头顶上修整成平面或凹坑式，外侧坡陡，一般在 50 度以上，既可防守、瞭望，又可作为烽火台。

山包式马面，是利用低于山头而又高于墙体的山包修筑的，多分布在土墙拐弯处，顶部凹下，内有开口，两侧与墙体相接，高出墙体 1 米左右，外部高 3~4 米，口宽约 5 米、深 3 米多。

石砌马面，比土筑马面少，均砌筑在石墙之中。小型马面，多分布在高山石墙中。调查中发现海拔 706 米的蛤蟆塘砬子东侧长墙中，仅有二个小型马面比较完整，形制与土筑马面基本相同，但比较小，也是向墙体外侧伸出，呈凸字形，外侧高 5~6 米，平面呈半圆形，内侧与墙体平直，开口宽 2~3 米，深 2 米左右。

大型石砌马面较少，多分布在较宽的山口两侧石墙之中，如蛤蟆塘南沟和三道关东北部山口等地，口宽约 20 米，由于墙体坍塌，仅可看出马面大体形状，基本上和土筑马面相同。

此外，还有一种距墙体内侧很近的用石块砌筑的圆坑。这种设施仅见于蛤蟆塘南沟西侧一段险要的山梁上。山梁是自然形成的阶梯状，石墙是沿层层升高的山梁外侧断断续续地伸展，但保留的墙体低于山梁，在墙内相距 2~3 米的山梁上，又砌筑了掩体式圆坑，凹坑呈圆形，两侧有开口痕迹，均高出山梁及外侧石墙，直径仅 3 米左右。这种设施不具有普遍性，而是由于山梁狭窄所致，很可能是居住和防守兼而用之。

对于上述附属设施的调查，由于地形复杂没有记下完整的数字，仅从三道关至城墙砬子约 10 千米的边墙中统计，共有马面 13 个，其中土筑 4 个，山头式 6 个，石砌 3 个。墙体内侧土坑 46 个。这段墙体中的附属设施，与其他墙段相比还是比较少的。

边墙附近的出土文物，从几年来的调查过程可以得知，有的农民捡到过古代铜钱，有的林业工人捡到过铁箭头，但都未保存下来，仅征集到两件出土于边墙附近的文物。

一件是鸾凤花鸟铜镜。这个铜镜是 1979 年春季，蛤蟆塘生产队社员宋传生等，在蛤蟆塘河谷边墙外侧 350 米处耕地时发现的。镜面银黄色，有绿锈，直径 17.5 厘米，圆纽，大瓣牡丹花纹围绕的纽座外，有一圈突起的弦纹，两朵对称的云纹排列在弦纹之外，云纹外有两只飞舞的凤凰，回首相望，两凤间有两只大雁飞翔，四只喜鹊在凤雁之间同向而立；凤雁鹊之外，是两圈突起的弦纹，中间置以链珠纹。铜镜薄身平缘，厚 0.4 厘米，缘宽 1.1 厘米。镜缘左侧阴刻“泰州俅（録）判”四个字和“甙”押记。铸工较精致，纹饰布局匀称秀丽，具有唐代中晚期铜镜的风格。从边刻文字和押记看，是金代用品，并经过金代州级官府的验检。

另一件是“古州之印”。1984 年 7 月 4 日，牡丹江铁路医院职工任广才，在牡丹江市北郊八达沟口金龙溪右岸发现。印面正方形，铸有汉字九叠篆书“古州之印”四个字，印背左侧阴刻“应辨（办）所造”，右边阴刻“天泰二年二月廿五日”，重 1.3 公斤。

在调查中，我们粗略地估算了一下，大约需要土石 15 万平（立）方米，超过了这一带任何山城的工程量 ......

吉林珲春县出土东夏铜砝码

张英　朴太元撰（《考古》1987年第2期）

1985 年 5 月，珲春县哈达门乡苗圃出土一枚身铭“大同”年号标准衡器铜砝码，这一发现为研究金末元初东夏国的历史，提供了重要的实物资料。

砝码，铜质，呈鼓状。高 3.5 厘米，面径 7.8 厘米，重 1261.4 克。正面外缘上下分别刻荷叶、荷花，两边为忍冬草纹，上下和两侧作纵横向双勾，形如一个方格，格内自左四行，阴刻文“大同六年三月日，少府监监造官王守道，作头罗力、田钗牛。雨字号”二十六字；背面外缘所施花纹图案与正面同，格内三行，刻“铜埚，大小一十七，重二斤”十字。在正背面间一圈阴刻花叶十株。

这种砝码，中华人民共和国成立前在敦化县沙河沿曾经被发现过，但仅见著录，不见实物，自铭编号“张字号”“重三斤”，其他如形制、文字、花纹等与此砝码皆同（《吉林省敦化县古迹古物名胜天然纪念物》，吉林省民政厅版，1939 年）。

尼古里斯克——乌苏里斯克地区及其四郊的古代文物

（俄）A.B.费德洛夫撰

1913 年，在一次游览尼古里斯克——乌苏里斯克郊区的时候，我在一次极为偶然的机会发现了一座巨大的山城。

城墙的粗线条勾画出它的轮廓，且按着山势的整个特点成环形围绕着山坡。它们分为三层，第一层——挨着山脚，第二层——差不多在半山腰，而第三层——稍稍靠上。

……我登上顶峰，四处瞭望，山下左方，绥芬河闪闪发光，缓缓地转向南方。右面，人类建筑的城墙，沿着宽阔的山陡斜坡蜿蜒爬行。

1914 年早春，我再次前往绥芬河，去调查我一年前所看到的那座山城。

横渡河流之后，登上了以“克拉斯诺雅尔”命名、为人所知的山岗，我们攀上城墙并决定按可能的程度沿着它走。我们循着墙缓慢地向前挪动，它一会儿顺山坡下降，一会儿又重新向上爬升，花了三个半小时才把三面城墙绕完，又下到绥芬河边，它陡峭的河岸高达 30 沙绳，形成了古城北边一道天然的城墙。

东北亚洲搜访记

（日）鸟居龙藏著　汤尔和译（商务印书馆民国十五年版）

【**东北亚洲搜访记**二〇三页】 更据希郁陶氏之言，谓绥芬河对岸丘陵之上，有利用天然地形筑为山城式之遗迹；此城与前述之西城、南城相合，非双城而为三城。……希氏谓此土城之中，亦出有开元通宝、崇宁通宝等古钱，约有五种。据希氏研究之结果，北城之时代，去金不甚相远；元朝亦似加以补葺而利用之。要之，在金朝，合三城并用；若河之北岸双城不利时，则退往对岸之山城，整顿军备。故此城当为其后所筑，即三城之中，对岸山城为最新之说是也。

西伯利亚的古代文化

（苏）A.Л.奥克拉德尼科夫著（吉林省考古研究室刻印本）

【**西伯利亚的古代文化**第二分册，**金帝国，**一二一页】 从筑城建居看女真文化，克拉斯诺亚尔斯克山丘的大规模城堡遗址，是女真族国家力量和高度文明的很好说明。高达五米的垒壁和堑壕，顺着山棱延伸八公里以上。利用天然陡坡处在很高地方的古代都城遗址的内部，还围以内墙。远东地方考古调查团从内城发现了若干处类似宫殿建筑的痕迹。建筑物的入口处有饰以花纹的石碑，内侧秩序井然地排列着柱础。在某一宫殿遗址曾发现这类柱础近百个，无疑这里过去曾宫柱林立。建筑物的房顶敷瓦，每个角上都饰以吐舌、瞋目、露牙的龙头形瓦。按亚洲各民族的观念，这种充满神话色彩的怪物是在守护女真的宫殿和庙宇，以免遭受恶魔及其他灾难的侵害。

苏联科学院西伯利亚分院的历史研究

（苏）A.Л.奥克拉德尼科夫撰

修筑在乌苏里斯克的克拉斯诺亚尔山岗上宏大的防御工事、壕沟和高达五米的城墙，沿着山脊延伸，长达八公里以上。古城遗址内，在以陡峭的天然斜坡为屏障的最高处，是一座“禁城”，四周隔着一道内墙。在这座“禁城”里，发掘出许多豪华的宫殿式建筑遗迹。门前立有刻有图案的石碑。在一座宫殿里约有一百个柱础仍然完好无损。宫殿的瓦顶，饰有龙头，吐着舌头，露着牙齿，貌似用以辟邪。

参考文献

1. 著作

《尚书》　中华书局

《诗经》　中华书局

《左传》　科学出版社

《国语》　上海古籍出版社

《三国志》　中华书局点校本

《北史》　中华书局点校本

《梁书》　中华书局点校本

《隋书》　中华书局点校本

《旧唐书》　中华书局点校本

《新唐书》　中华书局点校本

《宋史》　中华书局点校本

《辽史》　中华书局点校本

《金史》　中华书局点校本

《元史》　中华书局点校本

《明史》　中华书局点校本

叶隆礼《契丹国志》　嘉庆扫叶山房本

宇文懋昭《大金国志》校证　中华书局点校本

毕沅《续资治通鉴》　中华书局出版

徐梦莘《三朝北盟会编》　海天书店

陈邦瞻《宋史纪事本末》　国学基本丛书本

陈邦瞻《元史纪事本末》　中华书局

李心传《建炎以来朝野杂记》　国学基本丛书本

洪皓《松漠纪闻》　辽海丛书本

《元朝秘史》　四部丛刊三编本

《圣武亲征录》　海宁王静安先生遗书本

孟珙《蒙鞑备录》　海宁王静安先生遗书本

孟珙《黑鞑事略笺证》　海宁王静安先生遗书本

李志常《长春真人西游记》　海宁王静安先生遗书本

元好问《中州集》　中华书局
耶律楚材《湛然居士文集》　四部丛刊初编本
苏天爵《元文类》　四部丛刊初编本
苏天爵《元朝名臣事略》　中华书局影印本
郑麟趾《高丽史》　1957年朝鲜铅印本
徐居正等《东文选》　国书刊行会本
《元高丽纪事》　广仓学宭丛书本
《元一统志》　辽海丛书本
《辽东志》　辽海丛书本
《大明一统志》　明万历杨氏归仁斋刊本
《寰宇通志》　玄览堂丛书续集本
薛应旗《宋元通鉴》　明天启六年刊本
《汉译蒙古黄金史纲》　内蒙古人民出版社
拉施特《史集》　余大钧等译　商务印书馆
志费尼《世界征服者史》　何高济译　内蒙古出版社
陈柽《通鉴续编》　明嘉靖新贤书堂刊本
刘祁《归潜志》　知不足斋丛书本
陶宗仪《辍耕录》　四部丛刊初编本
熊自得《析津志》　北京古籍出版社
《蒙古源流》　内蒙古人民出版社
《明实录》　江苏国学图书馆传抄本；台湾影印本
《朝鲜李朝实录》　东洋文化研究所刊本
杨宾《柳边纪略》　辽海丛书本
《宁安县志》　民国十三年刊本
《大明清类天文分野之书》　吉林省社会科学院藏本
洪钧《元史译文证补》　国学基本丛书本
魏源《元史新编》　上海大光书局印本
曾廉《元书》　宣统三年刊本
屠寄《蒙兀儿史记》　北京古籍出版社重印本
柯劭忞《新元史》　民国铅印本
钱大昕《十驾斋养新录》　商务印书馆本
朱彝尊《曝书亭集》　四部丛刊本
《华夷译语》　涵芬楼秘笈本
《四库全书总目提要》　中华书局印本

罗福颐《满洲金石志》　满日文化协会刊本
赵翼《廿二史札记》　世界书局印本
钱大昕《廿二史考异》　商务印书馆本
赵翼《陔余丛考》　商务印书馆本
《曹廷杰文集》　中华书局印本
郝经《陵川集》　四部丛刊初编本
刘因《静修文集》　四部丛刊初编本
姚燧《牧庵集》　四部丛刊初编本
王恽《秋涧集》　四部丛刊初编本
赵秉文《滏水集》　四部丛刊初编本
欧阳玄《圭斋集》　四部丛刊初编本
宋濂《宋学士文集》　四部丛刊初编本
虞集《道园学古录》　四部丛刊初编本
黄溍《黄金华集》　四部丛刊初编本
苏天爵《滋溪文稿》　适园丛书本
《辽东文献征略》　民国十五年铅印本
《启东录》　长白丛书本　吉林文史出版社
《吉林通志》　长白丛书本　吉林文史出版社
《隋唐以来官印集存》　民国五年影印本
《集古官印考证》　东方学会印本
《东北古印钩沉》　金毓黻辑刊
那珂通世《成吉思汗实录》　东京印本
《东北通史》　社会科学战线翻印本
王国维《观堂集林》　中华书局本
《多桑蒙古史》　冯承钧译　中华书局印
韩儒林《穹庐集》　上海人民出版社
箭内亘《满洲历史地理》（日文）第二卷
池内宏《满鲜史研究》（日文）中世第二、三册
矢野仁一《满洲史朝鲜史》（日文）
箭内亘《元代经略东北考》　陈捷、陈清泉译　商务印书馆本
韩儒林主编《元朝史》　人民出版社
蔡美彪等编《中国通史》　第六、七册　人民出版社
杨虎《黑龙江古代官印集》　黑龙江人民出版社
高文德《蒙古奴隶制研究》　内蒙古人民出版社

张博泉《金史简编》　辽宁人民出版社
三上次男《金代女真研究》　金启孮译　黑龙江人民出版社
张博泉《东北地方史稿》　吉林大学出版社
张博泉等《东北历代疆域史》　吉林人民出版社
李健才《东北史地考略》　吉林文史出版社
陈述《金史拾补五种》　科学出版社
《中国历史地理论丛》　陕西人民出版社
2. 文献
金毓黻《辽海先贤志——王浍》　（《志林》1941 年 2 期）
王健群《东夏的官印和铜镜》　（《社会科学战线》1980 年第 2 期）
贾敬颜《东北古地理古民族丛考》　（《黑龙江文物丛刊》1983 年第 2 期）
张绍维等《东夏年号的研究》　（《史学集刊》1983 年第 3 期）
张英《东夏国纪年》　（吉林《博物馆研究》1986 年第 1 期）
张绍维《东夏官印集释》　（吉林《博物馆研究》1983 年第 3 期）
朴真奭《论东夏国称号》　（《延边大学学报》1983 年第 4 期）
张博泉《开元城史地考略》　（《史学集刊》1983 年第 3 期）
景爱《三说金末蒲鲜万奴东夏国的都城》　（《延边大学学报》1984 年第 4 期）
朴真奭《谈景爱同志〈三说金末蒲鲜万奴东夏国的都城〉》　（《延边大学学报》1984 年第 4 期）
岩井大慧《蒲鲜万奴国号考》（日文）　（《东洋学报》第 19 卷，第 4 号）
池内宏《谈岩井学士蒲鲜万奴国号考》（日文）（《东洋学报》第 20 卷，第 4 号）
池内宏《关于蒲鲜万奴的国号》（日文）（《满鲜史研究》中世第一册，第 643 页）
箭内亘《东真国的疆域》（日文）（《满洲历史地理》第 2 卷，第 224 页）
樊万象《古州之印与地望》　（《北方文物》1985 年第 3 期）
张泰湘、柳成栋《猪儿年“副统之印”考略》　（《北方文物》1985 年第 3 期）
牡丹江市文物管理站《牡丹江边墙调查简报》　（《北方文物》1986 年第 3 期）
罗继祖《再谈“宽永通宝”钱》　（《北方文物》1987 年第 3 期）

“长白文库”出版书目：

东三省政略校注（全三册）
满洲实录校注
钦定满洲源流考校注
吉林外纪
吉林分巡道造送会典馆清册
鸡塞集
松江修暇集
吉林乡土志
吉林志略
吉林志书
吉林纪事诗
戊午客吉林诗·鸡林杂咏
吉林地志·鸡林旧闻录
长白山江岗志略
长白汇征录
吉林纪略·一　柳边纪略、宁古塔纪略、绝域纪略、吉林舆地说略、吉林地略、吉林形势
吉林纪略·二　吉林汇征
吉林纪略·三　大中华吉林省地理志
吉林纪略·四　吉林地理纪要
韩边外
金碑汇释
吉林三贤集
东疆史略
东北史地考略
东北史地考略续集
雷溪草堂诗集
东北旗地研究
满族说部神话、史诗研究
满族萨满神辞口语用语研究（全两册）
启东录　皇华纪程　边疆叛迹
双城堡屯田纪略　东北屯垦史料
松漠纪闻　扈从东巡日录
成多禄集
蒙荒案卷
珲春副都统衙门档案选编（全三册）
吉林农业经济档案
海西女真史料
打牲乌拉志典全书　打牲乌拉地方乡土志
东夏史料
顾太清诗词
清代吉林盐政
延吉边务报告　延吉厅领土问题之解决